Valentin, Halloween & Co.

Valentin, Halloween & Co.

Zivilreligiöse Feste in der Gemeindepraxis

Herausgegeben von Thomas Klie

EVANGELISCHE VERLAGSANSTALT
Leipzig

Nachweis der Bildrechte:
S. 80, 81, 82, 84: Udo Achten, Düsseldorf
S. 144: Hans-Günther Löwe, Hamburg
S. 204, 205: Katholische Erzdiözese Freiburg

Die Deutsche Bibliothek – Bibliographische Information
Die Deutsche Bibliothek verzeichnet diese Publikation in der Deutschen Nationalbibliographie; detaillierte bibliographische Daten sind im Internet über http://dnb.ddb.de abrufbar.

Printed in Germany · H 7095

Cover: Mario Moths
Covermotiv: getty images
Layout und Satz: Steffi Glauche, Leipzig
Druck und Binden: Druckerei Böhlau, Leipzig

ISBN 10: 3-374-02418-1
ISBN 13: 978-3-374-02418-6
www.eva-leipzig.de

Inhalt

Thomas Klie

Zeitverschiebungen.
Die neuen Einträge im zivilreligiösen Festkalender

Das Kirchenjahr hat Konkurrenz bekommen. Zwar bildet es immer noch das für unser Langzeitgefühl wichtigste Periodikum, aber seine Deutungskraft hat merklich nachgelassen. Viele wissen nicht mehr um Anlass und Ästhetik von Pfingsten, Epiphanias oder Gründonnerstag, und erst recht wird ihr Leben nicht mehr von diesen Daten bestimmt. In dem Maße, wie die Bedeutung der christlichen Festtage im öffentlichen Bewusstsein abnimmt, reihen sich andere Feiern in den Jahresfestkalender ein. Sie erweitern das Kirchenjahr und gestalten es bunter. Dadurch entstehen ganz neue Zeitläufe und Kristallisationspunkte. Einige dieser neuen Feste behaupten sich von ihrer Geschichte her ganz bewusst jenseits religiöser und kirchlicher Sinnzuschreibungen (1. Mai, Muttertag). Andere dagegen bereichern das Kirchenjahr um Aspekte, die weniger biblisch als vielmehr zivilreligiös ausgelegt sind (Karneval, Valentinstag). Wieder andere werden unverhohlen als säkulare Umcodierung ursprünglich kirchlicher Feiertage begangen (Vatertag, Halloween). Dazu kommen familiäre, stadtgeschichtliche und kalendarisch veranlasste Feiern wie Einschulung, Volksfeste und Silvester. Mit der Zergliederung der neuzeitlichen Christentumspraxis zeigt sich auch die gegenwärtige Festtagskultur stärker nuanciert und im Hinblick auf ihre Sinngebungen deutlich gestufter.

Zustimmung und Exzess

»Wenn die Menschen sich, indem sie die Arbeit und das Geschäft sistieren, in größeren Massen zu einer gemeinschaftlichen Tätigkeit vereinen, so ist das ein Fest.«[1] Schleiermachers klassische Unterscheidung von Alltag und der von ihm abweichenden und ihn begrenzenden Festzeit gehört zu den kulturellen Grunderfahrungen. Alltag ist Nicht-Fest – Fest ist Nicht-Alltag. Normalzustand und Ausnahmezustand schließen sich gegenseitig aus; mit der Feier ist die Normalität des gleichförmigen Lebens gewissermaßen auf Zeit außer Kraft gesetzt. Sie markiert damit einen für die Zeitwahrnehmung wichtigen Einschnitt, der der Erinnerung erste Anhaltspunkte gibt. Die Feier macht Zeitabläufe kenntlich, indem sie sie gliedert. Sie sortiert die gesichts- und namenlose Reihe der Werktage um die von Arbeit und Geschäft freigestellten Sonderzeiten herum und verleiht ihnen damit die Qualität von Vor- bzw. Nachspielen. So trennt z. B. das Weihnachtsfest die Adventszeit von der Weihnachtszeit, oder, wie es im allgemeinen Sprachgebrauch heißt, die »Vorweihnachtszeit« von der Zeit »zwischen den Jahren«.

Durch die Vorfreude auf das kommende Fest erscheint die tägliche Routine in deutlich milderem Licht. Man lebt auf das Fest hin, wartet auf den Anbruch der Feier. Im Advent werden die (All-)Tage bis zum Fest sogar erwartungsfroh gezählt, auch die Passionszeit vor Ostern hat ihren Sinn in erster Linie als eine Warte- und Vorbereitungszeit; sie gilt wie der Advent traditionell als eine Fastenzeit. Auch das Leibliche muss warten. Dagegen stellt sich die Zeit nach dem Fest immer etwas schal dar; Nachfeiern verbreiten keinen Glanz. Dass die eigentliche

Weihnachtszeit erst mit dem Weihnachtsfest ihren Anfang nimmt, ist gesellschaftlich nur noch schwer vermittelbar.

Die Unterscheidung zwischen hoher Zeit und werktäglichem Einerlei ist zunächst einmal nur eine rein formale Bestimmung, die noch nichts darüber aussagt, in welchem inneren Verhältnis beide Zeiten zueinander stehen. Wie also spiegelt sich die außerfestliche Zeit im Fest und inwiefern strahlt die festlich entzogene Zeit auf den sie umgebenden Alltag aus? Ist gar das Fest angewiesen auf den Alltag, um erstens als Fest überhaupt bestehen und zweitens seine Botschaft unterscheidbar in Szene setzen zu können? So macht der Muttertag nur Sinn in einer Umgebung, in der Mütter für ihre Leistung oft wenig Anerkennung finden. Oder andersherum: Ist der Alltag auf das Fest angewiesen, um seine zweckbestimmte Ordnung wenigstens zeitweise aussetzen bzw. exzessiv auf den Kopf stellen zu können, wie beim Karneval?

Beide Funktionen des Festes sind in der Literatur eingehend diskutiert worden. Betonen die *Exzess-Theorien*[2] mit der Freigabe des sonst Verbotenen im Fest den Freiheitsaspekt des kollektiven Spiels[3], so sehen die *Affirmations-Theorien*[4] das Fest als eine Strategie zum Überspielen bedrückender Differenzerfahrungen. Sie betonen die ordnenden und bestätigenden Funktionen von Festivitäten. Dominieren auf der einen Seite die Affekte und die Ekstase, so sind es auf der anderen die Riten und die Regelhaftigkeit der Feierelemente.

Mittlerweile verdichten sich allerdings die Anzeichen dafür, dass diese traditionelle Entgegensetzung an Kontrast verliert.[5] Das Exzessive und das Bestätigende fallen heute nicht mehr einfach auseinander, vielmehr treten in der zeitgenössischen Festtagspraxis immer beide Momente in Erscheinung. Sie überlappen sich, wechseln einander ab, verbinden sich. Man kann heute exzessiv feiern, ohne darüber seine Mitwelt fundamental in Frage zu stellen. Die Trunkenheit an Silvester oder am Vatertag, die Gefühlswallungen an Heiligabend und am Muttertag – die Abweichungen vom normalen Benehmen sind stets konventionell, kaum je aber revolutionär. Die Regellosigkeit ist regulär geworden. Wenn Feiernde die Schwelle zum Fest überschreiten, dann vollziehen sie einen weitgehend ritualisierten Codewechsel. Dies betrifft ganz verschiedene Dimensionen des sozialen Miteinanders, wie z. B. Kleidungs-, Verhaltens- oder kulinarische Codes. Man zieht sich anders an, verhält sich anders, isst und trinkt etwas anderes. Das zeit-räumlich abgesetzte Anderssein wird in aller Regel sehr bewusst vollzogen. Man überzieht absichtlich. Man umspielt das gelebte Leben und bejaht man es damit zugleich. Der Rückzug aus der Realität und der Eintritt in den außerordentlichen Raum des Festes geschehen nur auf Zeit und unter den kontrollierten Bedingungen des Fest-Reglements.

So sehr sich ein Fest von seinem Kontext abhebt, so sehr lebt es vom Zeichencharakter seiner Ausdrucksformen. Festzeichen beziehen sich auf den Alltag und machen ihn als solchen kenntlich. Das Alltägliche tritt den Feiernden im Außergewöhnlichen des Festes in ästhetisch gebrochener Form entgegen. Die »Väter«, die in bierseliger Männerrunde den Himmelfahrtstag umnutzen, inszenieren dabei ein Rollenstereotyp, das reale Verhaltensmuster zitiert und überzeichnet. Über den Bezug zu seiner Umgebung bekräftigt jedes Fest das außer-festliche Miteinander der Feiernden. Zugleich entlastet es sie vom alltäglichen Verhaltensdruck.

Ein weiterer Faktor im Prozess der Angleichung ekstatischer und konservativer Festelemente ist – neben dem Reglement und dem Zeichencharakter des Festes – die Kommerzialisierung.

Denn die für jedes Fest notwendige Ästhetik bedient heute zu weiten Teilen der Einzelhandel. Angebot und Nachfrage regeln das Verhältnis Normalität und festlicher Besonderheit. Die geldwerte Ware übernimmt die Rolle des großen Gleichmachers. Kein Fest ohne Einkauf und kein Einkauf ohne vorangegangene Kaufanreize in der Werbung. Jedem exzessiven Fest geht geordneter Konsum voraus. Das Feiern aus besonderem Anlass wird heute um- und beworben. So wäre beispielsweise die Karriere des Valentinstages nicht ohne die Lobby der Floristen denkbar, der Vatertag beschert den Brauereien und Brennereien das eingeplante Umsatzhoch und die Kürbisbauern freuen sich über Halloween. Selbst der gut gemeinte Appell, Brot (zu spenden) statt Böller (zu kaufen), mindert den Absatz von Pyrotechnika an Silvester nur unmerklich. Vielleicht läutet ja der Einkaufsbummel in den Glaspalästen unserer Shopping Malls die vorerst letzte Phase in der langen Geschichte festlicher Ereignisse ein.

Verschiebung und Verdichtung

Mit der sie ermöglichenden Kultur haben sich auch die Feste selbst verändert. Das Abschmelzen kultureller Traditionen und die gesellschaftliche Pluralisierung zeigen sich eben nicht nur in den – vielfach beschriebenen – individuellen Formen, in den gewandelten Lebensentwürfen, den veränderten Werthaltungen und Bindungen. Auch die überkommenen Sozialformen sind in den Strudel der Modernisierung geraten. Mit der Zeit und den Menschen ändern sich auch die Spiele, die man gemeinsam zu spielen bereit ist. Und mit den Spielen ändern sich auch die Verbindlichkeiten und das Teilnahmeverhalten. Man kann heute wählen, auf welchen Event man sich einlässt und in welcher Weise man sich einbringt. Zwischen totaler Identifikation und strikter Distanz sind alle Formen persönlichen Engagements frei wählbar. Traditionelle Vorgaben im Hinblick auf Feste und Feiern können heute ohne Folgen für die soziale Anerkennung außer Acht gelassen werden. Man kann sich eben entscheiden zwischen Christi Himmelfahrt *oder* Vatertag, zwischen Halloween *oder* Reformationstag. Und ob man etwa das am Muttertag für gewöhnlich inszenierte Mütterlichkeitsideal teilt, kann heute innerfamiliär ausgehandelt werden. An Silvester hat man die Wahl, einen feucht-fröhlichen Freundeskreis um sich zu scharen, allein zu Haus zu bleiben und die Silvesterparty am Bildschirm zu verfolgen oder aber einfach zu verreisen. Gleiches gilt natürlich auch für die christlichen Feste. Die kompositorischen Möglichkeiten treffen allenfalls auf Geschmacksgrenzen.

Man weiß sich heute weitgehend frei im Umgang mit überkommenen Festtraditionen. Die Kehrseite der gewonnenen Freiheit ist der Entscheidungsdruck. Der Jahresfestkreis lebt zwar nach wie vor von überindividuellen Vorgaben – der Ostertermin ist eben nicht frei wählbar –, aber die eigene Regie muss nun darüber bestimmen, ob, mit wem und unter welchen Umständen gefeiert wird. Man *kann* sich entscheiden, man *muss* es aber auch. Abgefedert wird der persönliche Wahlzwang allenfalls durch die Optionen, entweder beide Anlässe individuell zu kombinieren oder aber beide Anlässe gleichermaßen zu ignorieren. Der neuzeitliche Fest*kalender* wird zum Fest*katalog*.

Die Entwicklungen im Bereich der medialen Kommunikation beschleunigen diese Entwicklung. Feste, die früher auf bestimmte Kulturkreise beschränkt waren und die sich darum allenfalls über Generationen hinweg ausdehnten, werben heute via Bildschirm zeitgleich um Aufmerksamkeit. Man kann (fast) überall *live* mit dabei sein. Hier ist überall – überall kann hier sein. Was wäre der rheinische Karneval ohne die TV-Übertragung seiner Festzüge und Prunksitzungen? Derart ins Bild gesetzt, entsteht zwangsläufig auch in ehedem karnevalsfreien Regionen ein munteres Faschingstreiben. Die Sendeplätze der Parodie »Dinner for one« bestimmen die Liturgie der meisten Silvester-Partys, und wie ein ordnungsgemäßer Frühstückstisch am Muttertag auszusehen hat, vermitteln Frauenzeitschriften, Werbespots und Radio-Features.

Gleiches gilt natürlich auch im größeren Maßstab. Die Globalisierung vereinheitlicht nicht nur die Märkte, sondern auch die Poesie gemeinsamer Begehungen. Vorbei sind die Zeiten, als Im- und Export noch als rein ökonomische Begriffe galten; die in vielerlei Hinsicht bemerkenswerte Konjunktur des Halloween-Festes wäre ohne sie überhaupt nicht vorstellbar. Was man alles am Vorabend von Allerheiligen auf die Beine stellen kann, darüber informieren amerikanische Soaps zuverlässig und lebensnah. Wie Handelsmarken und Markenprodukte können sich heute Feste weltweit gleichzeitig machen. Damit brechen sie lokale Erfahrungshorizonte auf und transformieren sie. Wenn hierzulande der gute alte Weihnachtsmann den Kindern nur noch in rot-weißer Gewandung als »echt« erscheint, dann hat dies mehr mit amerikanischer Cola-Werbung zu tun als mit altdeutscher Heiligabend-Ästhetik. Selbst im Niedersächsischen werden einem an Rosenmontag Einblicke in die exaltierte Erotik des südamerikanischen Karnevals gewährt. Und die allgegenwärtigen Kürbisse am 31. Oktober zeugen weniger vom heimischen Erntedank als von transatlantischen Grusellaternen. Festlichkeit ist heute seltsam ortlos geworden.

Riten und verdichtete Erfahrungen

Die neuen Feste leben wie die alten von Riten, von feststehenden Umgangsformen, in denen sich kulturelle Erfahrungen verdichten. Sie markieren z. B. das Entree, damit sich der Beginn einer Festivität klar und deutlich von ihrer Umgebung abheben kann. Mit Hilfe der rituellen Praxis fällt es leichter, sich vom Alltag zu verabschieden und das kollektive Innehalten in Form zu bringen. Das Candlelight-Dinner am Valentinstag, der gemeinsame Glühwein auf dem Weihnachtsmarkt, die Schultüte zur Einschulung, der »Süßes-oder-Saures«-Ruf an Halloween – Gepflogenheiten wie diese stützen die Festlichkeit nach außen hin ab und sichern dabei auch ihre Wiederholbarkeit. Ein Fest erkennt man daran, dass man etwas Jahr für Jahr wiederholt. Will man im nächsten Jahr wieder dasselbe Fest feiern, muss man es genauso machen. Natürlich können sich Riten mit der Zeit verändern, und die Fest-Geschichte bietet reiches Anschauungsmaterial im Hinblick auf vergessene oder modulierte Ausdruckshandlungen, aber grundsätzlich sind Riten eher konservativ.

In vielen Fällen ist auch das Ende des Festes rituell codiert. Am augenfälligsten tritt dies beim Karneval in Erscheinung: An Aschermittwoch ist eben alles vorbei. Die traditionsreiche Verdener Domweih wird am letzten Abend regelrecht »beerdigt«: Die schwarz gewandete Trauergemeinde wirft um Mitternacht von einer Brücke den Domweih-Sarg in die Aller. Aber auch kleinere Formen zeigen die Begrenztheit eines Festes nach hinten an: das Um- oder Auskleiden, das Katerfrühstück nach dem Rausch, der Gang nach Hause bzw. die Verabschiedung der Gäste und damit immer auch: die Wiederherstellung der alten Ordnung.

An der rituellen Praxis zeigt sich das Außerordentliche des Festes. Alltagssanktionen sind aufgehoben (öffentlicher Alkoholgenuss beim Vatertag, das Tragen von Totenmasken an Halloween), Nichtalltägliches wird symbolisch beschworen (Solidarität am 1. Mai; kindliche Dankbarkeit am Muttertag), Missstände können risikolos angeprangert werden (Karnevalsparodien). Die Riten geben gewissermaßen die Bedingungen an, unter denen Anders-Sein, Anders-Aussehen und Anders-Essen oder -Trinken erlaubt sind. Je mehr Riten sich zu einem stimmigen Szenario verbinden, desto stärker sind die Feiernden in ihrem – für Außenstehende – absonderlichen Verhalten abgesichert. Oder anders herum: Nichts gefährdet ein Fest stärker als die Nivellierung seiner rituellen Distanz zum Alltag. Wenn die Riten nicht mehr gemeinsam vollzogen werden können, der Eingangsimpuls misslingt oder die Festteilnehmer nicht mitspielen, dann verschwimmen die Konturen des Festes. Es löst sich selbst auf.

Während die meisten christlichen Feste ihre Logik daraus beziehen, dass sich in ihren Anlässen und Ästhetiken das Leben Jesu abbildet, wie es die neutestamentlichen Schriften darstellen, ist es ein Merkmal der neuen Feste, dass in ihnen kaum mehr Ursächliches zur Darstellung gebracht wird. Wer der nette Herr namens Valentin war und warum man ihm alljährlich am 14. Februar durch vielfältige Liebesbezeugungen die Ehre gibt, warum in der Adventszeit Markt abgehalten wird, welcher pädagogischer Appell sich mit der »Zuckertüte« verbindet und warum einem schaurige Kinderscharen am 31. Oktober Süßigkeiten abverlangen – all dies dringt über die typischen Festzeichen kaum noch nachvollziehbar an die Oberfläche. Heute feiert man mehr oder weniger unwissend. Vage Ahnungen reichen oft schon aus. Wichtiger als die kontrollierte Rückbindung der Akteure an geschichtliche Entstehens- und Tradierungszusammenhänge ist das aktuelle Regelwissen, der jeweilige Verhaltenscode und natürlich die Festästhetik. Denn nur wer sich konform zu verhalten weiß, seine Wohnung und sich selbst angemessen in Szene setzt, kann überhaupt mitfeiern. Das *Wie* wird zunehmend wichtiger als das *Was*.

Die zivilreligiösen Feiern zeigen, dass viele Festriten paradoxerweise selbst dann noch »funktionieren«, wenn ihr Sinn schon nicht mehr zweifelsfrei erschlossen werden kann. Der abendliche Umzug der maskierten Kinder am 31. Oktober kann auch ohne das Wissen um »uralte keltische Bräuche« vonstatten gehen.[6] Und das Bleigießen an Silvester vergegenwärtigt nicht ohne weiteres den großen Papst des 4. Jahrhunderts Aufgrund seiner übergreifenden Ordnungsfunktion kann sich ein Ritus durchaus von seinem Ursprung ablösen; er kann sich verselbständigen, ohne darüber seine verhaltenssteuernde Funktion zu verlieren. Und so zeichnet sich eine Tendenz ab, dass Festriten als kleinste Einheiten eines festlichen Gesamtkunstwerks heute allenfalls noch Gemeinsamkeit und Einstimmung garantieren. Die neue Festlichkeit legitimiert sich weniger traditional als vielmehr funktional. Der schöne Tag und die hohe Zeit machen oft nur noch Sinn, wenn sie gut tun: dem Arbeitsalltag (1. Mai), der Genussfreude (Weihnachten, Weihnachtsmärkte), dem Ritualisierungsbedürfnis (Einschulungsfeier) und immer auch dem Umsatz der Anbieter von Fest-Accessoires. In der späten Moderne ist alles um eines anderen willen da. Und so leben die neuen Feste eher vom Vollzug als von der Vergegenwärtigung. Man feiert beim Fest nicht »etwas« – man feiert ein Fest. Man arrangiert damit seine Lebensumstände so, dass man sich als erlebnisfähiger Mensch empfinden kann. Die Illusion wird getragen vom Selbstbezug und von der Ästhetik eines allenfalls gefühlten Anlasses.

»Verfestlichung« des Alltags

Es mag auf den ersten Blick paradox erscheinen, aber die Ästhetisierung der kulturellen Umwelt schwächt die Festlichkeit sehr viel nachhaltiger als das eine oder andere nachlässig gestaltete Fest. Je stärker Festelemente den Alltag durchdringen, der Genuss Allgemeingut wird und das Streben nach einem gehobenen Lebensgefühl die Normalität bestimmt, desto langweiliger und zäher erscheinen einem die Feste. Sie verlieren ihre herausgehobene Stellung und geben ihren Glanz an den Alltag ab. Aus »Frohe Ostern!« wird »Schöne Feiertage!«, und aus »Schöne Feiertage!« wird »Schönen Tag, noch!« Die Ausdehnung und Steigerung der ästhetischen Erfahrung schlägt als Übersättigung gegen eine expandierende Festkultur zurück.

Vor diesem Hintergrund kann man in der Zunahme zivilreligiöser Feieranlässe auch ein Krisenphänomen sehen. Immer mehr Feste machen auf sich aufmerksam und rücken das Privileg einer feierlichen Sonderzeit in allgemeine Reichweite. Die in vielen Lebensbereichen beobachtbare Angleichung der Niveauunterschiede hat Auswirkungen in beide Richtungen: Der Alltag »verfestlicht« sich und die Feiern werden flacher. Was der praktische Theologe Gerhard Marcel Martin 1973 noch als »messianische Perspektive« seiner Festtheorie beschrieb, »Alltag soll ›Sonntag‹ werden, und zwar so, dass Sonntag ›Alltag‹, die gewöhnliche Situation, Reich Gottes wird«[7], scheint kaum eine Generation später mit der »Erlebnisgesellschaft«[8] in greifbare Nähe gerückt zu sein. Allerdings haben die fadenscheinigen Inszenierungen unserer ästhetisch kaschierten Werktage und das sich ausbreitende Wellness-Gefühl für die weitaus meisten kaum noch messianische Qualität. Wenn die hohe Zeit zum gängigen

Maß für die Normalzeit wird, sie damit gleichsam entgrenzt und entfristet wird, dann hat sie es schwer, ihre Einzigartigkeit zu behaupten. Neben den durchgehend ästhetisierten Werktagen scheinen Feste ihre Berechtigung zu verlieren. Der Alltag wird in der Fülle der Feste *und* in seiner eigenen Verfestlichung nicht mehr wirklich aufs Spiel gesetzt. Man kann einem umfassend geschönten Leben kaum noch durch festliche Pausen beikommen. Wenn der Alltag zur Dauerfeier wird, bleibt nichts mehr zu vergegenwärtigen. Der heilsame Ausnahmezustand wird damit zugleich gegenstands- und hoffnungslos. Je mehr gefeiert wird, desto weniger gibt es zu feiern. Das als permanentes Fest gestylte Leben macht punktuelle Feste überflüssig – allerdings nicht durch Intensivierung, sondern eher durch Banalisierung. Die Banalität ist sicher auch einer der Gründe dafür, dass beispielsweise Halloween bei Erwachsenen kaum auf Resonanz stößt. Zwar lebt es von starken Ritualen und einer markanten Ästhetik, aber sein Sinn vermittelt sich nicht in gleicher Weise. Die Kulturwissenschaftlerin Aleida Assmann beschreibt diese Entwicklung pointiert: »Wie Religionen abzusterben pflegen, wenn sie glaubwürdig werden, so könnte das Fest bedroht sein, wenn es umstandslos in den Alltag Eingang findet.«[9]

Selbstdeutung im Fest

Für den eingangs zitierten Schleiermacher ist der christliche Gottesdienst der Prototyp eines Festes überhaupt. Allgemeine »gesellige Vereinigungen« sind, wie auch öffentliche Gottesdienste, strukturiert durch »Kunstelemente« und haben ihren »Effekt« im »erhöhten Bewusstsein«, d. h. in nichts anderem als in der Performanz des gemeinsam Dargestellten.[10] Natürlich besteht ein Gegensatz zwischen einem religiösen Fest (Gottesdienst) und einem nicht-religiösen Fest, aber der Gegensatz ist nach Schleiermacher nur relativ: »Die Differenz liegt im religiösen Charakter, die Entstehung ist dieselbe.«[11]

Dass die neuen Feste, trotz oft entgegengesetzter Wahrnehmung, durchaus »religiösen Charakter« tragen, zeigt ein Blick auf die »Kunstelemente« bzw. auf die Formen, in denen sich hier das jeweils »erhöhte Bewusstsein« ausdrückt. Dies tritt auch und gerade bei *dem* Feiertag in Erscheinung, der von seiner Selbstzuschreibung her am stärksten antiklerikal verfasst ist: beim 1. Mai, dem »Osterfest der Arbeiterklasse«.[12] Hier äußert sich der moderne Säkularismus selbst *als* eine Religion, mit all ihren Metaphern (Licht, Freiheit), Verheißungen (Auferstehung, Gerechtigkeit) und Ausdrucksformen (Feiertag/Sabbat, Marsch-Prozession, liturgisch strukturierte Kundgebung). Auch der als Vatertag begangene Himmelfahrtstag hat sich von seinem religiösen Vorbild weit weniger entfernt als kirchennahe Kulturpessimisten oft beklagen: An einem Feiertag, an dem traditionsgemäß der Himmel in beide Richtungen offen geglaubt wird, kann man(n) durchaus auch das leib-seelische Wohlergehen »unter freiem Himmel« suchen. Dass die religiösen Motive in diesen beiden Fällen kaum noch explizit in Erscheinung treten bzw. von den Feiernden nicht bzw. nicht mehr als solche realisiert werden, spricht nicht unbedingt gegen eine religiöse Lesart. Auch das Weihnachtsfest, für die Mehrheit immer noch *das* Christfest schlechthin, lässt in seinen spätmodernen Ausprägungen religiöse Sinngebungen mehrheitlich nur noch in erster und zweiter Ableitung erkennen (Fest des Friedens, der Familie, der Freude).

Für die derzeitige religiöse Praxis sind jedoch diejenigen Feste besonders aufschlussreich, bei denen religiöse Sinngebungen in der öffentlichen Wahrnehmung zwar nicht obenauf liegen, bei denen aber Religion die Rolle eines möglichen »Untertitels«, einer Nebenbedeutung oder eines Obertons spielt. Großthemen wie »Liebe/Partnerschaft« (Valentinstag), »Tod/Untote« (Halloween), »Mutter/Kind« (Muttertag), »Wachstum/Reifung« (Einschulung), »Zukunft/Vergangenheit« (Silvester) haben immer schon starke und genuin christlich-religiöse Deutungen veranlasst.

Das typisch Neuzeitliche an dieser religiös ausgelegten Festpraxis ist, dass hier Religion (1.) nicht (mehr) explizit gemacht wird. Verheißung und Vergewisserung haben nicht (mehr) die Prägnanz eines Themas. Die zivile Religion macht der Theologie bzw. der Religionswissenschaft ihre privilegierte Perspektive auf diese Phänomene streitig. Spätmoderne Menschen lassen sich nur noch ungern auf ihre offensichtlich religiösen Neigungen aufmerksam machen. Die Deutungshoheit über den Alltag wie über seine Moratorien[13] ist heute auf das Subjekt übergegangen. Man muss eben Feste nicht mehr feiern, »wie sie fallen«, sondern nur noch, »wenn sie einem gefallen«.

Die vitalen Grammatiken der neuen, religiös durchsetzten Festlichkeit zeigen (2.) eine »oberflächliche« Religion. Und dies in zweifacher Hinsicht: Religiöses tritt hier ästhetisch in Erscheinung und sie neigt zum Trivialen. Beides verdichtet sich im Karnevalsgeschehen. Die Buntheit, Skurrilität und Exaltiertheit, mit der hier der Beginn der Fastenzeit begangen wird, suchen in der mitteleuropäischen Festkultur ihresgleichen. Ästhetisch weit weniger exponiert bestimmt auch bei den so genannten Volksfesten (Kirchweih, Domweih, Kirmes) das Äußere eindeutig die Szene.

An diesen Oberflächen spiegelt sich (3.) das Projekt eines schönen und erlebnisreichen Lebens[14]. Man macht es sich schön beim Feiern, um das eigene Erleben anzuregen und sich dabei zu beobachten. Der heute weitgehend selbst gestaltbare Bereich des Festes bietet dazu hinreichend Gelegenheit und Sicherheit. Wie stark dieser selbstinszenierte Bereich für den Einzelnen gefährdet und wie entscheidend dabei die »Optik« ist, belegt die Inflation der photographischen Dokumentation. Ein Fest, bei dem man sich nicht im Nachhinein (auf Foto, Video, DVD) betrachten kann, hat im Prinzip nicht stattgefunden. Jedenfalls fehlt dabei Entscheidendes: das Selbstbild. Die Verfestlichung des Alltags ist so gesehen ein Symptom für die Orientierungsbedürftigkeit von Menschen, die sich schwer tun mit Tradition und Religion, mit Bindung und Form. Demgegenüber verheißt das Situationsmanagement die Möglichkeit, seiner selbst zumindest im äußeren Erscheinungsbild habhaft zu werden. Zum Leben gehört immer beides: sein Leben leben und dazu in Distanz treten. Genau diese vitale Kontrasterfahrung bieten die kleinen Transzendenzen des Festes. Damit haben sie die Qualität einer individuellen Rückbindung (latein.: *re-ligio*). Sie vermitteln dem Einzelnen genau die Sabbaterlebnisse, derer er mit der Nivellierung der Sonntagsruhe derzeit verlustig geht. Feste vergewissern über ästhetischen Selbstbezug – eine Option, die derzeit freilich nur im Inkognito spielerischer Formen realisiert werden kann.

Die einzelnen Fest-Kapitel

Die folgenden zehn Kapitel sind je einem Fest gewidmet. Diese Auswahl hat exemplarischen Charakter. Sie erhebt keinen Anspruch auf Vollständigkeit; natürlich ließen sich ohne Mühe noch sehr viel mehr »neue Feste« finden. Trotzdem ist diese

Auswahl keineswegs willkürlich. Die hier thematisierten Feste sind durch ihre Allgemeinheit, ihre überregionale Verbreitung und ihre relative Etabliertheit verbunden. Zudem haben sie alle eine mehr oder weniger lange Geschichte – es sind Feste, keine Events.

Jedem Kapitel liegt dieselbe Grundstruktur zu Grunde: Es beginnt mit einer *exemplarischen Szene*, in der die Bedeutungs- und Gestaltungsaspekte des jeweiligen Anlasses in Erscheinung treten. Dann folgt eine kurze *Geschichte des Feiertags*, in der die Grundzüge der Wirkungs- und Inszenierungsgeschichte nachgezeichnet werden. Den Hauptteil bildet jeweils eine »*dichte Beschreibung*«[15], d. h. eine interpretierende Darstellung der Beteiligungs- und Kommunikationsformen. Jedes Kapitel mündet dann schließlich in didaktische Fragestellungen bzw. *Erschließungsperspektiven* – hier werden Impulse für die Gemeinde- bzw. religionspädagogische Arbeit formuliert und es finden sich zahlreiche Materialien, Texte und Methoden.

1 Schleiermacher, Friedrich: Die Praktische Theologie nach den Grundzügen der evangelischen Kirche. Berlin; New York: de Gruyter, 1983, S. 70.

2 Stilbildend für diese Deutung ist Roger Caillois geworden, der seine Festtheorie 1960 überschreibt mit »Die Spiele und die Menschen. Maske und Rausch« [*Les jeux et les hommes. La masque et le vertige*. Paris: Gallimard, 1958].

3 Zum Spiel-Charakter des Festes vgl. Klie, Thomas: Zeichen und Spiel: Semiotische und spieltheoretische Rekonstruktion der Pastoraltheologie. Gütersloh: Gütersloher Verlagshaus, 2003, 121 ff.

4 Josef Pieper titelt 1963 seine »Theorie des Festes« programmatisch mit »Zustimmung zur Welt«.

5 Martin, Gerhard Marcel: Fest und Alltag: Bausteine zu einer Theorie des Festes. Stuttgart; Berlin; Köln; Mainz: Kohlhammer, 1973.

6 Zur Entmythologisierung des vermeintlich keltischen Ursprungs von Halloween vgl. den Beitrag von Klaus Hock in diesem Band (S. 178–206).

7 Martin: Fest und Alltag, S. 49.

8 Schulze, Gerhard: Die Erlebnisgesellschaft: Kultursoziologie der Gegenwart. Frankfurt a. M.; New York: Campus-Verlag, 1992.

9 Assmann, Aleida: Festen und Fasten: Zur Kulturgeschichte und Krise des bürgerlichen Festes. In: Haug, Walter / Warning, Rainer (Hrsg.): Das Fest: Poetik und Hermeneutik XIV München: Fink, 1989, S. 227–246.

10 Schleiermacher: Praktische Theologie, S. 70 (s. Anm. 1).

11 Ebd., S. 72.

12 Vgl. den Beitrag von Bernhard Dressler in diesem Band (S. 63–86).

13 Odo Marquard: Moratorium des Alltags: Eine kleine Philosophie des Festes, in: Haug/Warning: Fest, S. 684–691 (s. Anm. 9).

14 Vgl. dazu den Abschnitt »Ästhetisierung des Alltagslebens« in: Schulze: Erlebnisgesellschaft, S. 33 ff. (s. Anm. 8).

15 Geertz, Clifford: Dichte Beschreibung: Beiträge zum Verstehen kultureller Systeme. Frankfurt a. M.: Suhrkamp, 1999.

Inken Mädler

Valentinstag. Liebesgabe und Beziehungskitt

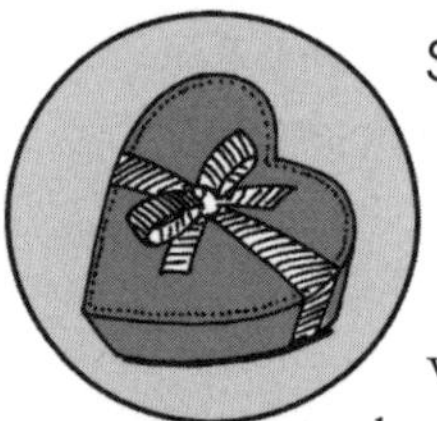

Spot-Light

»Ich mache diesen ganzen Quatsch nicht mit, ich kaufe am Valentinstag keine Blumen, genauso wenig, wie ich an Halloween mit einem Kürbis durch die Gegend laufe ...« – diese und ähnlich geartete Meinungen hört man nicht selten im Freundes- und Bekanntenkreis. Doch die Ablehnung ist nicht so homogen, wie es zunächst scheint, denn manches Vaterherz beginnt bei Nachfrage zu schmelzen. Ein Bedürfnis, eine Ausdrucksform, gar ein Symbol? »Mhm, vielleicht ... meine Tochter übrigens, die hat im vergangenen Jahr drei Valentinskarten allein aus ihrer Klasse bekommen, die war ganz stolz darauf ...«

Einschätzungen wie diese, beiläufig eingefangen, spiegeln die Zwiespältigkeit wider, mit der viele von uns jenen »Zeitverschiebungen« begegnen, die mit dem christlich-religiösen Festkalender interferieren. Muss man ihnen widerstehen? Kann man ihnen widerstehen? Und will man ihnen überhaupt widerstehen? Wenn im tiefsten Winter der Schnee so gar nicht weichen will oder der Regen ihn auch noch grau verfärbt, wenn klirrender Frost in feuchte Kälte übergeht, man den Mantelkragen hochschlägt und an beschlagenen Schaufenstern vorübergeht, dann kann der Anblick blühender roter Rosen eine Anziehungskraft ausüben, der sich die – ans triste Grau gewöhnte – Netzhaut nur schwer zu entziehen vermag.

Der Valentinstag ist zunächst einmal ein jahreszeitliches Phänomen, und seine gewerbliche Inszenierung betont dies meisterhaft: Hier das triste, dunkle Einheitsgrau, dort das tiefe, dunkle Rot und satte Grün der Schaufensterdekorationen; hier das erfrorene, nahezu abgestorbene und dort das pralle, in voller Blüte stehende Leben. Diese elementaren, geradezu archaisch anmutenden Gegensätze wirken; sie wirken visuell und emotional – und bewirken bei vielen Zeitgenossen einen Blumenkauf.

Ohne diese sinnliche Komponente ist der Sinn des Valentinstags nicht zu verstehen, auch wenn er sich darin nicht erschöpft. Denn die am 14. Februar erstandenen Blumen, die in ihrer Schönheit ins Auge springen und die Sehnsucht nach Frühlingserwachen verkörpern, werden in der Regel weiter verschenkt und damit zu Beziehungszeichen par excellence. Derart mit sozialem Sinn geladen, symbolisieren sie Netzwerke menschlichen Miteinanders, die mal mehr und mal weniger dicht gewebt sind, eng- oder weitmaschig, von mehr oder weniger großen Lücken durchsetzt, fest oder brüchig. Blumen als Beziehungskitt und Liebesgabe ranken sich derart um diesen Tag, dass böse Zungen behaupten, er sei *der* Fest- und Feiertag der Blumenindustrie, von Fleurop ins Leben gerufen.

Angesichts der beachtlichen Umsatzsteigerungen, die am Valentinstag mit Blumen als Beziehungszeichen getätigt werden, verwundert es nicht, dass findige Anbieter die Gunst der Stunde nutzen und ihre Produkte ebenfalls zu sozialen Beziehungszeichen umgedeutet sehen wollen. T-Shirts werden dann mit Liebesgrüßen bedruckt, Menüs zum Candlelight-Dinner umdeklariert, und das Reiseangebot mutiert zum Honeymoon-

Reminder. Insbesondere das Internet bietet ein schier unerschöpfliches Angebot an Pralinen, Schmuck, Postkarten, Liebesgedichten und anderen Geschenken speziell zu diesem Tag. Die Palette reicht vom digitalen Postamt, das mit dem Slogan »Ich schenk dir eine Sternschnuppe« die schönsten Love-SMS-Sprüche verspricht, über »Männergeschenke« – bestellbar unter www.desaster.com – bis hin zu Seiten voller Liebesgedichte. Der wechselseitige Liebesbeweis an diesem Tag: Ausdruck innerer Notwendigkeit, oder lästige Pflicht? Müssen wir einander überhaupt unsere Liebe jährlich neu beweisen? Es scheint, als müssten wir – am besten mit Joachim Ringelnatz: »Ich habe dich so lieb! Ich würde dir ohne Bedenken eine Kachel aus meinem Ofen schenken.«

Zur Geschichte des Valentinstags

Wie manch anderer US-amerikanischer Reimport hat auch dieser Festtag seine Laufbahn als ein Exportartikel des »alten« Europas begonnen. Mit den englischen Auswanderern nach Amerika gelangt, eroberte er im Einflussbereich der USA nach dem zweiten Weltkrieg auch Deutschland. 1950 erklärten die Blumenhändler den Valentinstag zum »Tag der offenen Herzen«, und im gleichen Jahr fand in Nürnberg der erste Valentinsball statt. Versucht man nun, die Wurzeln dieses Festtags zu rekonstruieren, die weit in die Geschichte zurückreichen, finden sich mehrere Überlieferungsstränge, die je eigenes Wurzelwerk ausgebildet haben und miteinander verflochten sind, was die Rekonstruktion erschwert.

So unterteilt sich bereits die Überlieferung zum Heiligen Valentin, der diesem Tag seinen Namen gegeben und in der katholischen Volksfrömmigkeit verankert hat, in zwei weitere, da zwei verschiedene Personen als Namensgeber in Frage kommen. Um es vorwegzunehmen: Der geschichtliche Hintergrund dieses Feiertags ist so dunkel und verworren, dass er u. a. deshalb aus dem Allgemeinen Römischen Kalender gestrichen wurde und als »Vielliebchentag« weiterleben sollte, was – wir wissen es heute – nicht ganz gelang. Denn wenn Legenden weiterleben, ist die Frage nach ihrer historischen »Richtigkeit« weniger bedeutsam als das symbolische Ausdruckspotential, das sie in sich bergen.

Der Heilige Valentin

Die wachsende kommerzielle Bedeutung des Valentinstags korreliert umgekehrt proportional mit der sinkenden Bedeutung des religiösen Festkalenders in weiten Bevölkerungsteilen. Für die katholische Kirche als Institution gehörte St. Valentin noch nie zu den prominenten Heiligen, und doch scheint dieser mittlerweile zu einem ihrer populärsten geworden zu sein. Seinen Namenstag kennt und begeht man auch außerhalb des kirchlichen Bezugsrahmens, was für andere Heilige in dieser Breite nicht gilt.

Die Legende ist einfach:

Der beim Volk beliebte Bischof Valentin von Terni in Italien habe im 3. Jahrhundert Sklaven und Soldaten, denen der Ehestand versagt war, heimlich getraut und zudem auch dann ein Herz für Liebende bewiesen, wenn Eltern mit der Partnerwahl ihrer Kinder nicht einverstanden waren. Nach einem Streit mit dem römischen Kaiser sei er am 14. Februar wegen seines Glaubens hingerichtet worden, weshalb er zum Märtyrer wurde und seiner an diesem Tag gedacht werde.

Die historisch gesicherten Daten sind dagegen komplexer:

Das älteste Zeugnis (Chronograph von 354) berichtet von dem Bau einer nach einem Valentin benannten Basilika an der Via Flaminia in Rom unter Papst Julius I (337–352), die ihrerseits über einer frühchristlichen Grabstätte errichtet wurde. Hagiographisch kommt Valentin jedoch erst im 6. Jahrhundert zur Sprache: als ein Presbyter, der unter Kaiser Claudius Gothicus (268–270) an einem 14. Februar an der Via Flaminia enthauptet worden sei, weshalb Pilgerführer des Mittelalters sein Grab auch in der genannten Basilika lokalisierten. Eine andere unter dem Einfluss dieses Kultes entstandene Passio schildert Valentin als Bischof von Terni, der zur Heilung eines Gelähmten nach Rom gerufen wurde und dort sowohl wegen seiner Bekehrungserfolge als auch der Verweigerung eines Götteropfers enthauptet worden sei. Drei seiner Schüler hätten den Leichnam nach Terni zurückgebracht und ihn dort bestattet, weshalb auch sie mit dem Tod bestraft worden seien.[1]

Hat es also zwei Valentine gegeben, einen römischen Priester und einen Bischof von Terni, deren Namensgleichheit zur Verwirrung Anlass gab? Entwickelte sich der Valentins-Kult von Rom nach Terni entlang der Via Flaminia, oder war es umgekehrt? Wo wurden die leiblichen Überreste des Heiligen und wo die Kontaktreliquien verehrt? In jedem Fall sind weit mehr Fragen offen als Fakten bekannt. Sichere Quellen fehlen, und die schwer zu harmonisierenden Überlieferungsstränge haben der Legendenbildung bereits frühzeitig Auftrieb gegeben.

Der 15. Februar

Um die Verwirrung komplett zu machen, umgibt den 14. Februar festliches Brauchtum, das – ohne historische Abhängigkeit oder Kontinuität behaupten zu wollen – Parallelen aufweist zu antiken Frühlingsfesten wie etwa den römischen Lupercalia aufweisen, die traditionell am 15. Februar gefeiert wurden. Dieses im heidnischen Rom begangene Hirtenfest fand zu Ehren des Lupercus, eines – dem griechischen Pan entsprechenden – Fauns statt. Im Kontext von Ackerbau und Viehzucht war ein Großteil der damaligen religiösen Handlungen dem Gedeihen der Saat und des Viehs gewidmet, deren Fruchtbarkeit es zu erhalten galt. Apotropäische, das Böse von Stall und Acker fernhaltende sowie kathartisch-lustrative, reinigende Riten waren daher sehr bedeutsam für den Fortbestand der kultivierten Natur.

Regelmäßig wiederkehrende Reinigungs- und Sühneriten, von dem Priesterkollegium der Luperci am 15. Februar ausgeführt – der Name Februar von lat. *februa* = Reinigungsmittel erinnert noch daran – markierten so den Beginn der Weidezeit, der Reinigung der Ställe und der Wolfsabwehr. Ergänzt um zahlreiche Fruchtbarkeitszauber wurden sie offiziell bis ins 5. Jahrhundert gefeiert; in ihrer Endphase jedoch weniger als religiöses denn als allgemein beliebtes Volksfest, dessen Brauchtum während der Christianisierung erhalten blieb und möglicherweise mit dem Heiligengedenken des Valentinstags interferierte. Wenn heute den Frauen Blumen geschenkt oder junge Menschen durch das Los auf Zeit miteinander verbunden werden, erinnert zumindest die Akzentverschiebung von *agape* auf *eros* eher an vorchristliche Zeiten denn an jenen christlichen Märtyrer, dessen Leben und Sterben am Valentinstag gedacht werden sollte.

Valentinsbräuche

Kosmisch-vegetative Zyklen wie das geschilderte »Frühlingserwachen« rühren auch heute noch an die biologischen Grundlagen des menschlichen Lebens und seiner spezifischen Rhythmik. Von daher ist es nicht verwunderlich, dass sich ungeachtet der neuzeitlichen Nivellierung des Zeitbewusstseins an Valentin ein jahreszeitliches Empfinden Bahn bricht. Und es wäre ebenfalls wenig verwunderlich, wenn die altkirchliche Volksfrömmigkeit ihr sinnenfreudiges Brauchtum beibehalten und den »christlichen« Sinn des Festes über jenen legendären Valentin gewährleistet hätte, der »heidnisch« gesprochen als ein Gehilfe Amors sein Leben der Liebe geopfert hatte. Möglicherweise hat das am 15. Februar tradierte Brauchtum die Legendenbildung um diesen Märtyrer mit beeinflusst und ihn zu einem Freund der Liebenden stilisiert, zum Seelsorger aller heimlich und verbotenerweise Liebenden, aller unglücklich und verzweifelt Liebenden, aller in Liebe Gefangenen oder Beglückten.

Vor allem aber hat die Minnekultur des späten Mittelalters, wie sie sich an den englischen und französischen Fürstenhöfen entwickelte, am Ausbau der Valentinsbräuche phantasievoll mitgewirkt. So war es am 14. Februar als dem »Tag der Vogelhochzeit« z. B. Brauch, sich seinen »Valentin« oder seine »Valentine« durch das Los bzw. aufgrund der ersten Begegnung am Morgen zu wählen und ihr oder ihm kleine Briefe und Geschenke zukommen zu lassen. Die so durch Zufall miteinander Verbundenen galten für begrenzte Zeit als Liebespaar – eine frühe und originelle Form der Partnervermittlung.

Ein anderer Brauch bestand darin, der Angebeteten einen anonymen Liebesgruß zu schicken und zu hoffen, dass sie den Absender sowohl errate als auch erhöre. Nach wieder anderer Überlieferung würde ein Mädchen den Mann heiraten, von dem sie in der Nacht zum 14. Februar träume bzw. dem sie an diesem Tag zuerst begegne. Um hier gerade nichts dem Zufall zu überlassen, überraschte so mancher Freier, der sich gute Chancen ausrechnete, seine Auserwählte am frühen Morgen des Valentinstags mit einem Blumenstrauß; eine aparte Variante des noch heute gängigen Brauchs, es »durch die Blume zu sagen«.

Valentinsorakel, Valentinssträuße, Valentinsgeschenke und Valentinsgrüße, echte Tradition und Bedeutung hatte der Valentinstag primär im französischen und angloamerikanischen Sprach- und Kulturraum. Über England gelangte sein Brauchtum nach Amerika, wo der 14. Februar von einem »Tag der Liebenden« zu einem Tag der Freundschaft und der familiären Beziehungen wurde, was seinen Radius erweitert und die Absatzmöglichkeiten der an Valentin beteiligten Branchen beträchtlich gesteigert hat. Erst im Zuge der fortschreitenden Amerikanisierung Deutschlands seit den fünfziger Jahren des vergangenen Jahrhunderts haben die vielfältigen »Valentines« auch in Deutschland Einzug gehalten und inzwischen auch hier eine Bedeutung gewonnen, die nicht mehr zu übersehen ist.[2]

Zur Phänomenologie der »Valentines«

Eine kleine Phänomenologie der »Valentines«, sprich: der zum Valentinstag wechselseitig verschenkten Liebes- und Freundschaftsgrüße, seien es Blumen, Pralinen, Essenseinladungen oder Grußkarten, bezieht sich nun weniger auf diese Gegenstände als solche denn auf die Aneignungsprozesse, denen sie unterliegen. Ihr geht es demnach weniger um die Beschreibung der Gegenstände an sich als um eine, mit Clifford Geertz gesprochen, »dichte Beschreibung« der Handlungs- und Sinnzusammenhänge, in denen sie als soziale Beziehungszeichen wirksam werden.[3] Geht man mit Geertz davon aus, dass Menschen »in selbstgesponnene Bedeutungsgewebe verstrickt« sind,[4] die gemeinhin als Kulturen bezeichnet werden, beinhaltet eine kleine Phänomenologie des Valentinstags die dichte Beschreibung der mit diesem Tag einhergehenden kulturellen Bräuche als gesellschaftliche Ausdrucksformen, die es zunächst möglichst unvoreingenommen zu interpretieren gilt: als Auslegung dessen, »wie andere Menschen ihr eigenes Tun und das ihrer Mitmenschen auslegen«.[5] Um die geschilderte Valentiniade als symbolisch relevantes Verhalten und als Ausdrucksform erkennen zu können, bedarf es zunächst der Einübung in die von Edmund Husserl als »eidetische Reduktion« bezeichnete Aufmerksamkeitshaltung, die sich ihrer eigenen deutungsrelevanten Vorurteile bewusst wird und diese auszusetzen versucht. Ein Vorurteil bei der Betrachtung des Valentinstags ist das konsumkritische, das den geschäftigen Rummel der Blumen- und Schokoladenverkäufer als hauptverantwortlich dafür ansieht, an einem Tag im Februar mit Kitsch überschwemmt zu werden.

Eine Konsumkritik der Valentiniade?

In einer Gesellschaft des materiellen Überflusses, in der beinahe alle Güter – ja sogar die kulturgeschichtlich über Jahrhunderte hinweg als ausgesprochene Luxusgüter geltenden Objekte – für breite Käuferschichten erschwinglich geworden sind, ist Konsumkritik nur recht und billig. Wer erinnert sich heute noch daran, dass der Besitz exotischer Waren wie Kakao, Duftessenzen oder Schnittblumen, die nicht der eigenen Wiese entstammten, einst privilegierten sozialen Schichten wie dem Adel oder dem gehobenen Bürgertum vorbehalten war? Um bei dem Beispiel Blumen zu bleiben: andere als die vom Volksmund so genannten Feld-, Wald- und Wiesenblumen zur dekorativen Verfügung zu haben, und das gar noch im Winter, dieser uns heute zur Verfügung stehende Luxus war jahrhundertelang alles andere als selbstverständlich. Um das am Valentinstag nach wie vor beliebte Blumengeschenk besser zu verstehen, empfiehlt sich daher zumindest ein kurzer Blick zurück in die Kulturgeschichte der Blume.

Im Blumengarten der Zauberin sollte die kleine Gerda ganz vergessen, dass sie sich auf den Weg zur Schneekönigin machen wollte, um ihren Kai zu suchen. Der Zauber wirkte: Das Kind streifte durch den Garten und lauschte den Geschichten, die die Blumen ihr erzählten. Die Zauberin wusste sehr wohl, warum sie eine Sorte im Boden hatte verschwinden lassen; die Rosen, die Gerda an die mit Kai geteilte Laube und an ihr gemeinsames Lied erinnert hätten: »Rosen, sie blühn und verwehn, wir werden das Christkindlein sehn!« Wie gut, dass die Zauberin eine Seidenblüte auf ihrem Hut vergessen hatte, die Gerdas Erinnerung wachrief.

Es waren Gerdas Tränen, die den im Boden versenkten Rosenstrauch emporwachsen ließen. Von ihm bekam sie die Auskunft, dass Kai noch am Leben sei, denn die Blumen waren ja in der Erde gewesen, dort, wo alle Toten sind.

Voller Sehnsucht, die Sprache der Blumen zu verstehen, erscheint auch Alice im Wunderland: »Wenn du doch nur reden könntest«, sprach sie eine im Wind schaukelnde Feuerlilie an. »Wir können schon«, erhielt sie da zur Antwort, »solange jemand da ist, mit dem es sich lohnt.«

Als Hans Christian Andersen und Lewis Carroll Mitte des 19. Jahrhunderts ihre Gärten der sprechenden Blumen literarisch gestalteten, hatte der Mitte des 18. Jahrhunderts begonnene Diskurs über Seele und Sprache der Blumen seinen Höhepunkt bereits überschritten. Ausgelöst durch den 1761 erschienenen Roman *Julie et la belle Héloïse* von Jean-Jacques Rousseau hatte die Romantik das Gefühl wiederentdeckt und über den Einfluss von Pflanzen auf körperliche und seelische Vorgänge beim Menschen nachgedacht. Damit reihte sie sich ein in eine Reflexion, die mit Aristoteles' Diskussion über die Pflanzenseele begonnen hatte.

Da im antiken Rom ein großer Luxus mit Blumen betrieben wurde, deren Duft als Botschaft der Götter positive Kraft übertragen sollte, sahen die ersten Christen in den Blüten zunächst noch Sinnbilder heidnischer Dekadenz. Dies änderte sich mit der Aristoteles-Rezeption im Mittelalter und führte zur Entwicklung einer eigenen christlichen Natursymbolik, die in der Schönheit einzelner Blüten Sinnbilder für Gottes Geist erkennen ließ. Jede Blume konnte fortan eine Botschaft verkünden, die dem aufmerksamen Beobachter Lehren gab: So verströmt etwa die Rose den Duft der Tugend, die Sonnenblume zeigt an, wie sich das menschliche Leben im Sinne des göttlichen Willens bewegt, und die blaue Hyazinthe regt zur Meditation über die himmlischen Welten an.

Nachdem so der Bann gebrochen war, entwickelte sich eine Kultur der Blumensprache, die in der Romantik vom Botschafter moralischer und religiöser Besinnungen zu dem der Gefühle wurde. Man sagte sich Vertrauliches »durch die Blume«, und jeder »gebildete« Mensch wusste diese Symbolik zu deuten. Als Sinnbilder sentimentaler Wünsche, geheimer Gedanken und privater Herzensangelegenheiten standen die Blumensträuße in den Interieurs bürgerlicher Salons, und es war Mode geworden, kleine Wörterbücher über ihre Bedeutung bei sich zu tragen, um bei Gelegenheit nachschlagen zu können.[6] Unabhängig davon, wie wenig die Blumensymbolik der Romantik oder gar des Barocks heute noch bekannt ist: Dass Blumen als Herzensboten und symbolischer Gefühlsausdruck fungieren können, dieses kulturelle Wissen ist nach wie vor vorhanden, nur dass die Sprache der Blumen weitgehend individualisiert und damit zum »Idiolekt« geworden ist.

Von Liebe und anderen Kontingenzen

Am Anfang steht also die Blume und nicht der Blumenhändler, der viele seiner Sträuße nach individuellen Wünschen bindet. Seitdem auch auf diesem Sektor die Regeln gesellschaftlich angemessener Blumengaben zugunsten individueller Ausdrucksformen brüchig geworden sind und die Sträuße zunehmend nach geschmacklicher Präferenz ausgesucht werden, eignen sie sich hervorragend als Symbol von Individualität: Einzigartige und unverwechselbare Menschen können somit sich selbst als auch das gemeinsame Miteinander zum Ausdruck bringen.

Die am Valentinstag gekauften Blumensträuße werden in der Regel verschenkt und so zu Beziehungszeichen schlechthin. Als solche gelten sie sowohl für die Schenkenden als auch für die Beschenkten. Diese Wechselseitigkeit ist nicht auf Valentines beschränkt, sondern gilt für jede Art von Geschenk. Denn in jeder Gabe, die für einen anderen Menschen ausgewählt wurde, kommt sowohl der Schenkende symbolisch zum Ausdruck als auch der Beschenkte, wie der Schenkende ihn sieht. Die Bindungswirkung von Geschenken besteht maßgeblich darin, den jeweiligen Selbstausdruck mittels der Gabe auf das Gegenüber hin zu formen und die zukünftige Aneignung dessen, was man von sich selbst überreicht, gedanklich vorwegzunehmen.

Schenkend betreten wir das unsichere Gelände der möglicherweise gemeinsam geteilten Vorstellungen, weshalb unsere Geschenke als Ausdruck, Bekräftigung und Bestätigung unserer Beziehungen wirken, derer wir nie vollkommen sicher sind. Auf dieser phänomenologischen Basis erklärt sich die soziale Bedeutung des Valentinstags. Ist er – wie etwa in den USA üblich – ein Gradmesser der eigenen Beliebtheit im Freundeskreis, dann kann es kaum Schlimmeres geben als einen leeren Postkasten am 14. Februar. Wird er in seiner Bedeutung als Tag der Liebe von einem Paar akzeptiert, dann kann er als symbolischer Ausdruck und Gradmesser ihrer emotionalen Verbindung dienen. Eigene Wertschätzung, aus der Perspektive des anderen betrachtet, kommt so zum Ausdruck.

Darüber hinaus lässt dieser Tag auch an einen religiösen Aspekt denken, der weniger über die Rückbindung an den Heiligen seines Namens denn als Kontingenzerfahrung par excellence erfolgt. Die Homepage www.resi.at vollzieht diese Art der Bezugnahme auf das Unverfügbare so: »Es gibt um die 6 Milliarden Menschen auf dieser Welt (in dem Moment, wo Du diese Seite aufgerufen hast, waren's genau 6.163.885.432). In wie viele Menschen davon ist man verliebt? Jemanden zu mögen oder zu lieben, ist schon etwas besonderes. Um wie viel seltener und dadurch schöner ist es, wenn genau dieser Mensch von den 6.163.885.432 Menschen, den Du liebst, Dich zurückliebt?«

Was hier zum Ausdruck gebracht wird, ist die religiöse Phänomenologie des Valentinstags in nuce. Die Erfahrung, zu lieben und geliebt zu werden, wird als eine ganz besondere erkannt, die sich dem eigenen Tun letztlich entzieht und die darin – theologisch gesprochen – als reines Widerfahrnis, sprich: als Kontingenzerfahrung par excellence erfahrbar wird. Als solche aber kann sie nachdenkliche Gemüter dazu bewegen, weiter zu fragen: nach dem Woher dieser Erfahrung ebenso wie nach ihrem Wohin, aber auch nach dem tragfähigen Grund, auf dem sie in ihrer Unverfügbarkeit beruht.

Zum konstruktiven Umgang mit Valentin

Ich weiß um einen – am Valentinstag in der Fußgängerzone stehenden und Rosen an Passanten verteilenden – evangelischen Pfarrer, den leise Zweifel ob seiner Tätigkeit ereilten. Diese betrafen sowohl die Vermarktung als auch die katholische Verankerung dieses Tages und nicht zuletzt die Person des heiligen Valentin selbst: Wie hältst du's mit den Heiligen allgemein? Wie hältst du's mit diesem Heiligen im Besonderen? Und wie stehst du zu den Marktschreiern? Je häufiger in Kirchengemeinden derartige Aktionen zum Valentinstag gestartet werden, umso intensiver sollten auch die erwähnten Gretchenfragen an das eigene protestantische Selbstverständnis erörtert werden.

Jedoch ungeachtet dessen, wie die kritischen Rückfragen an das eigene Tun beantwortet werden, treffen sie meines Erachtens nicht den religiösen Kern des Valentinstages, wie er Menschen wichtig ist, die sich nicht-professionell mit diesem Festtag beschäftigen und daher ihre Rosen auch nicht an vorübereilende Fremde verteilen. Denn der Kern dessen, was am Valentinstag individuell symbolisiert wird, ist die Erfahrung von Liebe im Horizont ihrer Bedingtheit: von gelingender und misslingender Liebe, von gefährdeter Liebe, von ersehnter Liebe, von vergangener Liebe in all ihren emotionalen Farben und Schattierungen vom Überschwang bis zum Hass.

Was sich am Valentinstag durch symbolischen Austausch vollzieht, vom Schenken bis zum Annehmen oder vom Weiterverschenken bis hin zum Vernichten ehemaliger Valentinsgeschenke, wird vor allem aus seelsorgerischer Sicht verständlich: Liebe und Zuwendung als anthropologische Grunderfahrungen suchen sich hier einen Ausdruck. Dass dies immer stärker über säkulare Ausdrucksformen erfolgt, liegt auch daran, dass etwa biblische Symbole irdischer Liebeslust und irdischen Liebesleids, die es ja in Hülle und Fülle gibt, nicht angeeignet werden: Weil sie nicht bekannt sind? Weil sie nicht oder nur unzureichend vermittelt wurden? Weil sich der theologische Blick auf das »ganz Andere« beschränkt?

Wenn die hier vorgestellten Analysen zum Phänomen Valentinstag zutreffen, scheint die Sehnsucht nach gelingender Liebe in all ihrer Gefährdung, ihrer Brüchigkeit und ihrem Verfall heute in besonders hohem Maße gegeben zu sein, denn die Statistik der Trennungen und Scheidungen ist die dunkle Folie, vor der das leuchtende Rot der Valentinsrosen umso heftiger ins Auge sticht. Angesichts dieser Situation ist es besonders wichtig, konstruktive Formen des kirchlichen Umgangs mit diesem Phänomen zu entwickeln, die sich jenseits konsumkritischer Ablehnung und kritikloser Anbiederung bewegen.

Erschließungsperspektiven

Gottes Segen den Liebenden, auf diesen Nenner kann man – kurz gefasst – das Anliegen einer Vielzahl von kirchlichen Veranstaltungen zum Valentinstag bringen, die von Jahr zu Jahr zahlreicher werden. Die meisten von ihnen gehen auf die Initiative des Erfurter Dompfarrers Joachim Hauke zurück, der im Rahmen »niederschwelliger Rituale«, wie er sie nennt, kirchenferneren Christen, aber auch Nichtchristen den Zugang zur christlichen Deutung dieses Festes nahe bringen wollte. Ziel der am 14. Februar 2000 in Erfurt erstmals angebotenen Segensfeier zum Valentinstag war, der Sehnsucht vieler Paare nach Gottes Schutz entgegenzukommen. All jenen, »die partnerschaftlich unterwegs sind«, um den Erfurter Bischof Joachim Wanke zu zitieren, sollte Raum und Zeit gegeben werden, über ihre Partnerschaft nachzudenken.

Dieser erste Segensgottesdienst zum Valentinstag war ökumenisch konzipiert und wie folgt aufgebaut:

Auf den Einzug der Mitwirkenden folgten eine liturgische Begrüßung und ein Gebet, in dem das Thema Liebe und Partnerschaft vor Gott gestellt wurde. Nach einer Bildbetrachtung und anschließendem Lied berichteten drei Paare aus ihrer Paarbiographie. Auf diese Zeugnisse partnerschaftlicher Lebenssituationen folgte eine Predigt zu 1Kor 13. Im Anschluss an ein Musikstück – eine Improvisation zu einem modernen Liebeslied – hatten die Paare am Ende die Möglichkeit, sich segnen zu lassen. Das positive Echo auf die Feier ließ die Verantwortlichen auch im Jahr darauf einen Gottesdienst zum Valentinstag anbieten, der ähnlich aufgebaut aber um Fürbitten ergänzt war.[7] Die Berichterstattung in den Programmen von MDR und ZDF über diese zweite Segensfeier für Paare im Jahr 2001 mag zu der weiten Verbreitung der Idee beigetragen und den anhaltenden Boom von Gottesdiensten zum Valentinstag mit ausgelöst haben. Die Valentinsgottesdienste werden mittlerweile auch in Österreich und der Schweiz gefeiert, und immer mehr Gemeinden in Deutschland bieten ökumenische Segnungsgottesdienste an, in denen die Herzensanliegen der Beteiligten vor dem Gott zur Sprache kommen, der seinerseits als Quelle von Liebe und Treue erfahren werden kann. Ehepaare werden eingeladen, ihr Eheversprechen zu erneuern, Verlobte erbitten den Beistand Gottes in Vorbereitung ihrer Ehe, und auch wer nicht in einer Ehe oder der Vorbereitung darauf lebt, aber »partnerschaftlich unterwegs ist«, kann durch Segen und Gebet darin gestärkt werden.[8]

Die Grundidee der Valentinsgottesdienste, wonach Gott alle Menschen liebt und sie durch den Segen an seiner Liebe teilhaben lässt, hat seither über die Ehe- und Familienseelsorge hinaus auch im Bereich der kirchlichen Jugendarbeit Früchte getragen. Als ein Beispiel unter vielen sei die Stadtpfarrkirche in Füssen-West erwähnt, die zu Valentin ein »Jugendgebet« anbietet, das wie folgt abläuft: Beim Betreten der Kirche erhalten die Teilnehmenden einen Herzstempel auf ihre Hand, der die Thematik des

Tages versinnbildlicht. In einem daran sich anschließenden Spiel wird die Bedeutsamkeit von Liebe und Freundschaft im Leben des Einzelnen zum Ausdruck gebracht. Nach Lesung eines Bibeltextes sowie einer kurzen Ansprache werden Bilder gezeigt, welche die Liebe zu Gott und den Mitmenschen veranschaulichen. Abschließend verteilt das Vorbereitungsteam einen »Liebesbrief Gottes« an alle Teilnehmenden.

Der eigenen Liebe bewusst und der Liebe Gottes teilhaftig werden! Die ökumenisch orientierten Gottesdienste zum 14. Februar, die das Phänomen Valentinstag in dieser Polarität aufnehmen und es zugleich vertiefen, nehmen eine – auch aus protestantischer Sicht – legitime Erweiterung des Kirchenjahres vor. Diese »Zeitverschiebung« mutet nur auf den ersten Blick konsumselig an. Sie macht die irdische Liebe zu ihrer Angelegenheit und erweist sich bei näherer Betrachtung als angemessener Ort dafür, auch der »himmlischen« Herkunft der Liebe zu gedenken. Auch so kann man dem Gott, der die Liebe ist und darin – so Eberhard Jüngel – als das »Geheimnis der Welt« fungiert, auf die irdisch verankerte Spur kommen.

1 Seeliger, Hans R.: Art. Valentin, hl., Lexikon für Theologie und Kirche (LThK) 10, 2001, Sp. 520–522.

2 Becker-Huberti, Manfred: Feiern – Feste – Jahreszeiten: Lebendige Bräuche im ganzen Jahr. Freiburg i. Br.; Basel; Wien: Herder, 2001.

3 Geertz, Clifford: Dichte Beschreibung: Beiträge zum Verstehen kultureller Systeme. Frankfurt a. M.: Suhrkamp, 1999.

4 Ebd., S. 9.

5 Ebd., S. 14.

6 Heilmeyer, Marina: Die Sprache der Blumen: Von Akelei bis Zitrus. München; Berlin; London; New York: Prestel, 2002.

7 Bauernfeind, Hans / Geier, Richard (Hrsg.): Leben braucht Segen: Segensfeiern für alle, die segnen und gesegnet werden wollen. Freiburg i. Br.; Basel; Wien: Herder, 2003, S. 89–100.

8 Bundschuh-Schramm, Christiane (Hrsg.): Wo die Liebe wohnt: Gottesdienste und Segensfeiern für Paare. Ostfildern: Schwabenverlag, 2005.

Literatur

Piontek, Bianka: Valentinstag in Erfurt: Ein Heiliger kehrt zurück in die Kirche, in: Mildenberger, Irene / Ratzmann, Wolfgang: Liturgie mit offenen Türen: Gottesdienst auf der Schwelle zwischen Kirche und Gesellschaft. Leipzig: Evangelische Verlagsanstalt, 2005.

Detlev Prößdorf / Harald Schroeter-Wittke

Karneval.
Verkehrte Welt feiern

»Et hätt noch immer jot jejange« – Nubbelverbrennung in Köln

Es ist Karnevalsdienstag in Köln, kurz vor Mitternacht. Der Straßenkarneval strebt seinem Finale zu, der so genannten »Nubbelverbrennung«. Der Nubbel ist eine mannshohe Strohpuppe, die in den Karnevalstagen an zahlreichen Fenstern und über Kneipentüren aufgehängt ist. Am Karnevalsdienstag hat sie ihren großen Auftritt. Haben die Jecken vorher noch in den hoffnungslos überfüllten Kneipen kostümiert gesungen, getanzt und sich ausgelassen in den Armen gelegen, strebt das Karnevalsvolk nun auf die Straße. Aus allen Himmelsrichtungen kommen Prozessionszüge zusammen, an deren Spitze jeweils ein nun von den Fenstern und Türen abgenommener Nubbel unter Wehklagen aufgebahrt zum Versammlungsplatz getragen wird. Im Belgischen Viertel in Köln, nahe der Universität, findet die größte Nubbelverbrennung statt. Dort sind es gut und gerne 40 Nubbel, die unter den Augen von mehreren tausend Menschen zu einem großen Haufen geschichtet werden. Was nun folgt, ist ein liturgisches Spektakel der besonderen Art: Ein als Priester verkleideter Jeck liest eine Litanei, die von Abschied und Trauer handelt und die anfänglich vom Volk mit kirchlichen Wechselgesängen beantwortet wird. Die Trauerstimmung schlägt dann aber immer mehr um, bis der Nubbel schließlich zu einem Sündenbock gestempelt wird, der für alles Mögliche herhalten muss. »Wer ist schuld, dass wir unser ganzes Geld versoffen haben?«, fragt da beispielsweise der »Geistliche« das Volk. Und die Menge grölt wie aus einem Mund: »Das ist der Nubbel schuld.« »Und wer ist schuld, dass wir fremdgegangen sind?« und wieder ist die Antwort klar: »Das ist der Nubbel schuld.« Die Trauerrede wird zu einer umfänglichen Anklageschrift, die je nach Witz des Redners ein kabarettistisches Ereignis erster Rangordnung sein kann. An tagesaktuellen und politischen Anspielungen darf es dabei nicht fehlen. So wird der Nubbel überführt, schuld zu sein an politischen (Fehl-)Entwicklungen, globalen Naturkatastrophen, Krankheiten, das Auf- und Absteigen des jeweiligen Fußballclubs usw. Am Ende sind sich Redner und Volk einig: Der Nubbel verdient den Tod durch Verbrennen. Das Feuer wird um Mitternacht unter großem Beifall entzündet. Offiziell und symbolisch ist damit der Karneval beendet. Das hindert aber keinen ernsthaft daran, anschließend wieder in die Kneipe zurückzugehen und bis ins Morgengrauen fidel weiterzufeiern.

Das Erstaunliche dabei ist: Die ganze Nubbelverbrennung strotzt nur so von rituellen (katholischen) Bräuchen und religiösen Anspielungen. Und wer einer derart »lebendigen Gemeinde« einmal beigewohnt hat, ist verblüfft, mit wie viel Ideenreichtum heidnische Riten und die Tradition des christlichen Abendlandes unter Gottes freiem Himmel zu einer feuchtfröhlichen Synthese geführt werden.

»Nix bliev, wie et es« – Zur Geschichte des Karnevals

Karneval scheint es auf der ganzen Welt zu geben: vom Karneval in Rio, Mexiko und der Karibik über Karneval im italienisch- und deutschsprachigen Raum (vom süddeutschen über den rheinischen bis zum nord- und ostdeutschen Karneval in Bremen, Berlin und Dresden) bis hin zum Karneval in Japan. In vielen Kulturen gewinnt das Karnevaleske zu anderen Zeiten und an anderen Orten Gestalt, z. B. in den in nahezu allen Kulturen belegten Formen und Gebräuchen von Maskierungen und den entsprechenden Festen. Es scheint kaum eine Kultur ohne ein Fest auszukommen, welches »verkehrte Welt« spielt und damit Ventilfunktionen gegenüber den Alltagszwängen einnimmt, um so über Identitätsdiffusionen zu neuer Stabilität von Identitäten zu führen, seien diese eher kollektiv wie in vielen vormodernen Gesellschaften oder stärker individuell ausgeprägt wie in der Moderne.

Michel Foucault hat solche Phänomene Heterotopien genannt. Sie sind nicht Utopien einer fernen, möglicherweise nie zu erreichenden Zukunft oder anderen Welt, sondern sie sind andere Orte, in denen die Welt auf den Kopf gestellt wird. Sie sind als Anderes nötig für den Erhalt und die Fortentwicklung einer Kultur bzw. Gesellschaft. Dazu rechnet Foucault so unterschiedliche Phänomene wie Karneval, Schiffe, Religionen, das für Kinder verbotene elterliche Bett etc.

In ähnlicher Weise hat der schottische Ethnologe und Ritualforscher Victor Turner den Karneval als soziales Drama beschrieben, als Ritual, als liminales bzw. liminoides Phänomen, als Schwellenereignis. In diesen sozialen Dramen, die sich als Ritual in der Neuzeit mit höherer Freiwilligkeit neu etablieren und sich nicht mehr traditionell fortschreiben, wird die Welt in *Um-*

ordnung gebracht, d. h. die im Alltag geltenden Normen und Werte werden experimentell zeit- und probeweise außer Kraft gesetzt, um neu zusammengesetzt wieder lebensdienlich zu sein. Turner vermag mit seiner Theorie so unterschiedliche Phänomene wie Religionen oder Pilgerreisen, Taxifahrten oder Friseurbesuche zu beschreiben. Wo diese Umordnung im Ritual nicht (mehr) geschieht, spricht Turner vom Zeremoniell. Der Karneval, wie wir ihn zurzeit erleben, ist alles andere als ein Zeremoniell. Er ist lebendiges Ritual mit all den Phänomenen des Liminoiden, die für die Moderne typisch sind.

Seit dem 2. Weltkrieg boomt der Karneval, wovon z. B. die Karnevalsmuseen im belgischen Binche (1975) und in Köln (2005) sowie die Fasnachtsmuseen im deutschsprachigen Süden (Kitzingen, Eigeltingen, Bad Dürrheim, Kenzingen) zeugen. Ein anderes Beispiel für den boomenden Karneval ist das bislang vom Karneval völlig unberührte Paderborn, in dem es seit Beginn des 3. Jahrtausends auch Karnevalsumzüge gibt, die mit dem extra für Paderborn entwickelten Ruf »Hasi Palau« begleitet werden. Das berühmte und letztlich nicht deutbare Dreihasenfenster des Paderborner Doms – die Interpretationen reichen von der Fruchtbarkeitssymbolik bis hin zur Trinität – geht hier mit einer Paderborner Umformung des – horribile dictu – Düsseldorfer »Helaus« eine nicht mehr zu überbietende sprachliche Verbindung ein. Die hochkomplexen Abgrenzungsbedürfnisse dieser meiner Beschreibung zeigen dabei schon ein wesentliches Spezifikum des Karnevals: Der Karneval lebt von dem, was er konterkariert. Auch wenn es schmerzt: Was wäre Köln ohne Düsseldorf (und umgekehrt) – und was wäre Karneval in Nordrhein-Westfalen ohne dieses unglaublich witzige Paderborn!

Während in allen karnevalistischen Hochburgen auf die vermeintlich lang zurückliegende eigene Geschichte Bezug genommen wird, so dass der Eindruck entsteht, Karneval – genauer, der jeweils regional sich so und so gestaltende Karneval (oder Fastnacht oder Fasching) sei ein Phänomen aus grauer Vorzeit, zeigt die flächendeckende Ausbreitung des Karnevals das Gegenteil: Der Karneval, wie er heute gefeiert wird, ist ein Fest der Moderne. Die Versuche, die eigene Karnevalstradition weit in der Vergangenheit zu verifizieren, entspringen dem Bedürfnis, die eigene Geschichtslosigkeit mit der Tradition des Alten und Anderen zu legitimieren. Es ist daher nicht von ungefähr, dass z. B. die Geschichte des Karnevals im Nationalsozialismus erst in jüngster Zeit untersucht wird und in den popkulturellen Herleitungen des Karnevals immer noch so gut wie keine Rolle spielt.

Gegenüber den gängigen Vorurteilen, Karneval sei etwa auf die römischen Saturnalienfeste oder heidnischen Winter-Ade-Bräuche zurückzuführen, hat die jüngere Karnevals-, Fastnachts- und Faschingsforschung deutlich gemacht, dass derartige Kontinuitätsbedürfnisse sich historisch nicht decken lassen. Unser boomender Karneval entstand in Deutschland in der 1. Hälfte des 19. Jahrhunderts, im Rheinland datierbar auf das Jahr 1823, in den süddeutschen Gegenden um 1850. Zunächst verbreitete sich der organisierte Kölner Karneval in Deutschland rasch: Man versuchte, einen im Geiste der Romantik veredelten, von allem Derben gereinigten Karneval zu etablieren. Da sich der Karneval aber dadurch an vielen Orten zu einer reinen Honoratiorenveranstaltung entwickelte, griffen süddeutsche kleinstädtische Handwerker wieder auf die alten Mummenschanz-Traditionen zurück, so dass hier bis heute mit der schwäbisch-alemannischen Fastnacht ein ganz anderer Typus des Karnevals existiert als der rheinische Karneval. Während in der süddeutschen Fastnachts-Tradition die Vollvermummung die Regel ist, die eine komplette Unkenntlichmachung der eigenen Identität ermöglicht mit all den Chancen und Gefahren, die dies in sich birgt, hat sich im rheinischen Karneval die teilweise Verkleidung durchgesetzt, in der die Person, die z. B. als Cowboy oder Indianer verkleidet ist, noch erkennbar bleibt, so dass der Glanz ihres Helden auch auf sie zurückstrahlen kann.

Bei unserem historischen Rückblick beschränken wir uns im folgenden auf Köln, denn trotz aller regionaler Differenzen sind die Kölner Verhältnisse in ihren Grundstrukturen exemplarisch für weite Teile Deutschlands und für den modernen Karneval.[1]

Die historischen Unsicherheiten beginnen schon mit der Erklärung der Worte Karneval bzw. Fastnacht. Ob sich Karneval von »*carnislevamen*« (Linderung, d. h. Wegnehmen des Fleisches), scherzhaft »*carne vale*« (Fleisch ade) oder »*carrus navalis*« (Schiffswagen – in manchen Gegenden zog man an Karneval Schiffe mit Karren übers Land) herleitet, ist ebenso umstritten wie die Herleitung der Fas(t)nacht aus dem Umstand, dass es die letzte Nacht vor der Fastenzeit sei oder ob Fasnacht von »*fase(l)n*« herkommt, welches die Grundbedeutung von »fruchtbar werden, gedeihen, zeugen, Unsinn treiben« hat. Die Vieldeutigkeit der Worte lässt Karneval zu einer willkommenen Projektionsfläche und Ausdrucks- bzw. Mitteilungsform für viele werden. Hier begegnen einem die Zusammenhänge von Festen und Fasten ebenso wie die sexuelle Konnotation, das Verrückte wie das Rausch- und Exzesshafte. Werner Mezger beschreibt in seiner Untersuchung »Fasnacht, Fasching und Karneval als soziales Rollenexperiment«[2] eine Mixtur aus sieben verschiedenen Grundmotiven bzw. -elementen, die sich im Karneval mit seinen Verkleidungs- und Vermummungstraditionen in je anderer Weise durchmischen: das Komische, das Parodistische, das Exotische, das Erotische, das Dämonische, das Historische und das Militärische.[3]

Für Köln ist der Karneval seit dem 14. Jahrhundert belegt, jedoch mit zum Teil sehr anderen Gebräuchen als nach 1823. Er entstand durch die antithetische Gegenüberstellung der Fastenzeit und der Zeit davor durch die Kirche, so dass er in Anlehnung an die Zweistaatenlehre Augustins der *civitas diaboli* und nicht der *civitas dei* zugeordnet wird. Solchermaßen stigmatisiert bot Karneval einen Freiraum für all das, was mit christlichen Lastern verbunden war: Üppigkeit, Völlerei, diabolisch-groteske Maskierungen usw. Im Karneval spielten die Menschen im wörtlichen Sinne diabolische, d. h. verkehrte Welt. Im Mittelalter war der Karneval zudem mit Rügebräuchen verbunden, bei denen vor allem Jugendliche denjenigen Menschen einer sozialen Gemeinschaft aufs Dach stiegen, die von der unausgesprochenen und nicht juristisch einklagbaren Normalität abwichen. Dabei kam es regelmäßig zu Partialverwüstungen, es wurden Dächer zerstört oder ganze Häuser in Brand gesetzt mit den entsprechenden Folgen für die Betroffenen.[4] Mit der zunehmenden staatlichen Gewalt und Machtzentrierung der Neuzeit wurden solche Umtriebe zu verhindern versucht, weil in ihnen von den Machthabern immer auch ein Potenzial für politische Unruhen gesehen wurde. Höhepunkte solcher Versuche in Köln waren die staatlichen Verbote des Karnevals oder mancher Karnevalssitten durch die Preußen und die Franzosen (Totalverbot des Karnevals 1795, welches aber 1799 wieder aufgehoben wurde).

Ursache für die heutige Form des organisierten Karnevals war im Rheinland eine preußische Verordnung von 1821, die alle Abgaben auf öffentliche Lustbarkeiten aufhob, worunter insbesondere die vielen Maskenbälle des Karnevals fielen. Diese Abgaben waren von den Franzosen eingeführt worden und dienten der städtischen Armenfürsorge. Durch ihre Aufhebung kam es dort zu so großen Engpässen, dass sich einige Kölner Bürger genötigt sahen, den preußischen Behörden die Zügelung des bislang ungestümen Straßenkarnevals zuzusagen. Als Gegenleistung verlangten sie, dass wieder Abgaben für die Armenfürsorge erhoben wurden. Die Geburtsstunde des modernen Karnevals ist die Wiedergenehmigung dieser Abgaben durch den preußischen Staat am 29.01.1823. Nun entstand ein ausgedehntes Vereinswesen, welches den Karneval (einschließlich der Armenfürsorge) organisierte, den Straßenkarneval im Sinne der preußischen Staatsgewalt zügelte und ihn damit im Geist der Aufklärung sozial und karitativ verstand: »Löblich wird ein tolles Streben, wenn es kurz ist und mit Sinn«, so dichtete Goethe in seinem Gedicht »Der Kölner Mummenschanz« von 1825. Die Karnevalszüge mit ihren theatralischen Elementen boten dabei auch kulturelle Diakonie für ein Volk, welches vom Wohlstand – und damit von bürgerlicher Hochkultur – noch ziemlich abgeschnitten war. Es entwickelten sich dabei aber gleichzeitig und zunehmend Formen öffentlicher politischer Kritik, die in Zeiten kräftiger Zensur von vielen verstanden wurden. Die Ambivalenz des militärischen Elements im Kölner Karneval ist hier besonders bezeichnend. Zum einen sind viele Rituale der Karnevalsgesellschaften sowie ihre innere Struktur und Organisation dem preußischen Militär entlehnt. Zum anderen wird das preußische Militär aber in der karnevalistischen Performance hochgradig karikiert. Die Figur des Funkenmariechens oder das Ritual »Stippeföttche« (ein fröhliches Aneinanderreiben von zwei menschlichen Hinterteilen) vereint die Bereiche des Militärischen, des Erotischen und des Historischen. Diese staatsfoppende oder gar staatswiderständige Tradition hat erst der Nationalsozialismus Ende der 1930er Jahre so unter seine Kontrolle bekommen, dass die karnevalistische Performance zu seinen propagandistischen Zwecken umfunktioniert werden konnte, z. B. mit antisemitischen Umzugswagen, mit der ungehinderten Aufnahme gezielter »spaßiger« Phänomene aus der Zeit des vormodernen Karnevals, mit denen die so genannten Zimperlichen öffentlich eingeschüchtert oder gar vorgeführt wurden oder auch mit der Umbesetzung der Jungfrau im Kölner Dreigestirn durch eine Frau.[5] In den Kriegsjahren fielen die großen Karnevalsumzüge aus, übrigens auch 1991 auf Grund des Irakkriegs.

Schon 1946 gab es in Köln aber wieder einen Rosenmontagszug. Nach dem 2. Weltkrieg entwickelte sich der Kölner Karneval zu einem Magneten für die Stadt mit heute über 2 Millionen auswärtigen Besucherinnen und Besuchern an den tollen Tagen Weiberfastnachtsdonnerstag bis Aschermittwoch. Fragt man nach den Gründen für diese Hochkonjunktur des Karnevals, so scheint uns die These von Wolfgang Mezger sehr plausibel. In einer Zeit, in der die Qual der Wahl uns selbst verantwortlich sein lässt für nahezu alles, was wir tun und lassen, suchen wir Orte auf, an denen wir – durch eine weitgehend ungefährliche und freiwillig gewählte Umkehrung der Verhältnisse auf Zeit und Probe – regenerative Entlastungen für einen Alltag erleben können, der uns fast alle zu überfordern scheint. Dass der moderne Karneval diese kollektive Erleichterung leistet, ohne dass es dabei zu größeren Verwüstungen kommt, wie sie etwa für den mittelalterlichen Karneval typisch waren, zählt zu den nicht gering zu schätzenden Leistungen unserer modernen Zivilisation. In dieser Funktion der Entlastung und Erleichterung (manche Theologien würden hier mit einem gewissen Recht sogar von Rechtfertigung sprechen) ist der Karneval Partner und Konkurrent der Kirche und ihrer Angebote zugleich. Heinrich Böll beschrieb diesen zivilreligiösen Zauber des Karnevals Ende der 1950er Jahre in einem Zeitungsartikel: »Niemals im Jahr werden so viele ernste Gespräche geführt, so viele Bekenntnisse gemacht wie in der Karnevalszeit; die Frau, die niemals mit jemand reden würde über Dinge, die ihr Kummer machen und sie bedrücken, die spröde Schöne, die das ganze Jahr über die Maske unversehrt auf dem Gesicht trägt, bekennt sich irgend jemandem, einem Unbekannten, den sie nie wieder sehen wird, der sie zu einem Glas Wein eingeladen hat, den sie mit seinem Vornamen, den sie ›du‹ nennt – für diese eine Nacht demaskiert sie sich.«[6]

»Et kütt, wie et kütt« – Eine kleine Phänomenologie des Kölner Karnevals

Der kurze Abriss der Geschichte zeigt, dass Karneval ein vielschichtiges und vor allem regional mit ganz unterschiedlichen Bräuchen versehenes Geschehen ist. In manchen Regionen wird Karneval nicht nur als ein jahreszeitlich punktuelles Geschehen begangen, sondern vielmehr als eine Art Lebenskultur verstanden. Die folgende kurze phänomenologische Beschreibung ist exemplarisch fokussiert auf die »liturgischen Hauptelemente« des »karnevalistischen Kirchenjahres«, wie es in Köln begangen wird, wohl wissend, dass es vielerorts ähnliche, andernorts aber auch davon sehr unterschiedene Bräuche gibt. Diese Schilderungen mögen einen Eindruck vermitteln, wie umfassend der Karneval in manchen Gegenden das Lebensgefühl der Menschen bestimmen kann.

Den Auftakt in das närrische Treiben bildet der »Elfte im Elften«. Die Elf ist die Symbolzahl der Narren – als Kurzform für *Egalité, Liberté, Fraternité* diente sie u. a. historisch auch dazu, die Franzosen von der Nützlichkeit des Karnevals zu überzeugen –, weswegen sich am 11. 11. um 11 Uhr 11 vor dem Rathaus einige tausend Kostümierte versammeln, um die neue

Session einzuläuten. Das Dreigestirn – bestehend aus »Ihre Tollität« der Prinz, »Ihre Deftigkeit« der Bauer und »Ihre Lieblichkeit« die Jungfrau – wird dem Volk und dem Oberbürgermeister vorgestellt. Es wird gesungen und geschunkelt und somit im grauen Monat November schon einmal ein Vorgeschmack auf das kommende Karnevalsspektakel gegeben. Danach ist karnevalistisch bis Januar erst einmal offiziell Pause; inoffiziell werden in den Karnevalsgesellschaften (in Köln gibt es davon über 100)[7] wie schon in den Monaten vorher weiterhin Kostüme genäht, Schauwagen gezimmert, Beiträge für die Sitzungen geprobt etc.

In der Regel am zweiten Januarwochenende findet die feierliche *Prinzenproklamation* statt, bei der das alte Dreigestirn verabschiedet und das neue durch den Oberbürgermeister proklamiert wird. Das Dreigestirn nimmt fortan seine »Regentschaft« bis zum Aschermittwoch wahr und hat bis dahin im Zeichen des Frohsinns eine Vielzahl von repräsentativen Terminen zu erfüllen. Wo immer der Prinz mit seinem Gefolge erscheint, wird er begeistert empfangen. Für die sich aus den ortsansässigen Karnevalsgesellschaften rekrutierenden und ehrenamtlich dort Mitwirkenden sind diese Wochen ein Fulltimejob, da es eine Vielzahl von Besuchen bei örtlichen Firmen, Institutionen und nicht zuletzt den Karnevalssitzungen zu absolvieren gilt.

Damit ist auch eine weitere wesentliche Säule des Karnevals benannt: die *Karnevalssitzungen*. Veranstaltet werden die traditionellen Sitzungen ab Beginn des neuen Jahres von den Karnevalsgesellschaften. 2004 gab es allerdings wegen der ausgesprochen kurzen Session (Rosenmontag am 7. Februar) sogar schon vor Weihnachten Sitzungen. Das bunt kostümierte Volk lässt sich dabei 3–5 Stunden von Musikgruppen, Rednern, Traditionsgruppen und Tanzkorps in Stimmung bringen, mit Singen, Schunkeln und durch unterhaltsame Beiträge. Je nach Art der

Sitzung (Prunksitzung, Herrensitzung, Damensitzung, Pfarrsitzung, Kindersitzung etc.) und Ort (Festsaal, Altenheim, Krankenhaus, Schule, Pfarrsaal etc.), schwankt die Qualität der Beiträge und die Deftigkeit der Witze, wobei das politische und kirchliche Geschehen stets feste Inhalte bilden, über die hergezogen wird. Die mehr oder minder professionellen Künstler bilden dabei eine ganz eigene Szene und erlangen zum Teil beachtliche lokale Berühmtheit. Neben dem etablierten Karneval hat sich Mitte der 1980er Jahre auch eine alternative Szene gebildet, deren Pioniere 1984 die »Stunksitzung« ins Leben riefen, die mit mittlerweile über 40 Aufführungen pro Session zum festen Bestandteil des Sitzungskarnevals geworden ist. Die Stunksitzung orientiert sich stärker am politischen Kabarett und spart nicht an Kritik am etablierten Karneval. Auch weitere ehemalige Exoten wie die »Rosa-Sitzung« (die schwul-lesbische Karnevalssitzung) regen mittlerweile keinen mehr wirklich auf, sondern gehören zum bunten Treiben dazu. Selbst die zum Teil bis heute noch äußerst karnevalsdistanzierten Protestanten veranstalten seit 1997 alle zwei Jahre ihre eigene Sitzung: An fünf Abenden nimmt die »Prots-Sitzung«[8] das kirchliche Geschehen satirisch aufs Korn. Die Akzeptanz und Nachfrage für diese Sitzungen ist enorm; sie sind binnen weniger Tage bereits Monate vorher restlos ausverkauft. Noch erwähnt sei eine ganz besondere karnevalistische Unterhaltungsform in Köln: Jedes Jahr wird in der Kölner Oper über 30 mal ein so genanntes »Divertissementchen« aufgeführt, eine ganz eigene Art von Musiktheater, das meistens ein Ereignis aus der Stadtgeschichte auf komisch-parodistische Weise darstellt. Somit macht der Karneval selbst vor einer bürgerlichen Kulturinstitution wie der Oper nicht halt. Aber auch in der Frage interkulturellen Lernens hat der Karneval manches zu bieten. So gibt es z. B. seit einigen Jahren die »Schäl Sick Brass

Band«, eine Multi-Kulti-Brass-Band aus deutschen, türkischen, griechischen, osteuropäischen und iranischen Musikerinnen und Musikern aus Deutz und Umgebung, die typische Karnevalstraditionen und -elemente dieser Kulturen miteinander zu Gehör bringen, vom Karnevalsmarsch »Hochheidecksburg« bis zum Friedenslied »Selam Selam«.

Mit *Weiberfastnacht*, dem letzten Donnerstag vor der Fastenzeit, beginnt dann die eigentliche »Fünfte Jahreszeit«, die Zeit des Straßenkarnevals. Weiberfastnacht entstand in Beuel, *de schäl Sick* (die bekloppte Seite – dort, wo zu Römerzeiten die Germanen hausten, sprich rechtsrheinisch) von Bonn, als sich 1824 die Beueler Wäscherinnen zu einem Damenkomitee zusammenschlossen, um eine Teilnahme am bislang rein männlichen Karneval zu erfechten. Als öffentliches Zeichen ihres Protestes hängten sie im ganzen Stadtteil die Unterwäsche aus den Fenstern. Bis heute ist sowohl der Sturm des Rathauses als auch das Abschneiden von Krawatten als symbolische Begrenzung männlicher Macht üblich. Die Männer werden allerdings mit einem »Bützchen« (Kuss) für den Verlust ihrer Machtsymbole entschädigt. Bis heute ist Weiberfastnacht in Bonn der Höhepunkt des Karnevals, während dies in Köln der Rosenmontag ist. Weiberfastnacht hat sich im ganzen Rheinland schnell verbreitet und markiert heute den Übergang vom Sitzungs- zum Straßenkarneval. Vor nahezu keinem Bereich des öffentlichen und gesellschaftlichen Lebens macht das Karnevalstreiben nun in den kommenden Tagen halt. Die Kneipen sind hoffnungslos überfüllt. Von überall her schallt Karnevalsmusik. Selbst Krankenhäuser und Ämter sind geschmückt. Deren Personal lässt es sich nicht nehmen, wenigstens mit Narrenkappe oder geschminkt ihren Dienst zu versehen. Während sich in den Schulen die Kinder schon morgens mit ihren Kostümen treffen, beginnt das eigentliche Treiben auf den Straßen ab 11 Uhr 11. Vor dem Rathaus eröffnet das Dreigestirn mit einer Straßensitzung die tollen Tage, in manchen Vororten ziehen Karnevalszüge musizierend durch die Straßen. Danach wird gesungen, geschunkelt, getanzt und vor allem auch über die Maßen Alkohol konsumiert. Die Tradition, dass an diesem Tag die »Weiber« in besonderer Weise »regieren«, verwischt sich in unserer Gesellschaft durch zunehmende Emanzipation; sie wird durch ein allgemeines Feiern ersetzt, das teilweise so exzessiv ist, dass ganze Straßenzüge für den Verkehr gesperrt werden.

In den folgenden Tagen laufen dann auch zahlreiche *Umzüge* durch die Straßen. Nahezu jeder Stadtteil hat seinen eigenen Zug, der sich aus den ortsansässigen Karnevalsvereinen und -gruppen zusammensetzt, wobei die Züge zwischen Samstag und Dienstag durch die Straßen ziehen. Das Werfen und Verteilen von Süßigkeiten, Blümchen und anderen Kleinigkeiten gehört dabei zum selbstverständlichen Bestandteil wie auch das freizügige Verschenken von Bützchen. Drei große Umzüge sind dabei überregional: Am Karnevalssonntag die *»Schull un Veedelzöch«*, bei denen vor allem Schulen und kleinere Vereine aus den Stadtvierteln ihre phantasievollen Kostüme präsentieren. Der größte Umzug ist traditionell der *Rosenmontagszug*, den sich in Köln mittlerweile 1 bis 1,5 Millionen Menschen anschauen. Über mehrere Stunden ziehen die Karnevalsgesellschaften und als Höhepunkt der Prinz mit ihren Wagen, Reiterstaffeln, Tanzgruppen und Spielzügen durch die Straßen. Ein dritter Zug hat sich seit 1991 – nach Absage des Rosenmontagszuges mit Rücksicht auf den Golfkrieg – als alternativer Umzug etabliert, der *Geisterzug*, der meist Samstagnacht durch die Straßen zieht. Beim Geisterzug werden keine Süßigkeiten geworfen, sondern Trommelgruppen und schwarz-weiße Kostüme bestimmen das Bild.

Den Straßenkarneval beschließt die eingangs beschriebene Nubbelverbrennung. Und wie es in einem dann abends gern gespielten Lied von Jupp Schmitz so treffend heißt: »Am *Aschermittwoch* ist alles vorbei.« In den katholischen Kirchen wird als Zeichen des Beginns der Fastenzeit am Aschermittwoch das Aschekreuz auf die Stirn der Gläubigen gegeben. Zahlreiche Karnevalsgesellschaften schließen an diesem Tag den Karneval mit einem Fischessen ab, bei dem man nicht nur die vergangenen Veranstaltungen noch einmal Revue passieren lässt, sondern auch bereits Pläne für die nächste Session schmiedet. Wer es sich leisten kann, erholt sich von den Strapazen durch Urlaub, manch anderer pausiert eher unfreiwillig durch Auskurieren einer für den Beginn der Fastenzeit nicht untypischen »postkarnevalen« Grippe.

Betrachtet man diesen zeitlichen Längsschnitt durch den karnevalistischen Jahreslauf unter inhaltlichen Gesichtspunkten, so sind im Querschnitt durch die verschiedenen Tage und Veranstaltungen einige typische Elemente zu benennen:

- Karneval obliegt einem starken Hang zur *Vergemeinschaftung*. Allein Karneval zu feiern, geht praktisch nicht. Dabei fällt auf, dass der Karneval als Gruppenphänomen die Wirkung hat, Milieu- und Machtgrenzen durchlässiger zu machen.
- Im Rahmen dieser Vergemeinschaftung werden zudem *Berührungsgrenzen abgebaut*, was vom Schunkeln über das harmlose Küsschen bis hin zu enthemmter Sexualität reichen kann.
- Das *Verkleiden* – und sei es nur durch eine Narrenkappe oder einen Orden – setzt alltägliche und bürgerliche Regularien zeitlich begrenzt außer Kraft und ermöglicht das Ausprobieren einer partiell anderen Identität. Dies finden längst nicht nur Kinder immer wieder attraktiv.
- In der Narrenrolle lässt sich *Witz und (Herrschafts-)Kritik* freier und gefahrenloser formulieren.

- Im Karneval wird gerne auf den *regionalen Dialekt* zurückgegriffen, der im Alltag weitgehend zurückgedrängt ist und zuweilen den Hauch des Vulgären hat. Somit schlägt sich das gefeierte Anderssein auch sprachlich nieder.
- Karneval ist auch ein Fest des *Rhythmus*, der *Musik* und der *Lieder*. Vor allem die Vielfalt des gemeinschaftlichen Singens alter und neuer Gassenhauer im Karneval läuft dabei dem Trend des Abbruchs von Singetraditionen erfrischend entgegen.
- Schließlich ist *Alkohol* als stimmungsförderndes Mittel allgegenwärtig. Die Aufforderung der rheinischen Gruppe Bläck Fööss »Drink doch ene met, stell dich nit esu ahn« spielt der Fröhlichkeit zu, wobei Besäufnisse und die damit verbundenen Ausschreitungen mancherorts bedenkliche Formen annehmen, längst nicht nur in der Jugendkultur.

»Jede Jeck es anders« – Erschließungsperspektiven für die Gemeindekulturpädagogik[9]

Karneval hat vieles, was Kirche auch hat – nur anders. Kirche kann nicht ein ständiger Karneval sein wollen, sie kann dennoch vieles vom Karneval lernen und ihn auf ihre Weise fröhlich mitgestalten. Für den Protestantismus ergeben sich mögliche Anknüpfungspunkte, Reibungsflächen und Handlungsfelder. Folgende Anregungen und Wünsche an den Protestantismus vom Karneval her betrachtet – oder anders gesagt: vom Zug aus gesehen – mögen die Kreativität vor Ort beflügeln.

Der Karneval verbreitet eine Atmosphäre der unterhaltsamen Leichtigkeit und des toleranten Laisser-faire, die in der evangelischen Kirche oft vermisst wird. Mehr Mut zum Feiern, gepaart mit dem Wagnis, auch einmal über die Stränge zu schlagen, würde dem Protestantismus gut tun. Zudem tut sich die evangelische Kirche oft schwer mit der Volksnähe, kultursoziologisch gesprochen mit dem Unterhaltungsmilieu. Vom Karneval wäre zu lernen, dass auch und gerade in der Unterhaltung der Spaß und der Ernst an der Sache gleichermaßen zum Zuge kommen können. Die protestantische Berührungsangst vor der Unterhaltung ist unbegründet. Ähnliches gilt für die protestantische »Wut des Verstehens«, die nach Schleiermacher das Gedeihen von Religion verhindert, zumal die »unsinnfeindliche« Religion des Protestantismus mit einer gewissen Sinnenfeindlichkeit korrespondiert.[10] Vom Unsinn fühlen sich Protestant und Protestantin oft mehr bedroht als vom Unglauben – zu Unrecht. Der Sinn des Unsinns, des Verrücktseins besteht in der Relativierung des Eigenen, des Bekannten, des Normalen – ein durchaus protestantischer Gedanke. Der kölsche Karnevalsgrundsatz »Jede Jeck es anders« paart diesen (Un-)Sinn mit einem Höchstgrad an Individualität, womit es sich – für viele unerwartet – erstaunlich gut leben lässt, auch und gerade dann, wenn es um letzte Wahrheiten geht. Ein Beispiel dafür ist die stetig wachsende Kabarettszene der letzten Jahrzehnte, die auch im kirchlichen Raum mit mehreren Kabarettgruppen mittlerweile Fuß gefasst hat. An vielen Orten werden am Karnevalssonntag Predigten mit kabarettistischen Zügen gehalten; sei es, dass sie in Mundart einer Büttenrede gleich geformt sind oder dass sie eine Theologie des Lachens oder der Unterhaltung zum Thema haben. Nicht jede Predigerin oder jeder Prediger ist witzig, aber am Karnevalssonntag sollte man die witzigen auf die Kanzel lassen.

Wer ganz *jeck* ist, kann den Karneval auch zu einem Bestandteil seiner Gemeindeentwicklung machen. In Leverkusen – karnevalistisch betrachtet wahrlich keine klassische Hochburg –

wächst jüngst ein Projekt, welches den Karneval neben allem »Spaß an der Freud« als öffentliche Präsentationsfläche der Kirchengemeinde und ihrer Interessen nutzt. Nach einer halbjährigen Vorbereitungszeit durch ein Kernteam gab es am Karnevalssonntag 2005 erstmalig keinen Gottesdienst zu Estomihi, sondern einen »Gottesdienst mit Kostüm« und Pfarrern mit Pappnase. Nach dem Gottesdienst ging ein Trupp von 30 Jecken als Kerzen verkleidet unter dem Motto »Uns ist ein Licht aufgegangen« beim örtlichen Zug mit. Vor allem die zusätzlich zu den Kamellen verteilten Teelichter waren dabei heiß begehrt. Im Vorfeld zu diesem generations- und milieuübergreifenden Projekt wurde deutlich, dass sich neben einzelnen Presbytern und Hochengagierten vor allem auch Menschen intensiv beteiligten, die sonst nicht den festen Gruppen der Gemeinde angehören. Die Vielfalt der Aufgaben bot auf unterschiedlichste Weise Gelegenheit, sich kreativ einzubringen, und zwar stets in lockerer und humoriger Runde: sei es beim gemeinschaftlichen Erstellen der Kostüme, dem Kochen von Mahlzeiten oder dem Organisieren von Wurfmaterial. Kreativ war auch die Finanzierung: Im Rahmen der Jugendarbeit wurde eine CD zum Verkauf erstellt mit Wortbeiträgen einzelner Gemeindeglieder sowie einzelner Lokalgrößen zum Thema Karneval (z. B. des Superintendenten) und mit von Gemeindegliedern selbst gesungenen Karnevalsliedern. Diese CD wurde als Orden gestaltet und an Gemeindeglieder verkauft. Für die Finanzierung der Teilnahme am kommenden Karnevalszug gibt es jetzt auf Initiative der Karnevalsfreunde mehrmals im Jahr ein Suppenessen nach dem Gottesdienst, von dessen Erlös Kamelle besorgt werden; diese fröhlich-liturgische Suppenspeisung erfreut sich eines regen Zulaufs, wobei nicht nur das Essen, sondern auch das Kochen Spaß macht. Ob der schon angedachte Karnevalswagen, bei dem dann auch die handwerklichen und organisatorischen Fähigkeiten noch ganz anderer Kirchengemeindeglieder zur Geltung kommen können, sich in nächster Zeit realisieren lässt, bleibt abzuwarten. Fest steht aber, dass die Beteiligung der Gemeinde am nächsten örtlichen Karnevalszug deutlich höher sein wird. Zudem zeigt die kommunale Beachtung dieser ungewöhnlichen Aktivität, dass dieses Projekt zur Verwurzelung des Protestantismus vor Ort in seiner zeitgenössischen Lebenswelt beiträgt.

Schließlich kann der Aschermittwoch ein sinnvoller Tag für eine profilierte Gemeindearbeit sein, nicht als miesepetrig vermuffelter Kommentar zum bunten Treiben der Tage davor, sondern programmatisch als Besinnungstag für die Gemeindearbeit des nächsten Jahres. In der evangelischen Kirchengemeinde Bonn-Beuel z. B. dient der Aschermittwochabend mit seinem ausgedehnten Fischessen als eine Art Gemeindeversammlung dazu, die Höhepunkte der Gemeindearbeit des nächsten Jahres zu projektieren und abzusprechen. All diese Bemühungen geschehen aus der Einsicht heraus: »Wir sind Narren um Christi willen« (1Kor 4,10).

1 Vgl. Frohn, Christina: Der organisierte Narr. Karneval in Aachen, Düsseldorf und Köln von 1823 bis 1914. Marburg: Jonas Verlag, 2000.

2 Bausinger, Hermann (Hrsg.): Masken zwischen Spiel und Ernst. Tübingen: Beiträge des Tübinger Arbeitskreises für Fastnachtsforschung, 1967, S. 203–226.

3 Ebd., S. 213–220.

4 Bachorski, Hans-Jürgen / Röcke, Werner: Verspielte Eh(r)e: Rügebräuche und rites de passage in karnevalesker Festkultur und Literatur des späten Mittelalters, in: Fischer-Lichte, Erika / Lehnert, Gertrud (Hrsg.): [(V)er]SPIEL[en]: Felder, Figuren, Regeln. Berlin: Akademie Verlag, 2002, S. 103–122.

5 Vgl. Jeggle, Utz: Fasnacht im Dritten Reich, in: Bausinger, Hermann (Hrsg.): Narrenfreiheit: Beiträge zur Fastnachtsforschung. Tübingen, 1980, S. 227–238 und Schwering, Max-Leo: Freiheit der Narren – Narrenfreiheit! Karneval im Nationalsozialismus, in: Schmitz, Wolfgang (Hrsg.): Zwischen Stunk und Prunk: Ein Klatschmarsch durch die Institutionen, Köln: Volksblatt Verlag, 1991, S. 75–81.

6 Zit. nach Fritz Mack: Evangelische Stimmen zur Fasnacht, in: Bausinger: Masken, S. 49.

7 Vgl. Ortmann, Günther (Hrsg.): Dreimol vun Hätze Kölle Alaaf. Köln: Bachem, 2004, S. 14 ff.

8 Vgl. Prößdorf, Detlev / Schroeter-Wittke, Harald (Hrsg.): Rheinische Karnevalstheologie: Prots-Sitzungen und jecke Predigten. Rheinbach: CMZ, 2002.

9 Vgl. Fermor, Gotthard / Ruddat, Günter / Schröter-Wittke, Harald (Hrsg.): Gemeindekulturpädagogik. Rheinbach: CMZ, 2001.

10 Hörisch, Jochen: Die Wut des Verstehens: Zur Kritik der Hermeneutik. Frankfurt a. M.: Suhrkamp, 1998.

Literatur

Alleyne Dettmers, Patricia Tamara: Afro-Caribbean Celebratory Traditions: Women and Power Relations in the Celebrations of Carnival, in: Wulf, Christoph / Zirfas, Jörg (Hrsg.): Rituelle Welten. Paragrana 12 (2003), S. 488–507.

Assmann, Aleida: Festen und Fasten: Zur Kulturgeschichte und Krise des bürgerlichen Festes, in: Haug, Walter / Warning, Rainer (Hrsg.): Das Fest, Poetik und Hermeneutik XIV. München: Fink, 1989, S. 227–246.

Burke, Peter: Helden, Schurken und Narren: Europäische Volkskultur in der frühen Neuzeit. Stuttgart: Klett-Cotta, 1981.

Delic, Alexandra: La Vida es un Carnaval: Karnevaleske Gegenwelten in San Juan Chamula und Veracruz. München: Utz, 2003.

Euler-Schmidt, Michael (Hrsg.): Kölner Karnevalsmuseum: Tradition, Faszination, Vielfalt. Köln: Bachem, 2005.

Foucault, Michel: Die Heterotopien: Der utopische Körper. Frankfurt a. M.: Suhrkamp, 2005.

Frohn, Christina: Der organisierte Narr: Karneval in Aachen, Düsseldorf und Köln von 1823 bis 1914. Marburg: Jonas-Verlag, 2000.

Hochstädter, Walter: Harmloser Karneval? Gladbeck. Schriftenmissionsverlag, 1964.

Matheus, Michael (Hrsg.): Fastnacht – Karneval im europäischen Vergleich. Stuttgart: Steiner, 1999.

Moser, Dietz-Rüdiger: Fastnacht – Fasching – Karneval. Das Fest der »Verkehrten Welt«, Graz; Wien; Köln: Edition Kaleidoskop, 1986.

Prößdorf, Detlev (Hrsg.): Blaukopp: 200 Jahre Protestanten in Köln. Köln: Evangelischer Kirchenkreis Köln-Mitte, 2002.

Ruddat, Günter / Schroeter, Harald (Hrsg.): Kleiner kabarettistischer Katechismus. Rheinbach: CMZ, 1998.

Sartori, Paul: Art. Fastnacht, in: Handwörterbuch des deutschen Aberglaubens, Bd. 2. Berlin: de Gruyter, 1930.

Schroeter-Wittke, Harald: Unterhaltung: Praktisch-theologische Exkursionen zum homiletischen und kulturellen Bibelgebrauch des 19. und 20. Jahrhunderts anhand der Figur Elia. Frankfurt a. M.; Berlin; Bern; Bruxelles; New York; Oxford; Wien: Lang, 2000.

Schroeter-Wittke, Harald: Übergang statt Untergang: Victor Turners Bedeutung für eine kulturtheologische Praxistheorie, in: ThLZ 128 (2003), S. 575–588.

Turner, Victor: The Anthropology of Performance. New York: PAJ Publications, 1987.

Zöllner, Reinhard: Japans Karneval der Krise: Ejanaika und die Meiji-Renovation. München: Iudicum, 2003.

Bernhard Dressler

1. Mai.
Die Säkularisierung des Säkularismus

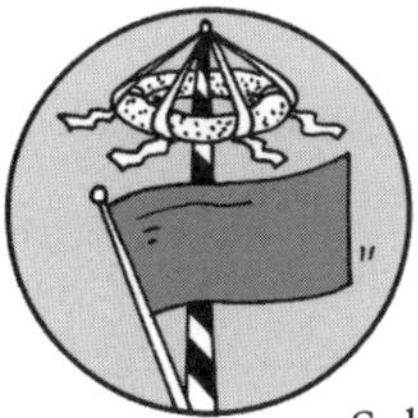

Erinnerungen an die 1950er Jahre

Am 1. Mai in den späten 1950er Jahren ging ich als Kind an der Hand meines Vaters zur Kundgebung des DGB. Nicht an alles erinnere ich mich. Sehr deutlich aber daran, dass »Brüder, zur Sonne, zur Freiheit« gesungen wurde, alle drei Strophen, begleitet vom Blasorchester der Feuerwehr. Mir war klar, dass die 1. Mai-Kundgebung etwas anderes als Gottesdienst war – aber es musste da einen Zusammenhang geben. Von »Brüdern« war auch in der Kirche die Rede, allerdings sprach man sich als »Schwestern und Brüder« an, die Frauen (die im Gegensatz zum Gottesdienst bei der DGB-Kundgebung deutlich in der Minderheit waren) schienen am 1. Mai nicht richtig dazu zu gehören. Aber dann die dritte Strophe: »Ewig der Sklaverei ein Ende, heilig die letzte Schlacht.« Hier war der Bezug deutlicher, wenn auch nicht völlig klar: Vom »ewigen« Leben war im Glaubensbekenntnis die Rede. Und das »heilig« auf dem Markplatz kam überhaupt nicht an gegen den Schauder, der mich immer dann erfasste, wenn in der Abendmahlsliturgie das Sanctum durch den Kirchenraum brauste. Vielleicht lag das daran (aber so weit konnte ich als Kind noch nicht denken), dass an das Eschaton der »letzten Schlacht« (was war das eigentlich?) sowieso kaum jemand der Singenden glaubte, die Gottesdienstgemeinde glaubte dagegen durchaus an die heilige Gegenwart ihres Gottes. Das »Brüder, zum Lichte empor« aus der ersten Strophe brachte ich, so weit ich mich erinnere, dagegen nicht mit meinen Gottesdiensterlebnissen zusammen. Klang die Lichtmetaphorik für Kinderohren auch in der Kirche zu wenig signifikant? Höchst irritierend fand ich, dass man das Sterben verlachen kann – das Osterlachen war in meiner Kirchenkindheit nicht zu hören.

Auch liturgische Ähnlichkeiten gab es. Allein schon, *dass* es so etwas wie einen liturgischen Ablauf auch am 1. Mai gab: Aufmarsch – Musik – Ansprache – Gesang. Die fröhliche Informalität anschließender multikultureller Jahrmarktatmosphäre, wie sie in den 1970er Jahren aufkam, gab es damals noch nicht. Der Ablauf war geordnet und geregelt. Unangenehm fiel allenfalls auf, dass nachmittags ungewöhnlich viele Betrunkene in der Stadt zu sehen waren. Die Ansprache war im Vergleich zur Predigt nicht weniger langweilig, dafür aber meistens viel lauter. Manchmal schrien die Redner und schüttelten die Fäuste. Das war ein befremdlicher Gegensatz zu der Tatsache, dass die Themen, um die es ging (und so weit ich es verstand), weniger überirdisch waren. »Samstags gehört Vati mir« – das war eine klar verständliche, sehr konkrete und erfreuliche Verheißung. Dass an derart bescheidenen Forderungen längst die Selbstsäkularisierung der Arbeiterbewegung abzulesen war, habe ich erst später als linksradikaler Student gefunden.

Eine Irritation war tiefgehend. Die Vergleiche, die sich mir aufdrängten, konnte kaum ein Anderer ziehen. Wer zur Maikundgebung ging, ging nicht in die Kirche und umgekehrt. Mein Vater war in dieser Hinsicht eine merkwürdige Figur. Er war ehrenamtlicher Gewerkschaftsfunktionär und Kirchenvorstandsmitglied. Es war deutlich zu spüren, dass diese Doppelfunktion in den jeweiligen Milieus nicht verstanden, zum Teil auch missbilligt wurde. So etwas schloss sich wohl eigentlich aus. Ich wusste, dass sich Religionen gegenseitig ausschlossen, weil es keine unterschiedlichen Wahrheiten geben durfte. Gelegentlich waren entsprechende Gesprächsfetzen zu hören, die ich nie wirklich verstand. Aber atmosphärisch war ein Gefühl von Anspannung und Beklommenheit sehr deutlich, so sehr, dass ich mich nicht traute, meinen Vater danach zu fragen. Erst sehr viel später konnten wir darüber reden.

1. Brüder, zur Sonne, zur Freiheit,
Brüder, zum Lichte empor.
Hell aus dem dunklen Vergangenen
Leuchtet die Zukunft hervor!

2. Seht, wie der Zug von Millionen
Endlos aus Nächtigem quillt.
Bis euer Sehnsucht Verlangen
Himmel und Nacht überschwillt.

3. Brüder, in eins nun die Hände,
Brüder das Sterben verlacht:
Ewig der Sklav'rei ein Ende,
Heilig die letzte Schlacht!

Kurzer historischer Abriss des 1. Mai

1889 wurde in der Resolution eines internationalen Arbeiterkongresses in Paris der 1. Mai 1890 zum Datum weltweiter Kundgebungen proklamiert. Im Mittelpunkt stand die Forderung nach dem Achtstundentag. Von Anfang an ist die Sprache martialisch: In einer Grußadresse von Friedrich Engels zum 1. Mai 1890 ist zu lesen, dass das Proletariat »Heerschau über seine zum ersten Male mobil gemachten Streitkräfte hält«.

In Deutschland wurde der 1. Mai wie auch anderswo sofort zum Gegenstand heftiger Auseinandersetzungen. Die Unternehmer drohten für den Fall unerlaubten Fernbleibens von der Arbeit mit Entlassungen und schwarzen Listen. Trotz drohender Sanktionen beteiligten sich am 1. Mai 1890 in Deutschland etwa 100 000 Arbeiter an Streiks, Demonstrationen und so genannten »Maispaziergängen«. Forderungen richteten sich vor allem auf den Achtstundentag, auf das Wahlrecht, aber auch auf das Demonstrationsrecht am 1. Mai selbst, später dann (1912) wurde der »Krieg dem Krieg« erklärt. Diese Phase endete mit dem Auseinanderbrechen der Sozialistischen Internationale im 1. Weltkrieg.

In der Weimarer Republik war die Geschichte des 1. Mai und des Achtstundentags so wechselhaft wie die Geschichte dieser 14 Jahre insgesamt. Der Rat der Volksbeauftragten erließ in einer seiner ersten Amtshandlungen ein Dekret zur Arbeitszeitverkürzung auf 8 Stunden täglich und die Nationalversammlung erklärte im April 1919 den 1. Mai zum gesetzlichen Feiertag. Das Gesetz blieb auf 1919 beschränkt, um eine spätere internationale Lösung nach Abschluss des Friedensvertrags und der Abstimmung über die Verfassung abzuwarten. So hatte der 1. Mai als gesetzlicher Feiertag nur in wenigen deutschen Ländern Bestand. Die Spaltung der Arbeiterbewegung sorgte zusätzlich für Spannungen. Eine von der SPD-Regierung verbotene Maikundgebung in Berlin führte am so genannten »Blutmai« 1929 zu schweren Zusammenstößen zwischen kommunistischen Arbeitern und bewaffneten Polizeikräften. Die von der hohen Arbeitslosigkeit geschwächten Gewerkschaften wurden am 1. Mai 1933 entscheidend geschlagen. Die nationalsozialistische Regierung deklarierte diesen Tag zum »Feiertag der nationalen Arbeit« und ließ einen Tag später alle Gewerkschaftshäuser besetzen. Die Usurpation des alten Feiertags der Arbeiterbewegung gelang den Nazis zwar weitgehend, aber nie ganz vollständig. Der 1. Mai war bis 1945 immer wieder Anlass für oppositionelle Aktionen.

Nach 1945 entwickelte sich der 1. Mai in der Bundesrepublik und der DDR völlig unterschiedlich. In der DDR wurde die Gemeinsamkeit von Regierung und Volk als Staatsschauspiel symbolisch in großen Paraden, zeitweilig nach sowjetischem Vorbild auch mit Militärparaden inszeniert. Der 1. Mai 1989 mit den oppositionellen Aktionen an seinem Rande läutete in Anwesenheit Gorbatschows die Endphase der DDR ein.

In der Bundesrepublik zeichnete seit der Gründung des DGB (1949) dessen Bundesvorstand für die Maifeiern verantwortlich und beschloss die Maiaufrufe und die zentralen Maiparolen. Es entwickelte sich die Tradition, politisch-gewerkschaftliche Kundgebungen mit kulturellen und geselligen Veranstaltungen zu umrahmen. Die zunächst beachtlichen Teilnehmerzahlen sanken aber – nur kurz unterbrochen Ende der 60er – seit Mitte der 1950er Jahre. Für die Mehrheit galt der 1. Mai nicht als Feiertag (oder gar als »Kampftag«) der Arbeit, sondern als zusätzliches Angebot zur individuellen Freizeitgestaltung. Im Verlauf der 70er Jahre setzte ein erneuter Niedergang ein. Neue soziale Bewegungen und linksradikale Gruppen führten entweder parallele Kundgebungen durch oder chaotisierten die offiziellen DGB-Feiern, die deshalb an manchen Orten für einige Jahre in den Saal verlegt wurden. Die Spannungen zwischen traditionellen Gewerkschaften und neuen sozialen Bewegungen oder linken Gruppierungen verringerten sich in den 1980er Jahren: Man geht seither zuerst zur Maikundgebung des DGB, diese werden nur gelegentlich von rebellischen Ritualen – Eier- und Tomatenwürfe, Pfeifkonzerte – gestört; das alternative Stadtteilfest schließt sich an. Dass es in einigen Städten (Berlin-Kreuzberg und Göttingen), nur teilweise unter revolutionären Parolen, am 1. Mai immer wieder zu Gewaltexzessen kommt, gehört zu jenen Wiederholungen der Geschichte, in denen nach einer Bemerkung von Karl Marx Tragödien von Farcen abgelöst werden: Radikale Rituale als entgleiste Parodien auf Arbeiterradikalismus. (Wikipedia, die Internet-Enzyklopädie, bietet ein Stichwort »Rituale« direkt im Zusammenhang mit dem Stichwort »1. Mai«.)

Es war ein langer Weg von der heroischen Zeit der »Urgemeinde« und ihren revolutionären, von der Staatsmacht immer wieder verfolgten Aufmärschen bis zu den mit Blasmusik und Bratwürsten umrahmten wohlfahrtsstaatlich orientierten Selbstbewusstseinsdemonstrationen der 1950er und 1960er Jahre. Seit den 1970ern wuchs die Spannung zwischen der gewerkschaftlich domestizierten Rhetorik und der dazugehörigen biederen Modernisierungsästhetik einerseits (verbunden mit einem Popularitätsgewinn bei gleichzeitigem Faszinationsverlust – wie bei der Messe nach der Liturgiereform des II. Vaticanum) und den totenbeschwörenden historischen Maskeraden der Revolutionsromantik andererseits – eine Spannung, die sich dann auflöste durch die Abspaltung der »revolutionären Mai-Demonstrationen«, die auf die 1. Mai-Tradition fixiert blieben wie die Ketzerbewegungen auf die etablierte Großkirche.

Der 1. Mai *und* die Religion – Der 1. Mai *als* Religion

In der sozialistischen und kommunistischen Arbeiterbewegung ging es immer auch um Religion. Ihren Protagonisten war das von Anfang an geläufig. Zu scharf waren die weltanschaulichen Konkurrenzen, als dass sich eine Bewegung, für die laut Marx die Religionskritik (»Opium des Volkes«) die wesentliche Voraussetzung für die politische Kritik an den sozialen und ökonomischen Herrschaftsverhältnissen war, in friedlicher Koexistenz zur Religion würde einrichten können. Das spiegelte sich nicht nur in der chiliastischen Rhetorik der Lieder und Aufrufe, sondern auch in einer reichhaltigen Lichtmetaphorik, in der Ikonographie aufgehender Sonnen und geflügelter Himmelsboten. Sprache und Bilder trugen die politischen und sozialen Ziele in einen Unbedingtheitshorizont ein. Man könnte sagen: Der Säkularismus äußerte sich wie eine Religion, spiegelbildlich zum als feindlich vorgestellten und sich in seinen Kernmilieus wohl auch tatsächlich feindlich verhaltenden Christentum.

Entsprechend wurde – in frappierender Analogie zur Usurpation heidnischer Festdaten und Festriten durch den antiken Frühkatholizismus und durch die frühmittelalterliche Kirche in den germanischen Gebieten – der 1. Mai als Erbe religiöser Traditionen begründet. Er sollte, in der Frühlingsatmosphäre des Naturerwachens, gleichsam das »Ostern« der Arbeiterbewegung werden. Auf dem Parteitag der SPD 1890 begründete Wilhelm Liebknecht seine Ablehnung des Kompromisses, den Maifeiertag zur Vermeidung von illegalen Arbeitsniederlegungen jeweils auf den ersten Maisonntag zu legen, wie folgt:

»Der 1. Mai ist nicht blos durch Beschluß des internationalen Pariser Kongresses ein historischer Tag, sondern er ist schon seit Jahrtausenden ein Volksfeiertag der germanischen, gallischen, zum Theil auch der lateinischen Völker. Im größten Theil Deutschlands, in ganz England, Italien, Frankreich und der Schweiz wird der 1. Mai noch heute mehr oder weniger festlich begangen als Tag der Wiederauferstehung der Natur. Die Amerikaner, welche den 1. Mai als Feiertag der Arbeit proklamirten, haben dabei allerdings im Auge gehabt, daß es der Partei, welche die Wiedererweckung der Menschheit aus tausendjährigem Elend, aus dem geistigen Tod und aus der Knechtschaft bewerkstelligen wird, vor Allem zukomt, das Frühlingsfest feierlich zu begehen und in einem Fest die Auferstehung der Natur und der Menschheit zu feiern.«[1]

(Aus dem Protokoll des SPD-Parteitages Halle a. d. S., Berlin 1890, S. 273)

Der Patriarch der deutschen Sozialdemokratie, August Bebel, setzte sich kurz darauf mit den Bedingungen und Möglichkeiten auseinander, den 1. Mai-Feiertag im rückständigen, klerikal dominierten Österreich zu popularisieren, wo »Schule und Kirche« das Proletariat bislang unmündig gehalten hätten. Die Art und Weise, wie dort indifferente, abständige Massen für die Arbeiterbewegung gewonnen werden könnten, will Bebel für Deutschland nicht gelten lassen, weil er religionsanaloge Sprache und quasireligöse Vorstellungen für zu ambivalent hält. Vor allem fürchtet er die Enttäuschungsanfälligkeit einer Erlösungspropaganda, die keine Geduld predigen kann und darf. Nutzt Bebel dennoch bewusst auch selbst religiöse Sprache (»Bein von unserem Bein«)?

> »Andere Ursachen kommen hinzu, welche halfen, der österreichischen Maifeier die Bedeutung zu geben, die sie bisher besaß. Adler sprach auf dem Berliner Parteitag von dem Enthusiasmus, der in der Idee der Maifeier liege, von diesem gleichsam *religiösen* Gefühl, das wir nicht missen dürften. Die Maifeier habe ein Umpflügen von Urgebiet bewirkt. [...]
> Diese Proletarier sehen in dem Sozialdemokraten den ersten Menschen, der sich für sie interessirt. Er ist obendrein Bein von ihrem Bein und, religiös wie sie sind, lauschen sie mit religiöser Inbrunst seinen Lehren und hängen mit religiöser Schwärmerei ihm an. Hört dieser Mann von der Maifeier reden in einer Sprache, die namentlich sein Gemüth gefangen nimmt, von einer Feier, die gleichzeitig alle Arbeiter der Kulturwelt gleichzeitig begehen – so sieht er eine neue Art von Katholizismus entstehen, er sieht in der Maifeier eine Erlösungsfeier, die ihn aus seinem sozialen Elend befreit. Dieser Glaube, der genau wie der religiöse, Wunder wirkt, hat seine gute und seine schlimme Seite.«[2]

In der Debatte der Nationalversammlung 1919 (»Beratung des Entwurfs eines Gesetzes zur Festlegung des 1. Mai als Nationalfesttag«) findet sich ein Höhepunkt der weltanschaulich-religiösen Aufladung des 1. Mai. Der konservative Abgeordnete Dr. Költzsch bietet sein ganzes durch die antiklerikale Propaganda der Arbeiterbewegung verletztes Ehrgefühl auf, verbunden mit der selbstgerechten Bigotterie des Milieuchristen, um einen Beschluss abzuwenden:

Dr. Költzsch:
Ob der Tag zur Ehre der Arbeit leichter befürwortet werden kann? Ich weiß, was es um die Arbeit ist. Auch sie hat ihre Ehre und Würde erst erhalten durch das Christentum, durch den, den wir unseren Heiland nennen, und wo im Namen der Arbeit eine Versammlung stattfindet, da sollte dieser Mann immer genannt werden. (Bravo! Rechts.) Jeder Sonntag und jeder christliche Feiertag ist ja geradezu ein Ehrentag für die Arbeit, ein Aufatmen nach Staub und Hitze der Woche, ein Sammeln neuer Kraft für die neue Arbeit. Und mancher Festtag unter unseren christlichen Festtagen ist eigens dazu da und geeignet, der Arbeit ihre Würde und ihre Ehre zu bezeugen. Wenn ich nur – ich spreche als Evangelischer – den Erntedanktag nennen soll! An ihm gedenken wir nicht bloß des Landmannes, der sein Feld bestellt, sondern auch in der Großstadt innerhalb des Häusermeeres auf dem glühenden Asphalt unserer Straßen aller Arbeiter, die jahraus jahrein genauso ihre Arbeit tun, wie der Landmann draußen auf der Flur. Damit bin ich bei dem für uns wichtigen Punkt: daß in der Agitation für den 1. Mai immer die religiöse Note zu spüren war: die Frage: wird uns damit eine Kulturfrage?
Wenn ich von unseren Feiertagen geredet habe, so darf ich Ihnen sagen: es hat uns so oft bitter weh getan, wie man gegen unsere Sonn- und Feiertage gekämpft hat. Ich habe mir vor etwa 20 Jahren einmal Leitartikel von den hohen Festen gesammelt aus allen möglichen Zeitungen. Ich wollte sie verarbeiten zu einer Broschüre. Ich habe es nicht fertig gebracht, weil ich es psychisch und physisch nicht mehr aushalten konnte, was gerade aus Ihrer (zu den Sozialdemokraten) Presse für ein Haß und für eine Wut schäumte gegen unsere christlichen Sonn und Feiertage. Und nun der 1. Mai! Es ist bezeichnend, daß er, zusammen mit seinem Bruder, dem 9. November, in Dresden von einem der rabiatesten Kirchenaustrittsagitatoren, Menke, vertreten worden ist und in Berlin von Hoffmann. Wir

wissen, wie wir ihn leider zu nehmen haben. Im sozialdemokratischen Liederbuch steht vielleicht seit drei Jahrzehnten, und seit so langer Zeit wird es aus dem sozialdemokratischen Liederbuch gesungen:

Ostern, Himmelfahrt und Pfingsten,
Euren Festen nach der Reih
Von dem ältesten bis zum jüngsten
Gehen wir stolz und kalt vorbei.
Fahrt zum Himmel über Sterne
Fahrt zur Hölle – einerlei!
Alles lassen wir Euch gerne,
Aber gebt uns dafür frei
Unser Maientag.

Sehen Sie, das ist die religiöse Färbung der Frage, und das ist es, weshalb wir empfindlich sind.
Wir lehnen den Antrag ab. Wir bitten aber alle christlich Empfindenden im Hause, zu uns zu stehen. [...] Ich weiß nicht, ob christlich Denkende es auf ihr Gewissen nehmen können, für den Maiantrag zu stimmen. Aber ich rede nicht, um aufzureizen, ich rede, um zu versöhnen. (Große Unruhe bei den Sozialdemokraten.) Ich wende mich an Sie (zu den Sozialdemokraten), um Sie zu bitten: Überspannen Sie den Bogen nicht!

Im weiteren Verlauf der Debatte antwortet der sozialdemokratischen Abgeordnete Hildenbrand, der dabei das religiöse Vokabular und die religiösen Legitimationsmuster nicht einfach zurückweist, sondern auf die eigenen Mühlen umlenkt:

Hildenbrand:
Die Rede des Herrn Abgeordneten Dr. Költzsch könnte Veranlassung zu ernsten, langen Auseinandersetzungen darüber geben, ob es den Herren, die er vertreten hat, überhaupt ernst ist mit dem Gedanken des von ihm hier zur Schau getragenen Christentums. (Sehr richtig! Bei den Sozialdemokraten. – Unruhe und Zurufe rechts.) Mit voller Überlegung sage ich: des hier zur Schau getragenen Christentums. (Sehr gut! Bei den Sozialdemokraten.) Steht es denn mit den Forderungen des Christentums im Widerspruch, wenn ein Volk den Schutz der Gesundheit des größten Teils seines Volkes, den Schutz der Arbeiter verlangt? Steht in Widerspruch mit den Anschauungen des Christentums, wenn durch einen solchen Feiertag der Gedanke des allgemeinen Völkerfriedens durch das ganze Volk gefördert wird? Der Herr Abgeordnete Dr. Költzsch hat davon gesprochen, er wolle ein Fest der Arbeiter anerkennen, aber bei dem Fest der Arbeiter müsse der Heiland unter den Arbeitern sein. Wie wollen einen wirklichen Arbeiterfeiertag, dem die großen idealen Gedanken des 1. Mai zugrunde liegen. Herr Dr. Költzsch hat durch seine heutige Rede zum Ausdruck gebracht, dass er nicht willens ist, die großen christlichen Gedanken zu unterstützen. (Sehr richtig! Bei den Sozialdemokraten.) Wenn heute Jesus von Nazareth auf Erden wäre, so würde er in der Frage des 1. Mai auf unserer Seite und nicht auf der Seite des Herrn Abgeordneten Költzsch stehen. (Lebhafte Zustimmung bei den Sozialdemokraten. – Bewegung rechts.)
[…]
Wenn der Herr Kollege Mittelmann im Anschluß an die Rede des Herrn Abgeordneten Költzsch davon gesprochen hat, es wäre besser, an die Stelle eines solchen Feiertages einen allgemeinen Bußtag einzuführen, so kann ich ihm insoweit recht geben: ein Bußtag für ihre Kreise wäre allerdings sehr am Platze (lebhafte Zustimmung

> und Beifall bei den Sozialdemokraten), Sie haben Grund, Buße zu tun für die Sünde, das deutsche Volk in einen solchen Krieg geführt zu haben. […] Die deutsche Arbeiterklasse braucht keinen Bußtag, die büßt seit Jahren gründlich ab.

Das Titelblatt einer österreichischen Maifestzeitung (»Die Maifeier«) von 1897 verkündigt in einer Art Selbstapotheose des Proletariats u. a.: »Die Arbeiter sind der Fels, auf dem die Kirche der Zukunft erbaut werden wird.« Demgegenüber heißt es auf einem Plakat der Freidenkerbewegung in Hamburg in den 1920er Jahren: »Erst mach dich von der Kirche frei – dann feiere du den ersten Mai! Denkt an den Kirchenaustritt: Die Kirche ist des Reichen Freund, aber des Armen Feind.« In diesem Gegensatz ist der Zusammenhang von religionsfeindlicher und quasireligiöser Rhetorik pointiert erfasst.

So ist es dann nicht erstaunlich, dass sich die christliche Gewerkschaftsbewegung in der Weimarer Zeit im Gegensatz zur Zeit nach 1945 (und auch im Gegensatz zu kapitalismuskritischen Predigten etwa von Johannes Paul II. am 1. Mai – siehe M 6) scharf von den Maifeierlichkeiten abgrenzen muss:

> Der Ausschuß des Gesamtverbandes der christlichen Gewerkschaften erklärt erneut, dass des deutschen Volkes und der deutschen Arbeiterschaft Schicksal in sehr starkem Maße bestimmt wird vom eigenen Wollen. Freiheit und Wohlfahrt dürfen nicht erwartet werden im blinden Vertrauen auf die Hilfe anderer Völker und internationaler Einwirkungen. In dieser Erkenntnis lehnt der Ausschuß auch den sozialistisch-kommunistischen internationalen Weltfeiertag am 1. Mai ab, der, statt das deutsche Volk und die deutsche Arbeiterschaft auf ihre eigentliche Aufgabe hinzulenken, Gedankengänge stützt, die in die Irre, statt zum Aufstieg und zur Freiheit führen. […]

> Der Ausschuß des Gesamtverbandes empfiehlt daher allen Mitgliedern der christlichen Gewerkschaftsbewegung, am 1. Mai in der gewohnten Weise der Arbeit nachzugehen. Linksradikalen Versuchen, durch terroristischen Druck die Stillegung der Betriebe am 1. Mai zu erzwingen, ist mit allem Nachdruck entgegenzutreten.[3]

Auch eine Art Sittenwächteramt kennt die säkulare Kirche des Fortschritts – und man fühlt sich an die sozialen Kontrollmechanismen der konfessionellen Milieus erinnert, mit denen Druck zum Gottesdienstbesuch ausgeübt wurde: »Leider darf nicht verschwiegen werden, dass verschiedentlich Genossen, politisch und gewerkschaftlich organisierte, selbst da, wo ihnen von den Unternehmern keine Hindernisse in den Weg gelegt wurden, die Maifeiern nicht begangen haben« (Aus einer SPD-Debatte zur Maifeier 1901). Eine andere Facette des Kampfes gegen die Verwahrlosung der Sitten war der Kampf gegen den Alkohol:

> **»Arbeiter! Genossen!**
> Am 1. Mai demonstriert das klassenbewußte Proletariat der Welt für die Durchführung des Achtstundentags, für eine menschenwürdige Existenz, für die Beseitigung des Kapitalismus. Diesen Tag, an dem wir unseren unbeugsamen Willen bekunden, nicht zu rasten und zu ruhen, bis unser Ziel erreicht ist, wollen wir würdig begehen, *indem wir uns des Alkohols enthalten.*
> **Der Alkohol ist ein Feind der Arbeiterklasse**
> **und ein Bundesgenosse der Reaktion!**
> Denkt an die Rolle, die dieses Genussmittel im Kriege gespielt hat und noch heute im Klassenkampf spielt. Genossen! Überlaßt das Trinken den Stahlhelmorganisationen, den Schützengilden, Kriegervereinen und anderen Spießerclubs. Wir Sozialisten wollen unsere

Maifeier nicht durch das Trinken zu einem Rummelfest herabwürdigen!

Feiert den 1. Mai ohne Alkohol!«

Deutscher Arbeiter-Abstinenten-Bund[4]

Mit hochreligiöser Rhetorik wird der Kampfton in einem Broschürenartikel zum gleichen Thema angeschlagen: »Eine Fessel des Proletariats. Betrachtungen eines sozialistischen Alkoholgegners. [...] B. Betrachtungen vom Klassenstandpunkt. 1. Der Arbeiter als Kämpfer [...] Unser Kampf ist der einzige, wirklich berechtigte Krieg. Der heilige Krieg um die Befreiung von Barbarei und Aufstieg der Menschheit zur wirklichen Kultur! Wir kämpfen gegen jene Gewalten, welche den Nazarener ans Kreuz schlugen und nachher seine Lehre von der Nächstenliebe und der Gemeinschaft der Menschen in ihr Gegenteil verdrehten und heute noch alle wirkliche Menschenliebe ans Kreuz nageln.«

Der Pfingstmontag oder der Himmelfahrtstag der Arbeiterbewegung?

Eine der meistzitierten Anekdoten der Arbeiterbewegung dreht sich um die Antwort von Rosa Luxemburg, als ihr Clara Zetkin Anfang des 20. Jahrhunderts Überlegungen zum Austritt aus der SPD und zur Gründung einer neuen revolutionären Partei vortrug: »Aber man kann doch nicht aus der Welt austreten!« Die Partei – das Saeculum. Aus der später dann doch gegründeten KPD konnte man nicht austreten, sondern nur ausgeschlossen werden. Den auf die Taufe gegründeten Status kann man nur durch Exkommunikation verlieren.

Als ein Jahrhundert später der sozialdemokratische Generalsekretär Scholz vorschlug, auf das immer inhaltsleerere Etikett »Demokratischer Sozialismus« im Parteiprogramm der SPD zu verzichten, reagierte die als »Parteilinke« titulierte Frau Nahles laut Zeitungsmeldungen darauf mit dem Vorwurf, Scholz betreibe die »Säkularisierung« der SPD. Wie sehr hier ein quasi-religiöser Anspruch vertreten wird, zeigt sich mit dem Eifer, mit dem die »Säkularisierung« der Schule durch die Verbannung von Religion aus dem Unterricht in Berlin von jenen Parteikreisen betrieben wird, denen Frau Nahles nahe steht: Säkularismus als Religion ist, wie der Vorschlag von Scholz zeigt, nicht mehr fraglos sozialdemokratische Überzeugung. Aber die (selbstironische?) Reaktion von Frau Nahles zeigt zugleich, dass diese Art von »Selbstsäkularisierung« nicht widerstandslos abläuft. Die Säkularisierung wird von der Säkularisierungsdynamik eingeholt. Die Entzauberung frisst die Entzauberer. Die Frage ist nur, ob die Kirche der Aufklärung am Ende noch mit ein paar einsamen Hohepriestern des sozialen Fortschritts zurückbleibt, während die ehemaligen Schäfchen den Feiertag verdösen, statt ihn zu heiligen.

Natürlich: Der 1. Mai ist für die meisten Menschen ein Feiertag, den sie nicht widerstandslos hergeben würden. Er wird gebraucht zum Ausruhen. Für die Familie. Vati gehört (hoffentlich) mir. Die Lohnabhängigen sind froh, dass sie die Stunden bezahlt bekommen, die sie an diesem Tag nicht arbeiten müssen. Die Reden, die an diesem Tag gehalten werden, sind für die übergroße Mehrheit nur ein Gerede. Sie gehen nicht hin und sie hören nicht hin. Ein Symbol für eine ähnliche Entwicklung im Christentum ist Christi Himmelfahrt. Die meisten kennen diesen Maidonnerstag nur noch als Vatertag. Der ist allerdings zu bierselig populär, als dass der Vorschlag zu seiner Abschaffung von irgendeiner Seite zu befürchten wäre. Anders der Pfingstmontag. Auch er bedeutungsleer geworden, wird er von den Unternehmerverbänden zur Disposition gestellt. Die Proteste dagegen halten sich in Grenzen. Vielleicht sind das die Alternativen für die Zukunft des 1. Mai: Als »Vatertag« weitergeführt oder als »Pfingstmontag« abgeschafft zu werden. Und die Sekten werden auch immer stiller. Selbst in Kreuzberg war 2005 der 1. Mai nicht mehr das, was er dort mal war.

Oder der 1. Mai kehrt in den Schoß der Kirche zurück und die Maifeier wird, mit erstaunlich geringen semantischen Verschiebungen, als Gottesdienst gestaltet, gar vom Papst zelebriert – die Säkularisierung der Säkularisierung führt zur Sakralisierung (M 6).

Das Motto des DGB zum 1. Mai 2005 hieß: »Du bist mehr. Mehr als eine Nummer. Mehr als ein Kostenfaktor. Du hast Würde. Zeig sie!« Man kann die rechtfertigungstheologische Unterscheidung zwischen einer Person und ihren Eigenschaften kaum elementarer ausdrücken. Davon bleiben wohl leider all die unberührt, die am 1. Mai einen Ausflug in den Biergarten machen – oder nach seiner möglichen Abschaffung zur Arbeit gehen werden.

Material

M 1

»Es werde Licht!«
(Maifestnummer des »Süddeutschen Postillon«)[5]

Die abgebildeten Darstellungen aus der Maifestnummer des »Süddeutschen Postillon« von 1894 führten zum Publikationsverbot.

- *Rekonstruieren Sie die Konfliktlinien, indem Sie*
  a) die vermutlichen Verbotsgründe aus der Sicht der Zensurbehörde und
  b) dagegen einen Antrag auf Aufhebung des Verbots formulieren.

M 2

»Flammenzeichen«[6]

M 3

»Der neue Tag«[7]

- *Beschreiben Sie die ikonographischen Elemente beider Abbildungen und vergleichen Sie die Lichtmetaphern mit religiösen Traditionsmotiven.*
- *Welche Gründe könnte dafür gesprochen haben, den 1. Mai selbst und nicht nur die an diesem Tag erhobenen Forderungen als Sonne darzustellen?*

M 4

Grafik von Max Slevog

»Wir sind die Kraft!
Wir hämmern jung das alte morsche Ding, den Staat,
Die wir von Gottes Zorne sind bis jetzt das Proletariat.«

(Ferdinand Freiligrath)

Bildkommentar (Auszug) aus einer Maizeitung der SPD: Die Grafik wird als »gemalter Marxismus« bezeichnet.

> »Und wie er (der Arbeiter) die gewaltigen Arme ausstreckt, siehe [!!], da hat sich rechts und links ein Adler auf ihnen niedergelassen! Leicht tragen sie die edle Bürde, und ruhig mit geschlossenen Flügeln thront der Vogel der Götter und der Könige auf ungewohntem Ruheplatze. Die Zeiten haben sich geändert. Die Götter sind tot und die Könige sterben! Nicht ziemt dem königlichen Tier zu weilen, wo Geier und Raben kreisen. Kraft gesellt sich zu Kraft, und nur dem Starken ziemen der Herrschaft Zeichen.«

- *Identifizieren und erörtern Sie religiöse und religionskritische Motive in der Grafik von Max Slevogt unter Einschluss der Gedichtzeile von Ferdinand Freiligrath.*
- *Welche ästhetische Funktion im Kontext der Zeit um die Wende vom 19. zum 20. Jahrhundert schreiben sie dieser Darstellung zu?*

M 5

DGB-Plakat 1974[9]

Das 1. Mai-Plakat zum 25-jährigen Bestehen des DGB im Jahr 1974 bildet alle offiziellen Mai-Plakate seit 1949 ab.

- *Beschreiben Sie die Plakate unter dem Aspekte des ästhetischen Form- und Motivwandels.*
- *Wo finden Sie Spuren des ursprünglichen 1. Mai-Pathos und wie wird dieses Pathos modifiziert?*

M 6[10]

Liebe Schwestern und Brüder!

1. Heute, am 1. Mai, wird der *Tag der Arbeit* begangen. Er steht für uns Christen unter dem Schutz des hl. Josef des Arbeiters. Dieser wichtige Feiertag wird von unterschiedlichen Initiativen begleitet, um die Bedeutung und den Wert der Arbeit deutlich zu machen, durch die der Mensch, indem er die Natur verändert und sie seinen Bedürfnissen anpasst, sich selbst als Mensch verwirklicht.

Die Einladung, sich die Erde zu unterwerfen (vgl. Gen 1,28), die am Anfang der Heilsgeschichte steht, findet großes Interesse und ist immer aktuell. Die Schöpfung ist das Geschenk, das Gott dem Menschen anvertraut hat, damit dieser, indem er sie sorgfältig pflegt und bewahrt, seinen Bedürfnissen abhelfen kann. Von der Arbeit kommt das »tägliche Brot«, um das wir im Vaterunser bitten.

In gewisser Weise könnte man sagen, dass der Mensch durch die Arbeit mehr Mensch wird. Deshalb ist die Arbeitsamkeit eine Tugend. Aber damit die Arbeitsamkeit dem Menschen wirklich ermöglicht, mehr Mensch zu werden, ist es notwendig, dass er immer an die soziale Ordnung der Arbeit gebunden ist. Nur unter diesen Bedingungen werden die unveräußerliche Würde der Person und der menschliche und soziale Wert der Arbeit geschützt. Wir vertrauen dem wachsamen Schutz des hl. Josef des Arbeiters all jene an, die in allen Teilen der Welt zur großen Familie der Arbeit gehören.

- *Transformieren Sie die Predigt von Papst Johannes Paul II. in eine 1. Mai-Ansprache. Was könnte so stehen bleiben? Was müsste wie übersetzt werden? Auf was müsste verzichtet werden?*

1 Aus dem Protokoll des SPD-Parteitages Halle a. d. Saale, Berlin 1890, S. 273.
2 Bebel, August: Die Maifeier und ihre Bedeutung, in: Die Neue Zeit Nr. 14, 11. Jahrgang, Bd. 1, 1892–93.
3 Achten, Udo: Illustrierte Geschichte des 1. Mai. Oberhausen: Asso-Verlag, 1979, S. 223.
4 Ebd., S. 204.
5 Ebd., S. 277.
6 Ebd., S. 47.
7 Ebd., S. 109.
8 Ebd., S. 105.
9 Ebd., S. 216.
10 Papst Johannes Paul II bei einer Generalaudienz am 1. Mai 2002.

Literatur

Achten, Udo / Reichelt, Matthias / Schulz, Reinhard: Mein Vaterland ist international: Internationale Illustrierte Geschichte des 1. Mai 1886 bis heute. Oberhausen: Asso Verlag, 1986.

Braun, Horst Dieter / Reinhold, Claudia / Schwarz, Hanns-A. (Hrsg.): Vergangene Zukunft: Mutationen eines Feiertags. Berlin: Transit, 1991.

Fricke, Dieter: Kleine Geschichte des Ersten Mai. Die Maifeier in der deutschen und internationalen Arbeiterbewegung. Frankfurt a. M.: Verlag Marxistische Blätter, 1980.

Marßolek, Inge (Hrsg.): 100 Jahre Zukunft: Zur Geschichte des 1. Mai. Frankfurt a. M.; Wien: Büchergilde Gutenberg, 1990.

Schuster, Dieter: Zur Geschichte des 1. Mai in Deutschland. Düsseldorf: DGB-Bundesvorstand, Abt. Medien – Kultur – Freizeit, 1991.

Thomas Erne

Muttertag.
Königin für einen Tag

Muttertagsszene

Königin für einen Tag
Die Frau sitzt aufrecht und allein im Doppelbett. In der Küche wird gearbeitet. Sie hört den Wasserkessel, das Klappern der Tassen. Dann geht die Tür zum Schlafzimmer auf. Ihr Mann und die beiden Töchter stehen vor ihr. Sie bringen ihr das Frühstück. Auf dem Tablett stehen eine Kanne mit Kaffee, Orangensaft, ein weich gekochtes Ei, Marmelade, Honig und Toast. Dann ist sie wieder allein. Sie beißt in den Toast. Alles voller Krümel. Sie findet Frühstücken im Bett furchtbar, vor allem allein. Einmal im Jahr werden Mütter, die sich für ihre Familie aufgeopfert haben, zur Königin gemacht. Am Muttertag sind sie *queen for a day.*

Zur Geschichte des Muttertages

Motivlagen
Die Rolle der Mutter kann gesellschaftlich so selbstverständlich sein, dass ihre Leistung eines eigenen Festes bedarf, um öffentlich wahrgenommen zu werden. Sie kann gesellschaftlich aber

auch so unselbstverständlich werden, dass der Feiertag die Akzeptanz der Mutterrolle fördern soll.

Die Diskretheit, mit der Mütter ihre Leistungen für den Nachwuchs im 19. Jahrhundert erbrachten, war 1870 ein Motiv für die amerikanische Frauenrechtlerin Julia Ward Howe, einen eigenen Tag für Mütter zu fordern. Die Mütter sollten Heim und Herd verlassen, um ihre Sensibilität und Klugheit, die sie bei der Erziehung ihrer Kinder zeigten, in die politischen Debatten einzubringen: »Let women now leave all that may be left of home for a great and earnest day of counsel.« (Lasst die Frauen nun alles hinter sich lassen, was im Haus zurückgelassen werden kann, um sich für einen großen und ernsthaften Tag der Beratung zu treffen.)

In den modernen Gesellschaften des 21. Jahrhunderts lagern sich andere Motive an den Muttertag an. Die berufstätige, kinderlose Frau etabliert sich als starker Gegenentwurf zum traditionellen Mutterideal. Auch in kinderfreundlichen Nationen wie Italien oder Spanien fallen die Geburtenraten auf historische Tiefstände. In einem solchen gesellschaftlichen Umfeld stabilisiert der Muttertag die Mütter in ihrer Rolle, die gesellschaftlich begründungsbedürftig geworden ist und ermutigt jene Frauen, die Mutter werden wollen, in ihrer Absicht.

Von solchen Anreizen, ein mutter- und kinderfreundliches Klima herzustellen, ist der aggressive Druck deutlich unterschieden, den Diktaturen auf Frauen ausüben, um die knappe Ressource der Kinder zu mehren. Eine hohe Geburtenrate ist der erste kriegerische Akt bevor die Waffen sprechen. Sowohl im Nationalsozialismus als auch im Stalinismus gab es Prämiensysteme für kinderreiche Mütter, das Mutterkreuz bzw. der Mutterruhm-Orden.[1] Beide Diktaturen nutzten den Muttertag bzw. den internationalen Frauentag als staatlichen Feiertag, um die Leistungen der Mütter öffentlich zu honorieren und zugleich zu kontrollieren. Fragen der Kinderzahl wie der Kindererziehung sollten völlig der Privatsphäre entzogen und den Vorgaben des Staates unterworfen werden.

Historische Vorläufer

Der Muttertag ist nicht nur ein junger Feiertag. Er gilt auch als ein genuin säkulares Fest. Religiöse Feiern der Mütterlichkeit, etwa der antike Kult für die Göttermutter Rheia, die mit Kronos die olympischen Götter zeugte, spielen bei seiner Entstehung in Amerika im 19. Jahrhundert keine Rolle. Das mag auch damit zu tun haben, dass der »amerikanische« Muttertag seine Wurzeln in der Frauenrechtsbewegung hat, die in der männlich dominierten Vorstellungswelt der antiken und der christlichen Religion kein Ausdrucksmedium für ihr Anliegen sah.

Das wäre heute anders. Die amerikanische Archäologin Marija Gimbuta vertritt die (umstrittene) These, dass es ein mütterliches Atlantis gegeben hat, eine längst versunkene und vom christlichen Abendland verdrängte alteuropäische Kultur. Diese prähistorische Welt stand ganz im Zeichen der Göttin. Sie wäre eine ideale Besetzung für eine feministisch-religiöse Reinszenierung des Muttertages. Denn Marija Gimbutas alteuropäische Welt ist kreativ, freilich ohne männliches Dominanzverhalten, fruchtbar, zärtlich, zutiefst mütterlich und religiös wie die Göttin, deren Symbol sie ist.[2]

Einen religiösen Anknüpfungspunkt gibt es jedoch für den säkularen amerikanischen Muttertag, und zwar den englischen »Mothering Sunday«.[3] Im Mittelalter entwickelte sich in England am zweiten Sonntag in der Fastenzeit, dem Sonntag Lätere, der Brauch, die Kirche zu besuchen, in der man getauft worden war. Der Besuch dieser Mutterkirche war die Gelegenheit, auch die leibliche Mutter wieder zu sehen und sich bei ihr mit einem kleinen Geschenk zu bedanken. Im Zentrum des englischen Muttertages steht daher die Dankbarkeit der Kinder. Das ist eine wichtige Gemeinsamkeit des englischen Mothering Sunday mit dem amerikanischen Mother's Day.

Umbesetzung

Als die Ideengeberin des Muttertages, Julia Ward Howe, mit der Forderung nach einem offiziellen Feiertag für Mütter an die amerikanische Öffentlichkeit trat, lieferte sie dafür eine politische Begründung. Ihre Muttertagsproklamation *Mother's Day Proclamation* begann mit dem Aufruf an alle Frauen sich am Muttertag aufzumachen: »Arise then [...] women of this day!« (Erhebt euch, [...] Frauen dieses Tages). Julia Howes Ziel war es, dass die Mütter ihre Söhne vor dem Krieg bewahren. »Our sons shall not be taken from us to unlearn all that we have been able to teach them of charity, mercy and patience.« (Unsere Söhne sollen nicht von uns genommen werden, damit sie verlernen, was wir ihnen an Nächstenliebe, Solidarität und Achtsamkeit beibringen konnten.) Die Erklärung endet mit dem Vorschlag, einen internationalen Frauenkongress des Friedens einzuberufen: »A general congress of women without limit of nationality [...] to promote [...] the great and general interests of peace.« (Ein allgemeines und grenzüberschreitendes Treffen von Frauen [...], um die Belange des Friedens zu fördern.) Julia Ward Howe, die berühmt wurde durch ihre *Battle Hymn of the Republic*, das bekannteste Bürgerkriegslied der Nordstaaten, war traumatisiert von den entsetzlichen Verlusten im amerikanischen Bürgerkrieg. Ihre Vision ist bis heute aktuell und uneingelöst. Am »Mother's Day of Peace« (Mutterfriedenstag), einem Anti-Kriegstag und Friedenskongress politisch aktiver und selbstbe-

wusster Frauen aus allen Nationen, widersetzen sich die Mütter den Einberufungsbescheiden für ihre Söhne.

Julia Ward Howe starb 1910 ohne ihre Idee verwirklicht zu haben. Dieses Erfolgserlebnis blieb Anna Marie Jarvis vorbehalten, der Tochter eines methodistischen Pastors. Sie verfolgte mit großer Energie die Idee ihrer verstorbenen Mutter (Ann Marie Reeves Jarvis) die sich ebenfalls von einem »Mother's Friendship Day« eine Heilung der Wunden des Bürgerkriegs versprochen hatte. Anna Marie Jarvis gilt als die Begründerin des Muttertages. Ihre Kampagne zur Einrichtung eines »General Memorial Day of all Mothers« wurde 1914 von Erfolg gekrönt. Das amerikanische Abgeordnetenhaus und der Senat erklärten den zweiten Sonntag im Mai zum offiziellen Feiertag für die Mütter. Präsident Woodrow Wilson unterschrieb das Gesetz.

Allerdings hatte sich bei Anna Marie Jarvis der Begründungszusammenhang gegenüber der Frauenrechtlerin Julia Ward Howe signifikant verändert. Nicht nur, dass der zivilreligiöse Charakter des Muttertages deutlich hervortrat – der erste offizielle Muttertag wurde 1908 in der Andrews Methodist Episcopal Church in Grafton gefeiert –, auch die Szenerie des Festes war eine andere. Im Zentrum des Muttertages agierten bei Anna Marie Jarvis nicht mehr die Mütter, sondern die Kinder. Der Muttertag war bei ihr ein Tag, an dem die Mutter gefeiert wird, nicht der Tag, den sie selber feiert, im Unterschied zu den Vätern am Vatertag. Anna Marie Jarvis ging es folglich auch nicht, wie Julia Ward Howe, um den politischen Widerstand der Mütter, die ihre Söhne nicht in Kriegen verlieren wollten. Ihr ging es, wie beim englischen Mothering Sunday, um die Dankbarkeit der Kinder. Dafür war sie selbst das beste Beispiel. Sie dankte ihrer verstorbenen Mutter, indem sie deren Idee eines staatlichen Muttertages erfolgreich etablierte, zunächst in den

USA. Von dort kam der Muttertag dann über die Schweiz und Skandinavien 1923 auch nach Deutschland. Anna Marie Jarvis schloss von Anfang an in die Dankbarkeitsbezeugungen der Kinder am Muttertag das Gedenken an die verstorbenen Mütter mit ein. Durch sie wurde in die Gründungsurkunde des Muttertages eine nie vollständig abzuleistende Dankesschuld der Kinder gegenüber den Müttern eingeschrieben und fixiert.

Die Konsequenzen dieser Umbesetzung sind bis heute in den Inszenierungen des Muttertages zu spüren. Eine davon ist seine Kommerzialisierung. Der Muttertag ist in den USA nach Weihnachten der Feiertag mit dem zweithöchsten Geschenkumsatz und der Tag mit den meisten Ferngesprächen. Die ökonomische Attraktivität des Feiertages hat sich umgehend auch anderen Nationen mitgeteilt. Der Verband deutscher Blumenhändler zeigte sich 1934 zufrieden, dass die neue Regierung (Hitler!) durch die staatliche Feier des Muttertags die Familien zu einem harmonischen Familienleben zurückführe – und zu einem gesteigerten Verbrauch von Blumen anrege. Heute sind es in Deutschland jedes Jahr ca. 6 Millionen Blumengebinde, die vor dem zweiten Sonntag im Mai über die Ladentische gehen.

Anna Marie Jarvis missbilligte die Kommerzialisierung des Muttertages. 1923 ging sie gerichtlich gegen Muttertagsfeiern vor, bei denen mit ihrem Kampagnensymbol, weiße Nelken für die verstorbenen und rote Nelken für die lebenden Mütter, sehr erfolgreich Fund-Raising betrieben wurde. Bevor Anna Marie Jarvis 1948 im Alter von 84 Jahren in einem Sanatorium starb, gab sie zu Protokoll, dass sie es bedauert, den Muttertag gegründet zu haben. »This is not what I intended. I wanted it to be a day of sentiment, not profit.« (Das ist nicht, was ich beabsichtigt habe. Ich wollte, dass es ein Tag des Gefühls, nicht des Profits wird.)

Ironischerweise ist der Muttertag gerade aufgrund dessen, was Anna Marie Jarvis wollte, nämlich einen »day of sentiment«, eine extrem profitable Veranstaltung. Nichts lässt sich offenbar leichter vermarkten als Gefühle, die in einem Grundkonflikt der Kindheit wurzeln. Und ein solcher Konflikt wird durch das Konzept von Anna Marie Jarvis ins Zentrum des Muttertages gerückt, ohne dass die Rituale signifikant zu seiner Lösung beitragen. Deshalb treibt dieser Tag jedes Jahr den Absatz von Blumen und Pralinen und die Telefonrechnungen in die Höhe. Es sind Blumen, Pralinen und Telefonate gegen ungeklärte Schuldgefühle.

Was alles dazugehört

Der Muttertag ist der Verwöhntag für Mütter. Sie werden morgens mit dem Frühstück am Bett überrascht, mittags mit kleinen und großen Zeichen der Dankbarkeit überhäuft und abends zum Essen ausgeführt. Offenbar fehlen dafür aber vielen Vätern und Kindern die Ausdrucksmittel. Deshalb liefern Unternehmen, die sich auf Feiertage spezialisiert haben, eine Fülle an Vorlagen und Geschenkideen. Das reicht von Familienphotos über Schmuck, Wellness-Wochenende bis zur einfachen »Mama, ich hab dich lieb«-Karte, die Kinder aus dem Internet herunterladen und ausmalen können. Beliebt sind außer Blumensträußen, die Männer bevorzugen, und den Telefonaten der abwesenden erwachsenen Kinder, Grußkarten mit passenden Muttertags-Gedichten. Bezeichnend für die falsche Sentimentalität am Muttertag ist das Gedicht von Annette von Droste-Hülshoff »An meine Mutter«, das von erwachsenen Kindern bevorzugt für den Dank an die Mütter verwendet wird. In diesen Zeilen scheint eine Tochter zu verstummen, weil die übergroße Liebe zur Mutter ihr die Sprache verschlägt. Tatsächlich beschreibt die Dichterin eine höchst problematische Mutterbeziehung, wenn auch sehr diskret.[4] Die Mutter schweigt beharrlich zur Tochter. So entsteht ein Übermaß an ungeklärten Gefühlen bis die Tochter resigniert und sich der Mutter unterwirft: »So nimm die einfach schlichte Gabe hin, / Von einfach ungeschmücktem Wort getragen, / Und meine ganze Seele nimm darin: / Wo man am meisten fühlt, / weiß man nicht viel zu sagen.«

Welches Problem wird am Muttertag mit Gedichten, Dankkarten, Blumensträußen, Essenseinladungen und Verwöhnpaketen bearbeitet? Fragt man nach dem funktionalen Gehalt des Muttertages, stößt man auf die freie und selbstlose Anerkennung der Existenz des Kindes durch die Mutter. Das scheint die exemplarische Szene hinter den Szenerien zu sein, die am Muttertag aufgeführt werden. Auf diese Funktionsstelle in der eigenen Biographie ist jeder Mensch ansprechbar, weil an diesem Punkt in jedem Kind das Gefühl entsteht, der Mutter ein Leben lang verpflichtet zu sein. Die freie und selbstlose Anerkennung der Existenz des Kindes räumt der Mutter einen unaufhebbaren Vorrang im Leben eines Kindes ein und bewirkt bei den Kindern das Gefühl, dankbar sein zu müssen, ein schlechtes Gewissen, wenn sie es nicht sind und Abwehr, wenn sie erwachsen werden. Misslingen und Gelingen der Rituale liegen am Muttertag auch deshalb so eng beieinander, weil eine Teilregression zur exemplarischen Muttertagsszene gehört, und zwar von der Mutter wie auch von den Kindern. Beide tauchen an diesem Tag wieder ein in die Asymmetrie ihrer primären Bindung. Denn die mütterliche Anerkennung des kleinen Kindes ist nicht auf Augenhöhe angesiedelt.

Anerkennung der Existenz

Ein neugeborenes Kind schlägt seine Augen auf und blickt in das Gesicht seiner Mutter. Bevor das Kind ich sagen kann, bevor es überhaupt etwas kann, wendet sich ihm seine Mutter zu. Diese Zuwendung ist für jedes Kind (über-)lebensnotwendig. Das Gesicht der Mutter signalisiert ihm Anerkennung, nicht auf Grund von etwas, z. B. seiner Intelligenz, Musikalität oder Schönheit. Die Anerkennung der Mutter wird ihm auch nicht als etwas zuteil, als künftiger Nobelpreisträger oder als Eisprinzessin. Die Anerkennung der Mutter wird ihm geschenkt für seinen Wert an sich. Die entscheidende Botschaft der Mutter, die sich über ihr neugeborenes Kind beugt, lautet deshalb: »Du bist für mich wichtig.« Aber auch der Vater gehört in die Szene. Seine Bedeutung für die Beziehung von Mutter und Kind, die ein traditionelles Mutterideal oft unterschlägt, liegt in zweierlei: Er ist wichtig für die Entwicklung des Kindes und ist anderseits ein wichtiger emotionaler Rückhalt für die Mutter. Seine Solidarität mit der Mutter ermöglicht ihr die »Teilregression« in eine emotionale und köpernahe Beziehung zu ihrem neugeborenen Kind.[5]

Religiöser Kern

Diese Anerkennung der Existenz, nicht aufgrund von etwas (Leistung) oder als etwas (sozialer Status), die ein neugeborenes Kind in der Zuwendung der Mutter erfährt, ist religiös bedeutungsvoll. Sie ist die emotionale Basis für den klassischen Topos protestantischer Frömmigkeit, die Rechtfertigung der Person, nicht aufgrund von etwas oder als etwas, sondern aus Gnade. »Wer also behauptet, religiös zu sein, muss aus seiner Religion einen Glauben ableiten können, den er dem Kleinkind in Gestalt des Urvertrauens weitergeben kann.«[6] Ein Kind, das dieses Urvertrauen hat und für andere wichtig ist, kann lernen sich selbst wichtig zu nehmen. »Man verarbeitet das Anerkanntwerden zu einem Gefühl, anerkennenswert zu sein.«[7] Ausgangspunkt ist Anerkennung des Kindes in seiner Existenz, als Wert an sich, durch die Mutter, den Vater, die Großeltern, Paten. Das Ziel aber ist es erwachsen zu werden: auf die primäre Zuwendung der Mutter aufbauend von ihr unabhängig zu werden und sich selbst als anerkennenswert zu empfinden. »A Mother is not a person to lean on, but a person to make leaning unnecessary.« (Eine Mutter ist nicht dazu da, um sich an sie zu lehnen, sondern um das Anlehnungsbedürfnis überflüssig zu machen.)[8] Die primäre Anerkennung durch die Mutter stellt eine Art von »basic trust« dar, auf den sich ein stabiles Selbstvertrauen in Distanz zur Mutter aufbauen kann, das den Belastungen und Verwundbarkeiten eines selbstbewussten Lebens gewachsen ist.

Leitbilder des Mütterlichen

Trotz der fundamentalen Bedeutung für den Aufbau des individuellen Selbstbewusstseins wie für die Reproduktion der Gesellschaft ist die Mutterliebe keine Ressource, die verlässlich gesichert ist. Mütter sind in ihrer Liebe zu Kindern nicht durch Instinkte festgelegt. Sie können sich nicht nur dagegen entscheiden, Kinder zu bekommen. Sie können sich sogar gegen die Kinder entscheiden, die sie bekommen haben. Die mythische Gestalt der rachsüchtigen Medea, die ihre eigenen Kinder ermordet, um ihrem untreuen Gatten Jason den tödlichen Schlag zu versetzen,[9] markiert die äußerste Tabugrenze, die in der modernen Literatur[10] wie im modernen Leben (Babymorde in Brandenburg, Hungertod eines siebenjährigen Mädchens in Hamburg) immer wieder berührt wird.

Nun tritt an die Stelle der Instinkte nicht völlige Unbestimmtheit, sondern die Kultur. Sie fungiert als ein Reservoir von unterschiedlichen Leitbildern wie Mutterschaft zu verstehen ist, samt den Ritualen, etwa der Muttertag, um sie einzuüben. Da gibt es die traditionelle Mutter, die sich für Kinder und Familie aufopfert, die Mutter als Heilige mit einer abgespaltenen Sexualität, die dominante Mutter, die nicht loslassen kann, die omnipotente Mutter, die Haushalt, Kinder, Beruf und attraktives Aussehen mühelos verbindet, die allein erziehende Mutter, die das höchste Armutsrisiko trägt, die »neue« Mutter, die sich bewusst gegen ihren Beruf und für die Familie entscheidet.

Muttersein – Mutterwerden

Muttersein ist nicht nur eine biologische Tatsache, sondern auch ein soziales Konstrukt. Mütter werden im sozialen Leben, was sie biologisch schon sind. Diese Rollenübernahme, eine Art innere Geburt des Mütterlichen, kann mit einer großen emotionalen Befriedigung verbunden sein, aber auch mit seelischen »Wehen«, mit Abwehr, Zorn, Widerwille und Depressivität. Ein bezaubernd-poetisches Bild für den schmerzhaften inneren Prozess der Übernahme einer Mutterrolle zeichnet der Film »Die Geschichte vom weinenden Kamel« von Byambasuren Davaa und Luigi Falorni.[11] In Süden der Mongolei, in der Weite der Wüste Gobi, kommt ein kleines weißes Kamel zur Welt. Kamele, so erfahren wir im Vorspann, sind gutmütige Tiere. Aber die junge Kamelmutter, geschwächt und verstört von einer langen und entsetzlichen Geburt, ist in ihrer Gutmütigkeit überfordert. Sie kann ihr Junges, das ihr so große Schmerzen bereitet hat, nicht annehmen. Das Kamelbaby muss verhungern, wenn kein Wunder geschieht. Da erinnert sich der Großvater der Sippe an das Hoos-Ritual: Ein Musiker kommt und spielt magisch-himmlische Melodien auf seiner Geige. Das Ritual und die Musik wirken wie ein Initiationsritus. Das Kamel darf zur

Musik weinen und sein Leid klagen. So löst sich das Geburtstrauma in den Tränen, welche die Kamelmutter weint. Jetzt kann sie Mutter werden und sich ihrem Kind öffnen.

Muttertag als gottesdienstlicher Anlass

Der Muttertag ist weder ein staatlicher noch ein kirchlicher Feiertag. Der Anlass hat nur Empfehlungscharakter und wird als ein privates Fest nach amerikanischem Vorbild am zweiten Sonntag im Mai gefeiert. Obwohl der Muttertag folglich keinen Ort im Kirchenjahr hat, wird das Thema Muttertag in vielen christlichen Gottesdiensten am zweiten Sonntag im Mai aufgegriffen. Aus Sicht der Gottesdiensttheorie stellt dieser Gottesdienst dann einen Zielgruppengottesdienst dar. Eine Gruppe und ihre Lebensumstände, wie die Mütter oder die frisch Verliebten am Valentinstag, werden zum Thema eines Gottesdienstes gemacht. Der zweite Sonntag im Mai hat aber bereits ein Thema aufgrund seiner Stellung im Kirchenjahr. Der Konflikt wird in der Regel dadurch gelöst, dass eines der beiden Themen, Muttertag oder Kirchenjahr, in den Hintergrund tritt. Der Muttertagsgottesdienst kann aber auch eine Chance sein, Kirchenjahr und moderne Lebenswelt zu verknüpfen. Dann geben die Namen der Sonntage, auf die der Muttertag im Wechsel fällt, Jubilate, Kantate, Rogate etc., die Grundstimmung an für die Inszenierung des Gottesdienstes von und für Mütter.

Das Problem der Zielgruppengottesdienste liegt darin, dass andere Gruppen sich nicht angesprochen fühlen. Betont man weniger die Zielgruppe als vielmehr die Lebenssituation, dann lässt sich der Muttertagsgottesdienst für andere Gruppen, Männer, auch kinderlose Paare, Jugendliche etc. öffnen. Denn dann

stehen die Mütter exemplarisch für die Frage, woran ich mich bei der Übernahme einer neuen Rolle orientieren kann und welche Möglichkeiten es gibt, mich in dem Rollenkonzept, das ich gewählt habe, weiterzuentwickeln. In dieser Perspektive tendiert der Muttertag mehr zur Gattung des Kasualgottesdienstes.

Kasualien sind Gottesdienste aus besonderem Anlass, wie Taufe, Konfirmation, Hochzeit und Beerdigung. Bei Gottesdiensten aus besonderem Anlass liegt der Schwerpunkt nicht auf der Textauslegung, sondern auf der Verbindung einer Lebenssituation mit einer gottesdienstlichen Feier. »Der Text ist [in diesem Fall] in der Handlung.«[12] Die biblischen Texte dienen bei den Kasualgottesdiensten, wie beim Bibliodrama, dem Ausdruck und der Deutung einer individuellen Lebensgeschichte. Das Zentrum der gottesdienstlichen Handlung ist bei den Kasualien der Segen. Der Segen symbolisiert z. B. bei der Konfirmation, dass Gott den Aufbruch eines Jugendlichen ins Erwachsensein bejaht und das Wachstum seines Lebens begleitet.

Interpretiert man den Gottesdienst am Muttertag als eine Kasualhandlung, dann erweitert dieses Fest, wie auch der Einschulungsgottesdienst, den Kanon der Anlässe für religiöse Handlungen und zwar, weil sich die Problemzonen moderner Biographien verändert haben. Am Muttertag sind es zwei Problemkreise, auf die der Segen funktional bezogen werden muss: Die Übernahme und ständige Weiterentwicklung der konfliktträchtigen Mutterrolle – Segen hat da eine ähnliche Aufgabe wie das Ritual in der Geschichte vom weinenden Kamel –, und Emanzipation des Kindes aus seiner primären Mutterbindung. Im Übrigen kann auch die Eucharistie und die Abendmahlsszene diese Aufgabe übernehmen, vor allem in der katholischen Tradition. Es geht also einerseits um die Frage, was es heute heißt, Mutter und Hausfrau zu sein: »Ein paar [Mütter] haben sich zusammengesetzt und überlegt, wie ein Gottesdienst aussehen könnte, der das Thema ›heute Mutter und Hausfrau‹ in den Mittelpunkt der Eucharistiefeier stellt.«[13] Und es geht andererseits um das Loslassen der Kinder und deren Erwachsenwerden.[14] Beides sind riskante Prozesse, die mit Unsicherheit, Verlustangst, aber auch mit Spaß und großer Befriedigung verbunden sind. Die Chance eines Gottesdienstes am Muttertag besteht einerseits darin, solche Erfahrungen wahrzunehmen, ihnen Ausdruck zu verleihen und andererseits darin, einen Spielraum zu öffnen, Wege der Veränderung auszuprobieren und einzuüben. Denn im Mittelpunkt des Gottesdienstes steht die Anerkennung der Rollenkompetenz und der Person der Mutter, nicht die bestimmter Rollen. Deshalb kann die Mutter im Gottesdienst mit ihrer Mutterrolle spielen, ohne die Anerkennung Gottes aufs Spiel zu setzen.

Zur Vorbereitung

Der Muttertag stellt eine Chance für die Kirche dar, mit ihrer Verkündigung an einem wichtigen Punkt den Anschluss an die moderne Lebenswelt zu gewinnen, wenn er gut und sorgfältig vorbereitet wird. An diesem Tag wird in kleinen Ritualen und Gesten der Dankbarkeit die komplizierte Rolle der Mutter im System Familie angesprochen, auch wenn die Formen, mit denen dies getan wird, den Paradoxien des heutigen Mutterseins kaum gerecht wird. Im Gegenteil, die Rituale der Dankbarkeit am Muttertag rufen ein Gemenge von vagen Schuldgefühlen hervor, ohne an ihrer Klärung zu arbeiten. Das ist die Chance des christlichen Gottesdienstes. Er kann an diesem Tag der Ort der Klärung sein und der Segen Gottes das Symbol für Veränderungen, sowohl für die Befreiung von erstarrten Rollenbildern wie auch für die Entdeckung besserer Alternativen.

Um dieses Ziel zu erreichen, muss die Vorbereitung eines Gottesdienstes zum Muttertag mit einer Schulung der Wahrnehmung beginnen. Das geht am besten mit einem Vorbereitungsteam von Müttern, die in verschiedenen familiären Situationen leben. Was sagen eigentlich die heutigen Mütter über diesen Tag und über ihre Rolle als Mutter, Hausfrau, Berufstätige? Und was sagt die Familienforschung?[15] Die komplexe Situation des Mutterseins in der modernen Gesellschaft lässt sich jedenfalls nicht mehr ausschließlich mit den Leitbildern der Bibel erfassen. Hinzu kommt, dass das Bild der intakten bürgerlichen Kleinfamilie immer noch als eine unausgesprochene theologische Norm in der Sprache der Liturgie wie der Predigt weiterwirkt. Doch auch in intakten Kleinfamilien sind die Mütter mit Fragen nach der gesellschaftlichen Bewertung von Hausarbeit konfrontiert, nach Rentenanspruch für Kindererziehung, mit Vorwürfen beim Schulversagen der Kinder, mit der Frage, wie sich Mutterschaft mit einem befriedigenden Sexualleben verbinden lässt und welche Konsequenzen die Übernahme der Mutterrolle für die berufliche Laufbahn hat. Wenn solche und andere Fragen wahrgenommen und die theologische Fixierung auf bestimmte Lebensformen aufgebrochen werden, kann der Gottesdienst am Muttertag seine Funktion erfüllen, das reale Leben zu erneuern, so wie es ist, nicht wie es moralisch oder theologisch wünschenswert erscheint.

Ein Vorbreitungsteam von Müttern erfüllt noch einen zweiten wichtigen Zweck. Es ist ein Baustein, um diesen Tag den Müttern wieder zurückzugeben und als Bühne für ihre Interessen in Anspruch zu nehmen. Auf die großen und kleinen Gesten der Dankbarkeit von Seiten der Kinder und Partner wollen nicht zuletzt viele Mütter ungern verzichten. Aber auch das kann im Gottesdienst am Muttertag aus der Perspektive der Mutter inszeniert werden. Der Segen ist die Form der Anerkennung für die selbstlose Zuwendung, die eine Mutter braucht, um ihr Kind in ein selbstbewusstes und von der Mutter unabhängiges Leben entlassen zu können. Das legitime Bedürfnis der Mütter nach Dankbarkeit kann auch so befriedigt werden, dass es nicht lebenslang Druck auf die Kinder ausübt.

Der Muttertag wird sich kaum mehr als ein *congress of women* feiern lassen, wie es Julia Ward Howe ursprünglich gedacht hatte. Aber in der Vorbereitung des Muttertages können Mütter anfangen, unabhängig von Kindern und Familien, sich selber zu spüren, ihre Ressourcen zu entdecken, ihre Rolle zu überdenken, ihre Bedürfnisse wahrzunehmen und über Alternativen, auch politischer Natur, nachzudenken – und einiges davon im Gottesdienst öffentlich aussprechen. Dazu bedarf es allerdings vertrauensbildender Maßnahmen. Etwa die, eine Gottesdienstkultur zu entwickeln, die nicht erst an diesem Tag damit beginnt, den Gottesdienst als eine besonders gute Adresse zu etablieren, um »heiße Eisen« anzupacken. Vor allem wenn es, wie bei allein erziehenden Müttern, um Verletzungen, Niederlagen, Wut, Scham und Schuldgefühle geht, die sie mit ihrer Mutterrolle verbinden.[16]

Vor dem Hintergrund einer solchen dichten Beschreibung der Lebenssituation von Müttern wird der zweite Schritt, die Lektüre biblischer Texte, zu einer aufregenden Erfahrung. Sie gleicht einer Suchbewegung, bei der die offenen Fragen, manchmal sind es auch offene Wunden, in der eigenen Biographie auf Sprachbilder der Bibel bezogen werden, bis eines davon passt. Das müssen nicht immer biblische Frauengestalten sein, in denen sich die Sehnsucht nach Veränderung, nach einem Exodus aus alten Rollenklischees wiederfinden lässt wie bei Miriam. Es können Gleichnisse Jesu sein, Sprachbilder aus den Psalmen, der Weisheit, es können Gedanken aus den Briefen sein, die in Zustimmung und Widerspruch das Bedürfnis befriedigen, auszudrücken, was ich erfahren habe und mich zugleich über das Erfahrene hinausführen. Als Text für einen Gottesdienst am Muttertag mit allein erziehenden Müttern wählten die Frauen ausgerechnet die Geschichte der kanaanitischen Frau (Mt 15,21–28), die auf der Rangliste frauenverachtender Texte in der Bibel einen der vordersten Plätze einnimmt. Die demütigende Ablehnung der Bittstellerin durch Jesus drückte das Lebensgefühl der allein erziehenden Mütter aus, abgelehnt und ausgegrenzt zu sein. In der Identifikation mit der kanaanitischen Frau erlebten sie dann aber auch die Anerkennung, ja Bewunderung, die Jesus dieser Mutter am Ende entgegenbrachte. An diesem Morgen gingen die Mütter mit erhobenem Haupt, erbaut und ermutigt, aus der Kirche.

Der letzte Schritt betrifft die Frage der Gestaltung. Es gibt anregende Ideen in der Literatur, in Filmen, im Internet, in Frauenliturgien und Muttertagsgottesdiensten. Aber fremde Ideen nutzen nichts, wenn sie kopiert werden und keine eigene Gestaltung freisetzen. Jedes Vorbereitungsteam muss den Mut haben, seine eigene Form für den Muttertagsgottesdienst zu finden. In der spezifischen Situation, aus der die Frauen kommen, den Texten, mit denen sie arbeiten, dem Kontext Gemeinde, dem Kirchenraum und den Begabungen der Beteiligten liegt ein großes Gestaltungspotential, das nur diese Gruppe heben kann. Entscheidend, atmosphärisch wie inhaltlich, ist der Rahmen und sind die Details. Der Rahmen kann schlicht und die Details einfach sein. Aber sie müssen sorgfältig gestaltet werden im Blick auf die Besucher: Wie bringt die Inszenierung des Gottesdienstes die Besucher ins Spiel? Die inhaltliche Arbeit in der Vorbereitung, die persönliche Betroffenheit, die Klärung der eigenen Situation im Horizont biblischer Texte, das alles sind unerlässliche Voraussetzungen. Aber die Vorarbeit teilt sich der Gemeinde nur mit, wenn sie im Gottesdienst selbst an dieser Arbeit beteiligt wird. Das ist die Leitfrage der Gestaltung: Wie können die Fragen, die Mütter in der Vorbereitung bewegen und die sie im Horizont biblischer Texte klären konnten, in eine Szene übersetzt werden, in der die Gemeinde sich wiederfinden und ihrerseits diese Fragen klären kann. Dies kann am Ende in einer herkömmlichen Form des Gottesdienstes geschehen. Nur ist diese Form, wenn sie als Bühne für die Gemeinde begehbar wird, nicht mehr traditionell. Sie kostet Zeit, wie die Vorbreitung jedes guten Festes. Aber es lohnt sich, denn so ist der Muttertag die Chance, dass eine ganze Gemeinde zu Königinnen und Königen wird – wenigstens an diesem einen Tag.

1 Artikel »Mutterkreuz«, Brockhaus Enzyklopädie, Bd. 13, Wiesbaden, 1971, S. 130.
2 Frauenmuseum Wiesbaden (Hrsg.): Sprache der Göttin: Annäherung an das Werk Marija Gimbutas. Wiebaden: Frauenmuseum, 1994.
3 Vgl. www.BBC.co.uk/religion.
4 von Matt, Peter: Verkommene Söhne, mißratene Töchter: Familiendesaster in der Literatur. München: dtv, 1997, S. 232.
5 Textor, Martin R.: www.familienhandbuch.de/mutterbilder.
6 Erikson, Erik: Identität und Lebenszyklus. Frankfurt a. M.: Suhrkamp, 1998, S. 75.
7 Tugendhat, Ernst: Egozentrizität und Mystik. München: Beck, 2003, S. 44.
8 Bekanntes Diktum von Dorothy Fisher.
9 Schwab, Gustav: Sagen des Klassischen Altertums. Leipzig: Insel, 1968.

10 Jelinek, Elfriede: Lust, Reinbek bei Hamburg: Rowohlt, 2004, S. 254.

11 Sunfilm Entertainment, München 2004, 87 Min.

12 Schleiermacher, Friedrich Daniel Ernst: Die praktische Theologie nach den Grundsätzen der evangelischen Kirche. Berlin; New York: de Gruyter, 1983, S. 325.

13 Huber, R. / Frauentreff St. Klara: Heute Mutter und Hausfrau sein. Ein Gottesdienst zum Muttertag, in: Katechetische Blätter 120 (1995), S. 287–293.

14 »Mamma mia – Muttertag«, www.bibelwelt.de.

15 Vgl. www.familienhandbuch.de.

16 Erne, Thomas: Muttertag, einmal anders: Wie es zu einem Gottesdienst für Alleinerziehende kam. Ev. Gemeindeblatt für Württemberg, 10/1998, S. 11. www.bbc.co.uk/religion.

Thomas Klie

Vatertag.
Gen Himmel – ins Freie

Der Sputnik-Schock saß tief. Als die sowjetische Raumfahrt 1957 den ersten künstlichen Erdsatelliten ins All schoss und Gagarin gerade mal vier Jahre später als erster menschlicher »Himmelfahrer« die Mission des Sputnik (wörtlich »Weggenosse«) wiederholte, rührte dies an die Grundfesten eines Weltbildes, in dem Christi Himmelfahrt als leibräumliches Ereignis einen relativ festen Platz behauptete. Was christliche Fundamentalisten ins Nachdenken brachte, diente der anti-religiösen Propaganda im Osten als wissenschaftlicher Beweis für die Unvereinbarkeit von Glauben und Fortschritt. Auf zahllosen Agitprop-Plakaten grüßte ein freundlich lächelnder Kosmonaut die Bewohner des blauen Planeten mit den Worten »Boga njet« – »(einen) Gott (gibt es hier) nicht«. Dies war keineswegs die erste Infragestellung eines Festes, das sich biblisch auf eine eigenartige Raumfahrt gründet (Apg 1). Schon Preußenkönig Friedrich der Große wollte die ganz offensichtlich vernunftswidrige Gründungslegende nicht länger durch einen eigenen Feiertag ins Recht setzen. Und so bewies er seine monarchische Modernität, indem er 1773 kurzerhand Himmelfahrt abschaffte. Er ordnete an, das Fest auf den nachfolgenden Sonntag Exaudi zu verschieben.

Auch die aktuelle Wahrnehmung von Christi Himmelfahrt ist nicht von Menschen geprägt, die »ihm nachsehen gen Himmel fahrend«, wie es in der Apostelgeschichte heißt. Aus Himmelfahrt ist mittlerweile »Vatertag« geworden, und der wird mehrheitlich erdenschwer begangen. Gleich gesinnte »Väter« schließen sich zusammen und verlassen die heimischen Gefilde in Richtung Natur. Man(n) sucht heute das Weite, nicht mehr die Höhe – dazu folgende kleine Szene:

Zu hören waren sie schon von weitem. Lauter noch als der Traktor, der den mit Bänken beladenen landwirtschaftlichen Anhänger über den Waldweg zog, drang der Gesang eines wenig harmonischen Männerchores an das Ohr. »*Oh, du schöhöhöner Wehehesterwald …*« Traktor und Wagen waren reichlich geschmückt mit Birkengrün – eine Art motorisiertes Großgesteck. Die Teilnehmer des feucht-fröhlichen Ausflugs waren zwischen Anfang und Mitte zwanzig. Vermochte der Traktorist noch den Eindruck eines Fahrzeugführers zu erwecken, der sich die Übersicht über die Widrigkeiten des Weges und die Gefahren des Transportes trunkener Personen bewahrt, so schien das Geschehen in seinem Rücken kurz davor, außer Kontrolle zu geraten. Einige der Sänger standen auf der Ladefläche und winkten Spaziergängern mit großen Humpen zu, aus denen bei jedem Schlagloch das Bier schwappte. Andere hielten sich mehr oder weniger aufrecht auf ihren Bänken. Zwei weitere Umzugsteilnehmer liefen hinterher und versuchten unter dem Gejohle der oben Sitzenden wieder den Wagen zu erklimmen.

Es war *Vatertag* oder, wie man in Ostdeutschland sagt: *Herrentag*. Zu den verpflichtenden Inszenierungen dieses traditionell 40 Tage nach Ostern begangenen Feiertags zählt der kollektive Exodus zumeist junger Männer aus dem Wohnbereich in nahegelegene Wald- und Flurstücke. Wie allerorts äußerte sich auch hier das Besondere dieses alljährlichen Auszuges vor allem im exzessiven Alkoholgenuss: Aus einem kleinen Fässchen, postiert auf einem aus groben Latten gezimmerten Holzbock, wurde das obligatorische »Bierchen« gezapft. Glas an Glas, routiniert hielt der Zapfmeister den Hahn auf Durchlauf. Das Gelage trug verbindliche Züge: Es hatte den Anschein, als könne man(n) hier und heute nicht *nicht* trinken. Darin stimmten Gestus und Kleidung überein. Das Outfit variierte, blieb aber in einem dem Anlass entsprechenden Rahmen: schwarze Sakkos und Sonnenhüte dominierten die Szene. Dazu wurden bunte T-Shirts mit diversen Sinnsprüchen getragen. Drei der »Herren« trugen Zylinder und an den Händen (ursprünglich) weiße Handschuhe. Bierselige Umarmungen, unter Männern allenfalls bei Fußballspielen üblich, vermittelten nicht nur den Eindruck gegenseitiger Zuneigung, vielmehr kam ihnen hier auf dem rumpelnden Wagen auch eine ganz elementare Stützfunktion zu. Die Rechte des Nachbarn hielt einen aufrecht und bewahrte vor den Wirkungen der Schwerkraft.

Und so zog die Herrenpartie vorüber, wie sie gekommen war. Allmählich verhallte die vatertagstypische Symphonie aus Motorgeräusch und Männergesang im Hochwald.

Himmelfahrt – zwischen österlichem Nachspiel und pfingstlichem Vorspiel

Das Entrückungserlebnis, auf das sich das kirchliche Himmelfahrtsfest beruft, ist von einer ganz anderen Qualität. Analog zur 40-tägigen Passionszeit vor Ostern hat Christi Himmelfahrt heute seinen kirchenjahreszeitlichen Ort 40 Tage nach Ostern gefunden. Die kirchliche Tradition beruft sich dabei auf die

Chronologie der Apostelgeschichte, nach der sich der auferstandene Christus »nach seinem Leiden« unter den Aposteln »40 Tage lang sehen ließ« und »mit ihnen über das Reich Gottes redete« (Apg 1). Lukas hat hier ein ganz und gar konkretes Ereignis buchstäblich »vor Augen«. Die biblische Erzählung lässt keinerlei Zweifel daran, dass sich die Entrückung Jesu in Raum und Zeit, also für jedermann sichtbar vollzieht. Alle anwesenden Apostel waren Augenzeugen dieser wunderbaren leiblichen Hinaufnahme ihres Herrn (Apg 1,9 f.). Nach vollzogener Himmelfahrt wird im Fortgang der Geschichte ihr Blick wieder in die Horizontale gelenkt. Zwei Deuteengel verweisen die »Männer von Galiläa« auf die nun gebotene Blickrichtung: weg vom himmlischen Ort, hin auf die ihnen nun aufgegebenen irdischen Zeiträume. Den erhöhten Herrn zur Rechten Gottes wissend liegt fortan die Zeit der Kirche vor ihnen. Der Erhöhte macht sich nun gegenwärtig in der Gemeinschaft derer, die auf ihn vertrauen und auf sein Wort hören.

Natürlich sieht Lukas in der Himmelsreise des Heilands ein absolut einmaliges Ereignis im Rahmen seiner Heilsgeschichte. Die Tatsache, dass diese Erzählung seinen Lesern motivgeschichtlich auch aus anderen Zusammenhängen bekannt gewesen sein dürfte, ändert daran nichts. Im jüdischen Bereich wird man sich an die Entrückungen des Elia (2Kön 2), des Henoch (Gen 5,24), des Esra (4Esr 14), andeutungsweise auch an die des Mose (Dt 34,6) erinnert fühlen. Aber nicht nur unter Juden erzählte man sich von derlei Dingen, auch gebildete Griechen und Römer wussten um wundersame Himmelfahrten. So wurde derlei auch z. B. von Herakles, Alexander dem Großen und Kaiser Augustus berichtet. Die neutestamentliche Himmelfahrtserzählung findet also im interkulturellen Vergleich durchaus ihre Berechtigung.

In der geschichtstheologischen Konstruktion des Lukas wird die Himmelfahrt zum sinnlichen Zeichen für das vierzigtägige Interim zwischen Auferstehung und Erhöhung, bevor dann nach weiteren zehn Tagen mit der Ausgießung des Heiligen Geistes (Pfingsten; Apg 2) die Geschichte der Kirche ihren Lauf nimmt. Der Evangelist versteht das Himmelfahrtsgeschehen jedoch nicht etwa als ein pfingstliches Vorspiel, vielmehr interpretiert er es konsequent von Ostern her: Der Auferstandene fährt aus einer seiner nachösterlichen Erscheinungen heraus auf zum Vater. »Auferstanden von den Toten« und »aufgefahren in den Himmel« sind für Lukas theologisch aufs engste miteinander verknüpft.

Bei Justin († um 165 n. Chr.), Irenäus († um 200 n. Chr.) und Johannes Chrysostomus († 407 n. Chr.) wurde die Zwischenzeit-Vorstellung zu einem selbstverständlichen theologischen Topos ausgeweitet. Dass dieser Topos dann auch durch einen besonderen Feiertag eine liturgische Gestalt bekam, entwickelte sich jedoch erst relativ spät. Der Kirchenvater Origenes († 254 n. Chr.) kannte z. B. noch kein Himmelfahrtsfest. Und die gallische Pilgerin Ätheria berichtet von ihrer Reise nach Jerusalem gegen Ende des 4. Jahrhunderts, dass sie auf dem Ölberggipfel Himmelfahrt am Abend des Pfingstfestes gefeiert habe. Man sah offenbar in der Frühzeit keinen Anlass, die Pentekoste durch einen Fixum zu unterbrechen, empfand man doch die biblisch belegte 50-Tage-Zeit als eine Folge von 50 »Herrentagen« hintereinander. Je mehr es sich aber in der Alten Kirche durchsetzte, Pfingsten als festlichen Abschluss der österlichen Freudenzeit zu begehen, emanzipierte sich die liturgische Erinnerung der Himmelfahrt vom Gedenken an die Ausgießung des Heiligen Geistes. Sie rückte mehr und mehr von Pfingsten ab. Als fester Termin zwischen Ostern und Pfingsten setzte sich das

Himmelfahrtsfest erst im 5. Jahrhundert allgemein durch. Mit dieser zeitlichen Fixierung löste sich das Himmelfahrtsfest aus seiner theologischen Verknüpfung mit Ostern, und man empfand es stärker als Auftakt zu Pfingsten.

Das Profil und die Wertschätzung des Himmelfahrtsfestes unterlagen in der Folgezeit einem für die christliche Festkultur typischen Wandel. Im 7. Jahrhundert wuchs dem Fest eine so genannte *Vigil* zu, d. h. man begann die Himmelfahrt – analog zu den anderen Hochfesten – mit einem feierlichen Nachtgottesdienst, was die Bedeutung des Tages auch durch seine liturgische Ausgestaltung unterstrich. Im 11. Jahrhundert dehnte man das Fest sogar zu einer ganzen *Oktav*, die es erlaubte, die sieben Tage nach Himmelfahrt unter die Überschrift des namensgebenden Festes zu stellen. Erst 1955 schaffte man die Himmelfahrtsoktav wieder ab, da man sie als Störung des Osterfestkreises empfand. Sie trug nämlich eine Abschiedsthematik in die Osterzeit hinein, die sich u. a. auch darin äußerte, dass man im Gottesdienst nach der Evangeliumslesung die Osterkerze ausblies. Die Dramatisierung des Festthemas erreichte ihren Höhepunkt in dem vielerorts praktizierten Brauch, die Christusfigur an einem Seil durch das so genannte »Heilig-Geist-« oder »Himmelfahrtsloch« im Kirchengewölbe nach oben zu hieven. Christus entschwand also den Blicken der Gottesdienstbesucher wie ehedem den Aposteln. Lange Zeit hielt sich diese barocke Sitte sogar in protestantischen Gegenden. Eine andere Variante kann man auch heute noch in einigen katholischen Kirchen beobachten; dort wird die Christusstatue nach der Evangeliumslesung vom Hochaltar abgerückt und so die räumliche Bewegung angedeutet.

Die in den verschiedenen Volksbräuchen zum Ausdruck kommende Inszenierungsdynamik ist sicher *eine* der kulturhistorischen Wurzeln für die heutige Himmelfahrt-Vatertag-Umcodierung. Traditionsabbrüche sind immer auch selbst verursacht. Oder anders: Die Veränderungen, die das Himmelfahrtsfest erfahren hat, liegen auch in seiner jeweils kulturellen Wahrnehmung begründet. Man setzt im Laufe der Zeit einfach etwas fort, was grundsätzlich in der Logik des Festes angelegt war: man feiert den offenen Himmel.

So wurde es im Mittelalter üblich, an Himmelfahrt Feld und Flur zu begehen, um an den Freudensprüngen der Sonne zu sehen, wie der Herr zum Himmel fährt. – Eine weitere naturnahe Lesart von Himmelfahrt legte sich durch den nicht-sonntäglichen Festtermin nahe: Donnerstag war der Tag des germanischen Wettergottes Donar/Thor. An diesem Tag des »Donners« bedurfte es eines besonderen Schutzrituals, um vor den Folgen von Blitz und Donner verschont zu bleiben. Da man annahm, dass aus der Himmelsrichtung, in die der in der Kirche nach oben gezogene Christus schaut, ein Gewitter drohe, musste man sich entweder durch den Empfang der Kommunion oder durch geweihte Blumenkränze dagegen schützen. Auch konnte, wer beim abendlichen Einläuten des Himmelfahrtsfestes Kürbisse, Gurken und Wurzeln pflanzte, auf eine reiche Ernte hoffen.[1]

Hinter all diesen Gebräuchen stand die Vorstellung, dass der Himmel an diesem Tag nicht nur in *einer* Richtung offen ist, sondern gewissermaßen auch in der Gegenrichtung. Christus fährt unter Gesang und Gebet nach oben, von oben herab kann sich dann aber auch Segen und Fluch über die Geschöpfe ergießen. Das durchlässige Kirchengewölbe entsprach durchaus dem Grundgefühl agrarischer Kulturen. Drinnen wie draußen wusste man sich dem nehmenden und gebenden Gott gleichermaßen nahe. Wenn aber an Himmelfahrt der Himmel gleichsam auf Durchlass gestellt ist, dann kann dies unmittelbar auch direkt unterm Himmelszelt erfahren werden. So heißt es in Philipp Friedrich Hillers 1757 gedichtetem Himmelfahrtslied in der 9. Strophe: »*Ihnen* (d. h. ›Christi Gliedern‹) *steht der Himmel offen, / welcher über alles Hoffen, / über alles Wünschen ist. / Die geheiligte Gemeine / weiß, dass eine Zeit erscheine, / da sie ihren König grüßt.*« – Das Heil wird also räumlich von oben und zeitlich in der Zukunft erwartet. Von hier ist es dann nur noch ein kleiner Schritt, das leib-seelische Wohlergehen aus diesem Anlass verstärkt »unter freiem Himmel« und im Grünen zu suchen. Was in der Kirche als Vergegenwärtigung der zeit-räumlichen Distanz von Gott und Mensch liturgisch in Szene gesetzt wird, konkretisiert sich in der volkstümlichen Wahrnehmung als zünftige Landpartie. Die frühsommerliche Jahreszeit, in die das Fest fällt, kommt dem Drang nach draußen entgegen. Der heute vielerorts üblich gewordene Open-air-Gottesdienst verdankt sich unhinterfragt derselben Reinszenierungsdynamik.

Vatertag – die öffentliche Darstellung männlichen Trinkvermögens

Zurück zur Natur

Gestaltete Ausflüge in Wald und Flur sind kulturgeschichtlich breit belegt. Welche dieser Traditionen allerdings die typisch deutsche *Vatertagstour* hervorgebracht hat, ist nicht mit letzter Bestimmtheit zu sagen. Sicher ist, dass hier viele Bräuche und Überlieferungen eingeflossen sind, sich überlagern bzw. gegenseitig verstärken. So waren beispielsweise Flurumgänge in germanischer Zeit ein wichtiger Rechtsakt, der u. a. vorsah, dass Grundeigentümer einmal jährlich ihren Landbesitz umschreiten mussten, um ihre jeweiligen Besitzansprüche geltend zu machen. Schon hierbei spielte der Alkoholgenuss oft eine wichtige Rolle. Auch viele kirchliche Prozessionen führten die Teilnehmer ins Freie: Apostelgänge, Bitt- und Fronleichnamsprozessionen. Häufig endete dann der Bittgang mit einer gemeinsamen Brotzeit. Beim Füssener Magnus-Umgang wurde z. B. der Stab des Schutzpatrons St. Magnus an mehreren Stellen in den Acker gesteckt, um diesen vor Schädlingen zu bewahren.

In der Zeit nach der Aufklärung bekam die Natur im Bewusstsein der Menschen mehr und mehr Züge eines Gegenbildes. Natur trat in Opposition zur Kultur, zur Nichtnatürlichkeit des vom Menschen Geschaffenen. Nicht ohne Grund äußerte sich das neuzeitliche Interesse an der Natur zu einem Zeitpunkt, als sich die Zivilisation mehr und mehr ausbreitete und sich dabei immer stärker als Eingriff in die Ökologie der Schöpfung bemerkbar machte. Das Brachland reduzierte sich im 18. Jahrhundert spürbar zugunsten von Land- und Viehwirtschaft. Freie Flächen wurden parzelliert, damit die Erträge gesteigert werden konnten. Die Industrialisierung im 19. Jahrhundert forcierte diese Dynamik. Alles Natürliche wurde zur potentiell ausbeutbaren Ressource: Holz, Baugrund, Bodenschätze. Auf diese Entwicklung reagierten sowohl die Rousseau'sche Kulturkritik als auch die Natur-Kultur-Opposition der deutschen Romantik. Beide verband die Vorstellung, dass der entfremdete Mensch in der vom Menschen noch unberührten Landschaft wieder zu sich selbst finde. In der Natur bekam er gleichsam Kontakt zu seinem Urzustand. Der Auszug aus der Stadt in die äußere Schöpfung erzeugte im Menschen lebensdienliche Resonanzen zur ursprünglichen (und gottunmittelbaren) Innenwelt. Dabei war die Natur-Vorstellung des frühen Bürgertums immer auch religiös fundiert. Mit der Flucht aus den Funktionalisierungen des Arbeitslebens und dem Eintauchen in das in sich ruhende

Naturgeschehen vergewisserte sich der Mensch seines natürlichen Kerns. Entsprechend heißt es bei Goethe in seinem *Wilhelm Meister*: »Wenn die Anmut einer herrlichen Gegend uns lindernd umgibt, wenn die Milde gefühlvoller Freunde auf uns einwirkt, so kommt etwas Eigenes über Geist und Sinn, das uns Vergangenes, Abwesendes traumartig zurückruft und das gegenwärtige, als wäre es nur Erscheinung, geistermäßig entfernt.«[2]

Der Brauch, den Himmelfahrtstag im Kreise mehr oder weniger »gefühlvoller Freunde« als Vatertag zu begehen, sich hierbei von der »Anmut einer herrlichen Gegend« inspirieren lassen und beides ebenso feucht wie fröhlich zu gestalten, ist erstmals am Ende des 19. Jahrhunderts in Form der »Berliner Herrenpartie« belegt. Sie fiel zusammen mit der Entstehung einer großstädtischen Kneipenkultur, die ihrerseits von der durch die Industrialisierung gestiegenen Kaufkraft profitierte. Als Transportmittel dienten damals Kremserwagen, Pferdeanhänger und Schubkarren.

Fernab der Mutter

Ganz im Unterschied zur Praxis in anderen Ländern beschränkt sich der geschlechtshomogene Umtrunk im Freien auf Deutschland: In der Schweiz ist ein Vatertag als fixer Festanlass unbekannt. In Österreich begeht man den Vatertag analog zum Muttertag eher im Kreise der Familie; man(n) bekommt kleine Geschenke und feiert zu Hause. Der »Fathers Day« in Amerika geht geschichtlich auf die Idee einer einzelnen Frau zurück: Louisa Dodd rief zu Beginn des 20. Jahrhundert mit der Ehrung ihres allein erziehenden Vaters eine Bewegung ins Leben, die bald schon allgemeine Anerkennung fand. In der Folgezeit kristallisierte sich dann zumeist die Vater-Sohn-Beziehung als der Kernbestand des Festes heraus. Am 3. Junisonntag verbringt man möglichst viel an gemeinsamer Zeit zumeist auf Ausflügen.

Dass man sich an Vatertag nach allen Regeln der Kunst betrinkt, ist also eine eher teutonische Besonderheit. Der exzessive männliche Alkoholkonsum in der Öffentlichkeit entspricht dabei nicht zufällig einem Geschlechtsstereotyp, der sich kultur-geschichtlich im Übergang zur bürgerlichen Gesellschaft herausbildete. Mit der Trennung von Haus- und Erwerbsarbeit verschoben sich zugleich auch die jeweiligen Handlungsräume. Auch entwickelten sich die Trinkgewohnheiten von Männern und Frauen im 19. Jahrhundert auseinander. Während die Frau zu Hause blieb, wurde das Unterwegssein in der Öffentlichkeit zu einer männlichen Domäne. Gesellschaftliche Präsenz in Form geschlechtshomogener Geselligkeit war Männersache; in Vereinen, Verbindungen und Bünden reproduzierten sich maskuline Identitäten durch Ausschluss und Absonderung. Man(n) blieb unter sich – insbesondere die Gruppe der Unverheirateten. Oft ging damit die Ausübung eines geschlechtsspezifischen Trinkverhaltens einher. Lange blieben in der entstehenden Freizeitkultur Branntwein und Rausch rein männliche Privilegien. So durften Frauen in der Öffentlichkeit meistens nur dann trinken, wenn ihre Männer ihnen zu besonderen Anlässen, auf Bällen, bei der Kirchweih usw. etwas angeboten hatten. Sie wurden zu passiven Konsumentinnen mit eingeschränktem Spielraum. Man(n) erklärte die Frau zum »Frauenzimmer«; ihnen blieben die neuen alkoholfreien Heißgetränke vorbehalten: Kaffee, Tee und Schokolade.

Typisch für das Phänomen Vatertag ist die selbstverständliche Besetzung des öffentlichen Raums. Sie macht die bis heute nachwirkende Koppelung von öffentlich-männlich und weiblich-privat deutlich. Der Teilnehmer einer Herrenpartie tritt als Mann in Erscheinung durch das bewusste Verlassen der häuslichen Sphäre und den Erweis seiner Trinkfestigkeit. Beide Handlungen stehen jedoch nicht im Widerspruch zu dessen familiärer Anbindung, sind es doch gerade die »Väter«, die sich und ihr maskulines Anders- und Unterwegs-Sein feiern. In der Vater-Rolle erhebt der Mann Anspruch auf häusliche *und* aushäusige Lebenswelten. Ungeachtet dessen treten unter diesem Label auch und gerade männliche Jugendliche und Singles an. Die Vater-Rolle ist offenbar kulturell so stark besetzt, dass sie selbst in der fiktiven Zuschreibung Identität stiftet. Als »Väter« sind Männer und solche, die es werden wollen, gleichsam überall zu Hause: am heimischen Herd wie auf gefahrvoller Heldenreise. Dass sich am Vatertag beide Aspekte dieses stereotypen Rollenbildes symbolisch verdichten, zeigt sich auch und gerade an der Begrifflichkeit: Himmelfahrt wird zum *Vatertag* in Opposition zum *Muttertag*, der in Westdeutschland traditionell so gefeiert wird, wie der Vatertag in der Schweiz und in Österreich. Ist der Muttertag ein Tag, an dem die Kinder der Mutter – zu Hause und im Kreise der Familie – ihre Dankbarkeit mit kleinen Aufmerksamkeiten zeigen, so reagiert der Vatertag darauf mit einer Aushäusigkeit in geschlechtshomogenen Gruppen. Analog dazu, wenn auch vor einem anderen kulturellen Hintergrund, spricht man in Ostdeutschland unter Anspielung auf den hier immer noch präsenten internationalen *Frauentag* (8. März) vom *Herrentag* bzw. *Männertag*.

Geistige Getränke

Der väterliche Gruppenausflug zu »Mutter Natur« scheint nüchtern kaum durchführbar. An Vatertag gilt Trunkenheitspflicht; die Tagesreise wird im Rausch gefeiert. Beides sind ebenso sinnliche wie leibliche Erfahrungen. Der anti-zivilisatorische Affekt, der die profane Variante des Himmelfahrtsfestes heute weitgehend bestimmt, kommt also nicht nur in der äußeren Umgebung zum Ausdruck, sondern auch in der leiblichen Verfasstheit der »Väter«. Denn die Trunkenheit wirft Betrunkene unweigerlich auf den Status »natürlicher« Leiblichkeit zurück. Rausch und Kater sind extreme Formen der Eigenleibgewissheit. In dem Maße, wie der Alkohol bei den »Vätern« seine Wirkung tut, verlieren die Trinker paradoxerweise die »Herrschaft« über ihre Sinne. Die Notdurft des Leibes gewinnt die Oberhand. Das Zurück-zur-Natur erlaubt also durchaus auch eine leibräumliche Lesart.

Ausflug und Außer-sich-Sein, äußere und innere Ekstase kommen am Vatertag zur Deckung und bilden eine starke Verbindung. Sie legitimiert die Gruppe der Männer (als »Väter«), reduziert ihr Zusammensein auf wenige, dafür aber umso intensivere Handlungen (trinkend unterwegs sein) und reguliert die für jede Herrenpartie konstitutiven Elemente (Abschied, Weg und Wiederkehr). Mit jedem Vatertagsausflug setzt sich ein großes Kollektiv kleiner Männergemeinschaften rituell in Szene. Die dabei herrschenden Regeln machen das Ritual wiederholbar und somit dauerhaft. Alle Jahre wieder kann man sich seiner Geschlechtsrolle vergewissern, wenn auch um den Preis einer extrem verzerrten Wahrnehmung. Man(n) spielt sich als Klischee seiner selbst. Die hierfür notwendige Entgrenzungsleistung übernimmt zu weiten Teilen der Alkohol, denn im Zustand verminderter Zurechnungsfähigkeit fällt die kulturell abgesicherte Normenverletzung leichter. Der Exzess befreit, wenn auch nur auf Zeit, vom gesellschaftlichen Status quo. »Filmrisse« sind immer auch eingeplant und insofern funktional, als es den Feiernden schließlich auf einen gezielten Kontrast zur Zweckrationalität des Alltags ankommt. Allgemein akzeptabel wird das Männer-Ritual, weil es einfachen, aber kulturell verbindlichen Regeln folgt. Für die Herstellung eines vatertäglichen Ausnahmezustands bedarf es nur weniger Ausdrucksmittel: die räumliche Distanz zur Normalität, der überreichliche Alkoholgenuss und die Verkleidung bzw. Stilisierung. Wie die meisten traditionellen Feste schließt auch der Vatertag karnevaleske Züge ein. Indem man sich – gezielt und unter der Sozialkontrolle seiner »Mit-Väter« – zum Narren macht, wird die reale Welt um einen herum zur Gegenwelt, der man dann hemmungslos den Spiegel vorhalten kann.

Material

Vatertag vermitteln

Wie bei jedem Fest verdichten sich auch beim Vatertag vielfältige kulturelle Wandlungsprozesse. Die ursprünglich kirchlich begründete und im Kirchenjahr fixierte Feier wird über einen längeren Zeitraum hinweg zu einer naturnahen und rauschhaften Darstellung klischierter Männlichkeit. Zwar kann der Vatertag bis auf weiteres Christi Himmelfahrt nicht einfach als Feiertag ablösen, aber in der öffentlichen Wahrnehmung verschieben sich doch deutlich die Gewichte. Motor dieser Gewichtsverlagerung sind einmal mehr – wie auch beim Valentins- und Muttertag sowie bei Halloween – die Vermarktungsinteressen der Genussmittelindustrie und des Einzelhandels. Vatertagsaccessoires (»lustige« T-Shirts, Wanderstöcke mit Fahrradklingel und Flaschenhalter) und die notwendige »Hardware« (Grillgut und Alkohol) wollen produziert und konsumiert werden. Die christliche Variante bietet – ganz im Gegensatz zum Weihnachtsfest! – nicht annähernd so viele Konsumoptionen.

In vielen Himmelfahrtspredigten wird diese komplexe Umcodierung in der Regel als ein kruder Enteignungsprozess gedeutet: Vatertag als Exempel einer fortgeschrittenen Säkularisierung, der man tapfer bekennend mit dem Begehen des »eigentlichen« Himmelfahrtsfestes entgegentritt. Wenn dies nun – wie vielerorts üblich – durch einen »Gottesdienst im Grünen« geschieht, dann setzt die Gemeinde paradoxerweise gerade die Elemente des Himmelfahrtsfestes liturgisch in Szene, die seine Umformung motiviert haben: Entgegnung durch Entgegenkommen. So oder so – homiletisch wie didaktisch gilt, dass schroffe Oppositionen selten zu schöpferischen Lernanlässen geraten. Je mehr der zu behandelnde Sachverhalt ins Kulturelle ausstrahlt, je mehr Geschichte er hat und je mehr er sich biographisch abbilden lässt, desto weniger nutzt ein Inszenierungsmuster, das sich in einer polaren Struktur erschöpft. Auch und gerade die Himmelfahrts-Vatertagstransformation, auf die gleich alle drei Kriterien zutreffen, lässt sich in einer solchen Struktur nicht angemessen darstellen. Lernziele, die auf dieser Ebene angesiedelt sind, etwa »eigentlich – uneigentlich«, »christlich – säkular«, »ursprünglich – abweichend«, stellen eher die Predigenden und Unterrichtenden zufrieden als deren jeweiliges Gegenüber.

1. Es bietet sich also für eine erste Annäherung an, dieses Muster gezielt aufzunehmen, um es kritisch daraufhin zu befragen, inwiefern es der Komplexität des Themas gerecht wird. Ein Beispiel aus der Fülle möglicher Materialien ist ein Passus aus dem homiletisch ausgelegten Buch von Joachim Conrad.

M 1

»Zahlreiche Traditionen vegetieren vor sich hin, werden kaum noch beachtet und sterben – manchmal ganz plötzlich ab. Erst im Nachhinein wird ihr Wegfall bemerkt, – oft genug bedauert. Ein Musterbeispiel für einen solchen Prozess ist die Abschaffung des Buß- und Bettages als staatlich geschütztem Feiertag. [...] Der Tag war im Bewusstsein der Gläubigen schon lange tot, bevor staatliche Gesetzgebung ihm den Gnadenstoß versetzte. [...] Das Fest Christi Himmelfahrt ist dem Bußtag an Profilverlust durchaus vergleichbar. Gewiss schützen der ›weltliche Vorhof‹ des Vatertages und seine vergleichbar günstige Lage im Säkularjahr, die ein verlängertes Wochenende für Stressgeplagte geraten sein lässt, den Himmelfahrtstag vor einem akuten Hinscheiden, doch lässt es sich nicht leugnen, dass auch dieses Fest im Bewusstsein der deutschen Christenheit ein komatöses Dasein fristet. Und was für die Gemeinden gilt, die ›mit den Füßen‹ abstimmen, das gilt in der Regel auch für die Theologenschaft: Der Himmelfahrtstag leidet unter liturgischer Hilflosigkeit und platter Homilie.«[3]

Impulse für die thematisch gebundene Arbeit:

- *Was ist das zu bewahrende theologische Profil von Christi Himmelfahrt?*
- *Welche Instanzen sind für das »komatöse Dasein« dieses Kirchenfestes verantwortlich?*
- *Welche Aspekte des Himmelfahrtsfestes bieten möglicherweise einen Anlass dafür, es auch als »Vatertag« zu feiern?*
- *Welche Gründe gibt es für die beklagte Abstimmung »mit den Füßen« innerhalb der Gemeinden?*

- *Welche Beispiele lassen sich nennen für »liturgische Hilflosigkeit« bzw. »platte Homilie«?*

2. In einem weiteren Schritt kann man nun auf die Phänomene eingehen, die die typisch deutsche Vatertagskultur bestimmen: Alkohol, Gesang, Ausflug, Männerbilder etc. Als Textgrundlage bietet sich ein Abschnitt aus dem Roman »Der Butt« von Günter Grass, in dem der Autor die großstädtische Situation im Berlin der 1950er Jahre karikiert.

M 2

»Am Himmelfahrtstag, der ein Feiertag ist, feiern wir Vatertag. Viele Männer, dürre, nur noch von Sehnen gehalten, und fette, die sich gegen alles gepolstert haben, solche mit Lachfältchen, narbige, schon schrumpfende, viereckige, mit ihrem Gehänge beschwerte Männer fahren ins Grüne raus: in bekränzten Kutschen, auf bewimpelten Fahrrädern, in Vereinsstärke, pferdebespannte Wagen voll, in Automobilen alten und neuen Typs.
Früh sind schon bierselige Horden unterwegs, die sich in U- und S-Bahnabteilen drängen. Doppelstöckige Autobusse tragen Ladungen singender Männer. Halbwüchsige sind in Rudeln auf Motorrädern unterwegs: schwarzledern in ihren Lärm gehüllt. Auch Einzelgänger entschlossen zu Fuß. Die Veteranen der letzten Kriege, entfesselte Teilbelegschaften von Borsig und Siemens, die Herren der städtischen Wasserwerke, Müllmänner, Fernfahrer, Schalterbeamte, der Vorstand der Firma Schering, vollzählig versammelte Betriebsräte, wer Hertha oder Tasmania anhängt, Kegel- und Sparvereine, Skatbrüder und Briefmarkensammler, verbitterte Rentner, entnervte Familienväter, Ladenschwengel und picklige Lehrlinge, Männer, nur Männer wollen unter sich sein, ganz ohne Ilsebill,

ledig der Röcke und Lockenwickler, wollen weg von der Brust, raus aus der Möse, frei vom Strickstrumpf, dem Abwasch, dem Haar in der Suppe, wollen außer sich sein und ins Grüne, wollen nach Tegel und an den Wannsee, auf den Teufelsberg und zur Krummen Lanke, nach Britz und Lübars, wollen rund um den Griebnitz-Schlachten-Grunewaldsee mit Flaschen und mit Stullen, Kuhglocken und Trompeten, gestreift und kariert raus und ins Grüne, wollen auf Moospolstern, zwischen Bäumen und Kiefernadeln oder bierärschig auf knickbeinigen Gartenstühlen die ganz große Sau rauslassen, wollen herrlich, selbstherrlich und abgenabelt von Muttern sein.«[4]

Impulse für die Textbearbeitung:

- *Im ersten Satz des Textes wird vorausgesetzt, dass die Männer sehr wohl wissen, dass dieser Feiertag »eigentlich« der Himmelfahrtstag ist. Inwieweit kann heute dieses Wissen noch vorausgesetzt werden?*
- *Wie werden die Männer im Text dargestellt? Welche »typisch männlichen« Eigenschaften zeichnen sie aus?*
- *Wie äußert sich das entsprechende Bedürfnis, »unter sich« bleiben zu wollen bei Frauen?*
- *Welche Rolle spielen der Ausflug (»ins Grüne«) und der Alkohol (»bierselige Horden«)?*
- *Inwiefern wird die Wirklichkeit im Text überzeichnet bzw. welche Motive lassen sich auch heute noch belegen?*

3. In einem letzten Schritt wird die gesellschaftliche und kulturelle Wahrnehmung des Vatertages thematisch. Da die spätmoderne Festkultur immer auch medial repräsentiert wird, sollte bei diesem Diskurs auch auf ein entsprechendes Medium zurückgegriffen werden.

M 3

»Chivas Regal«-Werbung

In dieser Anzeige der Whisky-Marke »Chivas Regal« erscheint der Vatertag in einer für weite Teile der Konsumgüterwerbung typischen ironischen Brechung. Vatertag ist eine der »Gelegenheiten, allen Vätern für ihre jahrelange Toleranz zu danken«. Gezeigt wird ein Löwenvater, dessen Maul zum Gebrüll weit aufgesperrt ist, weil ihn (s)ein Löwenjunges ins Hinterteil beißt. – Im harten Kontrast zum Männerbild, das im Romanfragment von Grass (M 2) zum Ausdruck kommt (»bierselige Horden«), wird hier ein Vaterbild gezeichnet, das bestimmt ist durch familiale Gelassenheit und Duldsamkeit: der Normalfall des Vaters als der verständnisvolle, weitherzige, gütige und nachsichtige Patriarch (Löwe!). Seinen Reiz bezieht das Werbe-Bild aus der Überzeichnung: das tolerante Familienoberhaupt, das (fast) alles mit sich machen lässt und dabei gelassen leidet, ist natürlich ebenso klischiert wie die Realinszenierung der betrunkenen Vatertags-Väter.

Zwischen der Reklame-Szene und der Vatertags-Realität wird in der Anzeige eine doppelte Schnittmenge konstruiert: die »Werte, die uns teuer sind« und der (hier: teure Premium-)Alkohol. Wenn der vom Nachwuchs strapazierte väterliche Geduldsfaden zu reißen droht, dann kann man es dem Herren dem »König der Löwen« nicht verdenken, wenn er sich in einer selbst gewählten Auszeit (Feierabend, Vatertag) »einen genehmigt« und erwartet, die dazu notwendige Droge als Dankgeschenk zu erhalten. Die Spannungen zwischen beiden Wirklichkeitsbereichen sind hier ganz gezielt in Szene gesetzt; schon das macht diese Werbung zu einem lohnenden Medium.

Mögliche Impulse:

- *Welches Vater-Sohn-Verhältnis wird hier in Szene gesetzt?*
- *Welche Funktion bekommt hier der (teure) Whisky im Erziehungsprozess?*
- *Auf welche »Werte« wird hier angespielt und in welchem Verhältnis stehen sie zum »Vatertag«?*
- *Inwiefern kann man den exzessiven Alkoholgenuss zu den Gelingensbedingungen einer Vatertagstour rechnen? Was sind die Folgen und Nebenfolgen?*

- *Feste werden nicht einfach nur gefeiert – sie spiegeln sich auch in den Medien. Immer wenn anlässlich eines Festes auch konsumiert wird, normiert die Werbung, was wie zu feiern ist. Diskutieren Sie andere Beispiele aus der Werbung mit dem Vatertagsmotiv als Hintergrund.*

1 Diese und andere Beispiele finden sich bei Conrad, Joachim: Die Himmelfahrt des Herrn: Praktisch-theologische Erwägungen zu einem verklingenden Fest. Münster; Hamburg; London: LIT-Verlag, 2002, S. 100 ff.

2 Teil II, Kapitel 7.

3 Conrad: Himmelfahrt, S. 17 f.

4 Günter Grass: Anfang der Erzählung »Vatertag«, textidentisch mit dem »Achte(n) Monat« des Romans »Der Butt«, Göttingen: Steidl Verlag, 1977.

Literatur

Hirschfelder, Gunther: Alkoholkonsum am Beginn des Industriezeitalters (1700–1850): Vergleichende Studien zum gesellschaftlichen und kulturellen Wandel. Köln; Weimar; Wien: Böhlau, 2000.

Pesch, Rudolf: Die Apostelgeschichte: Evangelisch-katholischer Kommentar (EKK), Bd. V, Tlbd. 1, Zürich: Benziger, 1986.

Martina Kumlehn

Einschulung. Den »Ernst des Lebens« beginnen – im Spannungsfeld von institutioneller Inszenierung und privater Erzählgemeinschaft

Erinnerungen an zwei sehr unterschiedliche Einschulungserlebnisse

In einem kleinen Dorf – nicht weit von Wittenberge – wird 1991 das Patenkind meines Mannes eingeschult. Auf dem Weg zu der kleinen Gaststätte am Sportplatz kreisen die Gespräche um die bevorstehende Feier. Die Eltern fragen sich in Erinnerung an die Einschulung der älteren Tochter noch vor der Wende, ob sich im Ton etwas geändert haben wird? Sie hoffen es sehr, denn die Tochter hat in der Schule durchaus zu spüren bekommen, dass ihr Vater Pastor ist. Die zwölf einzuschulenden Kinder sitzen auf den Holzstühlen der Gaststube, wir Erwachsenen bilden einen lockeren Halbkreis um sie herum. Eine sehr angespannte Atmosphäre umhüllt uns, Gespräche finden kaum noch statt. Die Direktorin der Schule begrüßt uns knapp und hält eine kurze Ansprache zur Bedeutung des Schulbeginns. Sie wirkt einerseits streng, andererseits merkwürdig unsicher. Man spürt, dass sie Angst hat, etwas Falsches zu sagen. Nachdem zweimal der Begriff »Kollektiv« gefallen ist, wird deutlich, worin die Verunsicherung besteht. Ihre tief verwurzelte Überzeugung, der Sinn von Schule bestünde in der sinnvollen Einordnung der Kinder ins Kollektiv der Lernenden und Arbeitenden, ist gesellschaftlich nicht mehr selbstverständlich. Ihre Sprache und das, was sie meint sagen zu müssen, entsprechen einander nicht mehr und eine neue erfahrungsgesättigte Sprache ist noch nicht gefunden. Was werden die Kinder lernen, wenn die Lehrenden in ihrer Identität so verunsichert sind? Unmissverständlich wird klar, wie sehr die Institution Schule in das gesamtgesellschaftliche System verwoben ist, dessen Erwartungen reflektiert und welche Schwierigkeiten entstehen, wenn dramatische Veränderungen zu einer Diskrepanz zwischen beiden Wertsystemen führen. Nachdem das Lied von Pünktlichkeit, Sauberkeit und Verlässlichkeit verklungen ist, das die Viertklässler anstimmen, verlassen wir das Lokal. Es erscheint geradezu zwangsläufig, dass das Private auf dem Weg von der Gaststätte zur Schule ganz in den Hintergrund gedrängt wird und eine intensive Diskussion über die Frage entsteht, ob es wünschenswert sei, Religionsunterricht in den öffentlichen Schulen zu etablieren, wo noch unklar ist, ob das für eine entsprechende Arbeit notwendige Schulklima wirklich entstehen kann.

Sechs Jahre später fahre ich wieder zu einer Einschulung. Diesmal wird mein Patenkind in meiner Heimatstadt in derselben Schule eingeschult, die seine Mutter und ich auch besucht haben. Frisch nach dem Examen bin ich selbst gerade wieder in einer Aufbruchphase und fahre mit großer Offenheit zu dieser Feier. Dem Sog der eigenen Erinnerungen kann ich nicht entgehen. Sie überlagern das aktuelle Geschehen. Nach dem Gottesdienst ziehen wir durch die Parkanlagen der Kleinstadt in einem großen, lautstarken Pulk zu dem Schulgebäude. Zum Glück gibt es eine neue Aula, so dass der Zeitabstand doch eine äußere Markierung erhält. Warum die große Aula gebraucht wird, wird sofort deutlich, denn jedes Schulkind hat eine stattliche Gästeschar mitgebracht. Vor zwanzig Jahren kamen höchstens die Eltern, oft sogar nur ein Elternteil zur Feier. Da wir in der letzten Reihe stehen, können wir die Ansprache des Rektors und die Vorführungen der Kinder angesichts des Geräuschpegels nicht gut verstehen. So bleibt mir noch mehr Raum für die eigenen Gedanken und Emotionen. Was würde ich wohl an Stelle meiner Freundin empfinden, wenn dies mein erstes schulpflichtiges Kind wäre? Was hätte ich ihm von meinen Grundschuljahren in diesem Gebäude erzählt? Wie schafft man es, bei so großer Nähe zum eigenen Erfahrungshorizont die Kinder zu begleiten und doch frei ihren Weg finden zu lassen. Ganz im Gegensatz zu den eher gesellschaftspolitisch brisanten und überindividuellen Problemen, die sich mit der zuerst geschilderten Einschulung verbanden, wird hier deutlich, in welchem Spannungsfeld bedeutsamer und nur im Erzählen zu verarbeitender Lebensgeschichte dieser Passageritus in den Familien angesiedelt ist. Diese beiden Pole – der gesellschaftliche Erwartungshorizont sowie dessen institutionelle Inszenierung in Schule und Kirche einerseits und die private Bedeutsamkeit andererseits – werden die Darlegungen zur gegenwärtigen Feierkultur der Einschulung strukturieren und bestimmen.

Kleine Geschichte der Zuckertüte und andere historische Reminiszenzen zum Schulanfang

Die ausgeprägte Feierkultur zum Schulanfang hat eine lange Tradition. Im 16. Jahrhundert fand die Einschulung in vielen Teilen Deutschlands am Gregoriustag, dem 12. März statt, und wurde mit dem Gregoriusfest begangen. Dieses alte Kinder- und Schulfest geht auf Papst Gregor IV. zurück, der 830 eine erste

Kinderprozession zu Ehren von Papst Gregor I. veranlasste, weil dieser sich nicht zuletzt mit der Gründung zahlreicher Klosterschulen um die Förderung von Kindern und Jugendlichen bemüht hatte.[1] Die ursprüngliche Verbindung zur Prozession blieb auch bei den späteren Einschulungsfeiern erhalten. Lehrer und Schüler zogen feierlich von der Schule durch den Ort zur Kirche und holten dabei die neuen Schüler aus den Häusern ab. Dabei wurden Naturalien und Geld eingesammelt, die teils zur Besoldung des Lehrers gehörten, teils der Ausrichtung eines gemeinsamen Essens für die Schüler dienten. In größeren Städten gestaltete sich der Gregoriusumzug oft so, dass ein als Bischof verkleideter Schüler, der Knabenbischof, dem Zug voranging, dem die anderen Schüler als Vertreter verschiedener Stände verkleidet folgten. Damit wurde sinnfällig, in welches Ordnungsgefüge die Schüler hineinwachsen sollten. Gregoriusumzüge hielten sich bis in die Mitte des 19. Jahrhunderts. Nach ihrer Abschaffung wurden die neuen Schüler mit einer Aufnahmefeier in den Schulen begrüßt, deren äußere Gestalt seitdem nahezu unverändert ist, unabhängig von der jeweiligen inhaltlichen Füllung: Eine Ansprache des Direktors wird von Liedern, Gedichten oder Vorführungen älterer Schüler gerahmt, bevor die Kinder mit den Lehrern in die Klassen gehen.

Schon früh war es üblich, die Schulanfänger zu beschenken. In einigen Gegenden Thüringens gab man den Schulanfängern ein Butterbrot mit, in das ihr Name und das Vaterunser eingekratzt wurden, damit das Kind einerseits geschützt, andererseits selbst fromm werde. Sonst waren als Gaben zunächst Eier, Backpflaumen, Rosinen und Gebäck üblich. Zu Beginn des 19. Jahrhunderts kam dann von Sachsen und Thüringen, den Kernländern der Reformation mit hoher Wertschätzung schulischer Bildung – wahrscheinlich gefördert durch die Philanthropen

Basedow und Salzmann – der Brauch auf, diese Süßigkeiten in so genannten Zuckertüten zu überreichen. Sie sollen den Übergang vom Spielalter zum »Ernst des Lebens« versüßen und den von vielen als schwer empfundenen Gang in den unbekannten Schulalltag mit seinen Forderungen und Zwängen erleichtern. In Lebenserinnerungen werden sie jedoch auch als »symbolische Zeichen der vom Fleiße zu erwartenden Vorteile«[2] gedeutet. »Im Jahre 1852 erscheint in Dresden die erste Auflage von Moritz Hegers ›Zuckertütenbuch für alle Kinder, die zum ersten Male in die Schule gehen‹. Schon ein Jahr später erscheint, offenbar kurz vor Weihnachten, die zweite Auflage, für die sogar in den ›Lübeckischen Anzeigen‹ eine Annonce erscheint [...], wobei man eine Empfehlung der ›Allgemeinen Deutschen Lehrerzeitung‹ zitiert.«[3] So wurde das reine Vergnügen pädagogisch domestiziert und es wuchs die Tendenz, neben den Näschereien auch für die Schule Nützliches in die Tüte zu packen.

Um die freudige Erwartungshaltung der Kinder zu fördern, wurde ihnen im mitteldeutschen Raum erklärt, die Tüten wüchsen an einem Zuckertütenbaum oder Rosinenbaum, der seinen Platz im Keller oder auf dem Dachboden des Schulgebäudes hätte und nur gedeihen könnte, wenn er vom Lehrer fleißig gegossen würde. Eine erstaunliche Nähe gibt es zwischen der Zuckertütenbaumtradition und den Erzählungen von Knecht Ruprecht. In dem 1985 wieder aufgelegten Bilderbuch »Der Zuckertütenbaum« übergibt Ruprecht Zwergen eine Wunderknolle, die sie noch im Winter einpflanzen und pflegen sollen, um dann den sprießenden Zuckertütenbaum gegen naschhafte Insekten und Mäuse zu schützen, bevor er zum Schulanfang abgeerntet werden kann.[4]

Schon bald nach ihrer Einführung wurden diese Tüten jedoch bezüglich Anzahl, Größe und Inhalt zu Indikatoren der jeweiligen finanziellen Situation und Schichtzugehörigkeit und offenbarten den Kindern gleich zu Schulbeginn die Unterschiede zwischen arm und reich. In einer Coburger Tageszeitung ließen die Lehrer 1935 wissen, sie wollten nicht länger Verteiler so ungerechter Gaben sein und begründeten dies anschaulich: »Der Lehrer musste dem einen Knaben die Prachttüte von der Lebensgröße des Beschenkten überreichen; dem anderen drückte er teilnahmsvoll ein Armenpaket in die Hand. Der eine strahlte in Besitz und Stolz; der andere spürte ein schmerzliches Zucken in seiner kleinen sehnsüchtigen Seele, und die Augen gingen ihm über bei der ungerechten Behandlung des Lehrers am ersten Schultag.«[5] Um solche Enttäuschungen zu vermeiden, überlegten Kreise der Lehrerschaft, ob eine einheitliche Größe der Tüten verbindlich zu machen sei. Das Jahr des Protestes der Coburger Lehrerschaft verrät allerdings auch den problematischen zeitgeschichtlichen Hintergrund, denn die Nationalsozialisten verbanden mit der Forderung nach Einführung einer »Einheitstüte« einen weiteren Schritt der Gleichschaltung, weil darin auch Fibeln mit Abbildungen nationalsozialistischer Symbole enthalten sein sollten. Abbilder kulturellen Selbstbewusstseins sind die Schultüten jedoch auch unabhängig von diesem Missbrauch stets gewesen. Von den Bildern Kaiser Wilhelms II. oder Schultüten in den Nationalfarben reicht dies bis zu den Abbildungen der Stars gegenwärtiger Medienkultur.

Neben den materiellen Aspekten, die sich mit der Schultüte verbunden haben, sind es aber vor allem die sich hinter diesen Gaben verbergenden Erwartungen und Hoffnungen von Kindern und Eltern, die im folgenden als Hintergrund der gegenwärtigen Feierkultur näher beleuchtet werden sollen.

Passageritus, Kasualpraxis und Familienfest: Gegenwärtiges Erleben der Einschulung

Einschulung ist ein hochkomplexer Vorgang. Er wird von den Schulanfängern, den Eltern, Paten und Verwandten und den zukünftigen Lehrerinnen und Lehrern mit ganz unterschiedlichen Erwartungen begangen, die in ihrem Zusammenspiel die Atmosphäre des Tages bestimmen. Zudem ereignet er sich an vielen Orten im Schnittfeld verschiedener Institutionen: der Schule und der Kirche. Einschulung ist ein gesellschaftlich gesetztes, überindividuelles Ereignis, das für die, die es erleben, mit großen Hoffnungen verknüpft ist. Später kann es in der Abwägung von Erwartung und Erfüllung zu einem bedeutenden Sinnträger der eigenen Lebensgeschichte werden.[6]

Es bietet sich an, die Einschulung als einen klassischen Passageritus zu betrachten, weil darunter sowohl die persönlichen Einstellungen als auch die institutionellen Inszenierungen zu begreifen sind. Außerdem lässt sich der Einschulungsgottesdienst gerade unter diesem Aspekt als Ausdifferenzierung kirchlicher Kasualpraxis verstehen. Um die grundsätzlichen Erwägungen mit Leben zu füllen, füge ich Originalstimmen einer Fragebogenaktion ein, die keinen repräsentativen Anspruch erheben, sondern der qualitativen Illustration der dichten Beschreibung dienen sollen. (Die Zitate werden mit F für Fragebogen gekennzeichnet.)

Der Einschulung geht eine *Trennungsphase* voraus, in der Kinder und Eltern sich in der Regel vom Kindergarten bzw. anderen bisher die Betreuung und Erziehung bestimmenden Institutionen lösen müssen. Der Abschied der Kinder von einer vertrauten Umgebung, möglicherweise auch von Freunden sowie das Wissen der Eltern, ihr Kind weitaus radikaler als bisher loslassen und an eine andere einflussreiche Erziehungsinstitution abgeben zu müssen, setzen eine Fülle von Fragen, Hoffnungen, aber auch Ängsten frei.

Bei den Kindern herrscht eine fieberhafte Spannung und Neugierde vor, die Schulzeit wird fast ausnahmslos herbeigesehnt, weil sie einen deutlichen Statuswechsel zum Großwerden und Anerkanntsein verheißt. Die Kinder sind bereit, endlich »richtig zu lernen« (F), um an der Welt der Erwachsenen teilzuhaben. Fragen entstehen mit Blick auf die Beziehungsebene: Werden genügend bekannte Gesichter in der Klasse sein, wird die Lehrerin nett sein? Grundsätzliche Ängste und Sorgen gibt es jedoch eigentlich nur dann, wenn Eltern oder ältere Geschwister bereits ein ambivalentes oder gar negatives Verhältnis zur Schule vermitteln.

Die Eltern sind oft, insbesondere bei erstgeborenen Kindern ergriffen und gerührt, lassen die Kleinkindzeit Revue passieren und staunen, was aus ihren Kindern schon geworden ist. Eine häufig artikulierte Sorge besteht allerdings darin, ob dieses individuelle Gewordensein der Kinder in der Schule angemessen wahrgenommen und gewürdigt werden kann: »ob die Schule zu unserem Kind passt, ob die Lehrer das Kind wertschätzen«; »unsere Hoffnungen waren, dass unser liebenswertes und unbekümmertes Kind durch die Schule in seinem Wesen stabil bleibt« (F). Des Weiteren ist den Eltern natürlich die große Tragweite bewusst, die dem Verlauf der »Schulkarriere« in einer Leistungsgesellschaft bezüglich der späteren beruflichen Chancen ihrer Kinder zukommt. Das hat soziale Aspekte und lässt nach der Anpassungsfähigkeit des Kindes fragen. Ängste werden geäußert, dass das Kind »stören oder negativ auffallen könnte« (F). Bedeutsamer ist allerdings die Frage, ob das Kind in der Schule gut zurechtkommen, und das heißt vor allem, gut mitkommen wird: »Wie intensiv werden wir das Kind in der Schullaufbahn begleiten müssen? Wird es ›wie von selbst‹ den Stoff aufsaugen, oder müssen tägliche Sitzungen zur Stoffaufbereitung/Hausaufgaben eingeplant werden?« (F) Vielfältige Ratgeber auf dem Markt unterstreichen diese Orientierung auf Leistung hin schon im Vorfeld, indem sie verschiedenste Kataloge aufstellen, was Kinder vor der Einschulung an Fähigkeiten beherrschen müssen und wie Eltern ihre Kinder diesbezüglich »optimal« fördern können.[7] Grobmotorik, Feinmotorik, Sprachfähigkeit und soziale Kompetenzen werden so auf den Prüfstand gestellt und der Druck der Selektion, der sich klassisch mit den Einschulungstests verbindet, wird auf diese Weise bereits in die Familien transportiert. Zugleich sind diese Ratgeber ein Zeichen dafür, dass sich in der postmodernen ausdifferenzierten Gesellschaft kaum etwas von selbst versteht und das eigene Lebensprojekt bzw. das der Kinder in hohem Maß als Gestaltungsaufgabe begriffen wird, für die man auf »professionelle« Hilfe zurückgreift.

Dieser Professionalisierung des Schuleinstiegs steht jedoch auch eine merkwürdige Verharmlosung des Anforderungscharakters dieses Lebenseinschnittes gegenüber, der vor allem Züge der Erlebnisgesellschaft widerspiegelt. Auf der Annoncenseite der *Nordsee-Zeitung* vom 27. August 2005 finden sich 50 Anzeigen zum Schulanfang, die fast ausnahmslos mit Bild der einzuschulenden Kinder versehen sind. In gut zwanzig Fällen kann man den offenbar von der Zeitung vorgeschlagenen Text lesen: »Wir wünschen dir eine tolle Zeit«, oft gekoppelt mit dem allgegenwärtigen Slogan »viel Spaß«. Hier wird Schule vorrangig als Erlebnisraum angesprochen, der geradezu als Verlängerung gegenwärtiger Spiel- und Freizeitwelt erscheint und in den die Kinder wie zu einem Abenteuer aufbrechen sollen.

Flankiert und auch kanalisiert werden die ambivalent empfundenen Fragen rund um die Einschulung durch eine Vielzahl von Aktivitäten, die die *Schwellenphase*, den Übergang vom Kindergarten in die Schule, vorbereiten und strukturieren. Die materielle Vorbereitung, d. h. vor allem der Kauf von notwendigen Schulutensilien, besitzt einen hohen Stellenwert, weil er sinnenfällig macht, was auf das Kind zukommt. Die Auswahl des Ranzens genießt dabei besondere Aufmerksamkeit und wird in privilegierter Weise oft von Großeltern und Paten begleitet. Der Übergang vom Spielen zum Lernen wird zudem durch die Einrichtung eines eigenen Arbeitsplatzes im Kinderzimmer unterstrichen. Das zentrale Symbol der Einschulung – die Schultüte – wird vor allem dort, wo Individualisierung groß geschrieben wird, selbst gebastelt, manchmal sogar unter Beteiligung der Kinder. Der Schulweg wird erkundet und erprobt. Im Kindergarten werden die zukünftigen Schulkinder in der letzten Zeit besonders behandelt. Es wird Schule »gespielt«, Exkursionen finden statt und manchmal auch Übernachtungen im Kindergarten, die die gewachsene Selbständigkeit für die Kinder erfahrbar machen sollen. In Kooperation von Kindergarten und Grundschule werden zudem Schnuppertage organisiert, in denen die zukünftigen Schulkinder einen ersten Eindruck von der neuen Umgebung und ihren Anforderungen bekommen. Korrespondierend werden für die Eltern Informationsabende angeboten, die von diesen sehr unterschiedlich erlebt werden. Grundsätzlich gilt: je transparenter die Informationen sind und je stärker auf die Fragen der Eltern eingegangen wird, desto eher finden diese Abende Akzeptanz. Haben die Eltern das Gefühl, es würden ihnen wichtige Informationen vorenthalten, reagieren sie gereizt: »viel Generve um Geheimhaltung der KlassenlehrerInnen bis zuletzt« (F). In dem sozialen Milieu, in dem Bücher eine

Rolle spielen, werden diese vorbereitenden Maßnahmen durch das Vorlesen entsprechender Bilderbücher und Geschichten ergänzt, die dann auch als Gesprächsanlässe mit den Kindern genutzt werden.

Der wachsende Gestaltungsdruck und das Wissen um die Ambivalenz der kommenden Leistungsanforderungen bleiben nicht folgenlos. Zwar werden nicht unbedingt explizit religiöse Fragen gestellt, dennoch schafft die Frage nach dem, was das Wesentliche in der Wahrnehmung der Kinder mit ihren Stärken und Schwächen und damit in der Wahrnehmung des Menschen überhaupt bleibt, eine gewisse Offenheit für die religiösen Dimensionen dieses Passageritus. Je mehr inszeniert und dem Zufall entrissen werden soll, desto mehr wird möglicherweise deutlich, dass das letzte Gelingen unverfügbar bleibt. Trotz aller Bemühungen können Eltern den guten Verlauf der Schulzeit eben nicht garantieren.[8] Der Einschulungsgottesdienst als ein typisches Beispiel für »Kirche bei Gelegenheit« oder »Kirche von Fall zu Fall« wird von daher attraktiv, dass er einen Deutungs- und Erfahrungsraum für die Ambivalenzen dieses Übergangs eröffnet. Freude und Aufbruch, das Ausloten neuer Möglichkeiten und die damit verbundenen Unsicherheiten können gleichermaßen im Horizont der christlichen Symbolik und Verheißung zum Ausdruck und zur Darstellung kommen.

Im Gegensatz zu den klassischen Kasualien steht beim Einschulungsgottesdienst weniger die individuell zu deutende Lebensgeschichte im Mittelpunkt als vielmehr eine alle angehende einschneidende Lebenssituation. Sie stellt jedoch eine hoch bedeutsame Zäsur zwischen Taufe und Konfirmation dar, die die jeweilige individuelle Lebensgeschichte ganz unterschiedlich prägt. Zudem kann im Einschulungsgottesdienst auf die Familie bzw. die sozialen Beziehungen überhaupt Bezug genommen werden, da auch der Schulanfang verlangt, dass sich die Familienmitglieder auf eine neue Konstellation und Rollenverteilung einlassen und weitere Bezugspersonen für ihre Kinder integrieren. Aufgrund dieser Anschlussmöglichkeiten kommt es beim Einschulungsgottesdienst zu ähnlichen Phänomenen wie bei den klassischen Kasualien oder großen volkskirchlichen Festgottesdiensten. Auch diejenigen, denen die Kirche sonst eher fremd ist, nehmen an der Veranstaltung teil: »Obwohl die Teilnahme freiwillig war, sind fast alle Familien gekommen, auch die, die unserer Kirche nicht angehören.« (F) Der Gottesdienst mit seiner herausgehobenen Feierkultur trägt dazu bei, den Tag als nicht alltäglich zu markieren und zu begehen: »Der Gottesdienst gehört unserer Meinung nach ›einfach dazu‹, er verleiht diesem Tag eine ›besondere Bedeutung‹.« (F)

Die Herausforderung besteht also darin, die Situation nicht theologisch hinter sich zu lassen, sondern »in sie einzutreten und sie perspektivisch, gleichsam von innen aus den mit ihr verbundenen Erfahrungen heraus, zu öffnen.«[9] Angesichts der Heterogenität der Adressaten und des Wegfalls der intensiv auf den Einzelfall zugeschnittenen vorbereitenden Kasualgespräche erweist sich die Gestaltung eines Einschulungsgottesdienstes für die Pastoren und Pastorinnen oft jedoch als besonders schwierig. Ausgehend von den Kindern ist Anschaulichkeit gefragt, aber diese darf nicht mit Banalität oder Trivialität verwechselt werden, denn sonst erfüllt der Gottesdienst die in ihn gesetzten Erwartungen nicht, sondern wird als »gut gemeint, aber wenig ›sinnerfüllt‹« (F) erlebt. Die Themen – Aufbruch (Exodus), neues Land entdecken, mit Gott auf dem Weg sein sowie durch Gott begleitet und gesegnet sein, aber auch David und Goliath – werden von daher häufig in Materialien angeboten, weil sie in besonderer Weise eine Verknüpfung der vielfältigen Erfahrungen mit biblischen Erzählungen oder einprägsamen Psalmworten ermöglichen.[10] In diesen Erzählungen die Rechtfertigungsbotschaft aufscheinen zu lassen, d.h. die klare Unterscheidung von Leistung und Annahme der Person hervorzuheben, erscheint bei diesem Kasus in seiner engen Bezogenheit auf die Leistungsinstitution Schule zudem dringend geboten. Der Segen, der jedem einzelnen Kind individuell zugesprochen wird, gewinnt bei der rituellen Ausgestaltung darüber hinaus zunehmend an Gewicht. Einerseits wird so die erlebnishafte Intensität des Gottesdienstes gesteigert und andererseits kann man auf diese Weise dem liturgischen Kern der Kasualien als »Segenshandlungen« treu bleiben.[11] »Es ist faszinierend für mich, die Kinder bei der Segnung zu sehen: Aufmerksam und konzentriert sind sie, wenn sie nach vorne kommen. Meist liegt etwas Erwartungsvolles in ihren Augen. Ich frage sie nach ihrem Namen und spreche eine kindgemäße Segensformel, die den Schulbeginn ausdrücklich aufnimmt. Manche Kinder lächeln oder antworten, z.B. mit ›danke‹ oder ›jawohl‹. Hier wird sichtbar und spürbar – sowohl für die Kinder selbst als auch für ihre Eltern –, dass die neuen Schülerinnen und Schüler zwischen Elternhaus und Schulgebäude einen ›Segensraum‹ durchschreiten, in dem ihnen Gottes Nähe und Beistand zugesprochen wird.«[12]

Um deutlich zu machen, dass sich die Kirche nicht von der Schule abgrenzt, bietet es sich an, die Schulfeier und den ökumenischen Gottesdienst zu verknüpfen. Dazu könnte die Schule in die Organisation des Gottesdienstes mit einbezogen werden, indem z.B. die zukünftigen Lehrer und Lehrerinnen an der Vorbereitung mitwirken oder im Religionsunterricht zusammen mit den Schülern Teile des Gottesdienstes planen. Im Gegenzug könnte der Pfarrer die Gruppe dann auch zur Begrüßung in der

Schule begleiten.[13] Solche integrativen Formen werden bereits in solchen Gegenden durchgeführt, die durch einen sehr hohen Ausländeranteil geprägt sind. In Gelsenkirchen-Bismarck wird beispielsweise eine gemeinsame islamisch-christliche Einschulungsfeier durchgeführt, die im evangelischen Gemeindehaus stattfindet. Dabei wird ein Thema oder Symbol, das in beiden Religionen Bedeutung hat, ins Zentrum gestellt. Die Geistlichen bereiten eine Ansprache vor, die jeweils auf deutsch und türkisch in der Begleitbroschüre zusammen mit den Liedern abgedruckt wird. Zudem wird das jeweilige Symbol gestaltet durch Spiele und Tänze der Kinder des 2. Schuljahres. Vertreter der Eltern, der Lehrer und der Schüler formulieren Wünsche für die Schulanfänger.[14]

Im Regelfall wird jedoch von einer deutlichen Unterscheidung beider Veranstaltungen auszugehen sein. Die Feier in der Schule wird dabei selbst von einer eigenen Liturgie getragen: Oft gibt es eine Ansprache des Direktors / der Direktorin, Vorführungen älterer Schüler, den Übergang der Schulanfänger in die Klassen, die erste Schulstunde und dann oft noch ein Klassenfoto, bevor die Kinder wieder von ihren Eltern in Empfang genommen werden. Von den befragten Eltern war zu hören, dass die Begrüßungsatmosphäre überwiegend als »warm und fürsorglich« empfunden wurde. Die Schüler und Schülerinnen genießen es entsprechend, uneingeschränkt im Mittelpunkt zu stehen, auch wenn der erste Gang in die Klassen durchaus ambivalent erlebt werden kann. Es wurde jedoch auch angemerkt, dass unter Umständen die Begrüßungszeremonie als zu »behutsam und zahm« erlebt wurde, als wolle man von schulischer Seite den Eindruck vermeiden, nun beginne tatsächlich der »Ernst des Lebens«. Möglicherweise trägt jedoch gerade diese Art der »Bewahrpädagogik« dazu bei, dass bei vielen Schulanfängern nach dem Highlight des ersten Tages sehr schnell Ernüchterung über den Schulalltag einkehrt.

Nach den aufwendigen Inszenierungen von Kirche und Schule klingt der Tag in der Regel in den Familien eher ruhig aus. Ein gemeinsames Essen mit der engsten Familie, Großeltern und Paten ist eigentlich immer dabei, überwiegend im Restaurant. Ansprachen gibt es nach den offiziellen keine mehr. Folgende Äußerung stellt eine auffällige Ausnahme dar: »Nach Gottesdienst und Schulfeier wurde mittags mit allen Anwesenden in einem Restaurant gespeist und ich – als Mutter – richtete einige Worte an meinen Sohn – das Schulkind … Nachmittags tranken wir in häuslicher Atmosphäre Kaffee, aßen Kuchen und besprachen die Ereignisse.« (F) Hier wird Stolz und Rollenwechsel noch einmal im intimen Kreis feierlich dokumentiert und das Geschehen als denk- und gesprächswürdig festgehalten.

Das Öffnen der Schultüte findet tatsächlich im privaten Raum statt, symbolträchtige Geschenke wie die erste Armbanduhr bleiben dabei in besonderer Erinnerung. Darüber hinaus garantiert die aufgehobene Schultüte überhaupt am stärksten ein Stück Erinnerungskultur an diesen herausgehobenen Tag, zusammen mit dem Foto vom Schulhof.

Material

Einschulung als Erzählanlass: Impulse für vorbereitende Elterngesprächskreise in Schule und Gemeinde

Für die Gestaltung von Einschulungsgottesdiensten gibt es bereits interessantes Material, mit Blick auf die Vorbereitung der Kinder von offizieller Seite durch die Kindergärten und Grundschulen wird mit Engagement viel getan und die Eltern werden auch in der Regel hinlänglich informiert. Jedoch könnte die Einschulung als Erzähl- und Gesprächsanlass zwischen Eltern und Kindern – in den die Erfahrungen der Eltern einfließen und der sowohl im Vorfeld als auch über den Tag hinaus für die ganze Schulzeit bedeutsam bleibt – durch kirchliche Angebote noch unterstützt werden.

Im Erzählen baut sich Identität auf. Für die Eltern geschieht dies mit Blick auf die eigene Schulzeit als Rekonstruktion der eigenen Lebensgeschichte, für die Kinder dagegen stärker entwerfend und vergleichend, indem sie erste Vorerfahrungen mit Hilfe von Erzählmaterial aufbauen, das die Eltern frei präsentieren oder durch Bilderbücher und Erzählbände vermitteln. In der Kinderliteratur wird dann Wirklichkeit trotz des engen Realitätsbezuges in diesem Fall nicht einfach abgebildet, sondern es geschieht einerseits Modellbildung, indem die Wirklichkeit gedeutet und geordnet wird, andererseits werden im Medium des Fiktiven auch kreative oder kritische Möglichkeiten im Umgang mit dem Neuen entworfen. Ob dabei gilt, was Renate Hinz in ihren Analysen festgestellt hat, dass die Schulanfänger »in der Literatur weitestgehend als angepasste, die Lebensverhältnisse bejahende Leitbilder gezeichnet [werden], die in der literarischen Kommunikation eine identitätsstiftende und damit den Sozialisationsprozess unterstützende Funktion übernehmen«,[15] müsste dabei jeweils geprüft und gegebenenfalls hinsichtlich seiner Berechtigung diskutiert werden.

Lernen die Kinder bereits im Vorfeld verschiedene Beispiele kennen, vermittelt sich ihnen ein differenzierteres Bild dessen, was sie erwartet. Außerdem wird ihnen deutlich, dass die Einschulung unterschiedlich erlebt werden kann und dass der folgende Schulalltag viele verschiedene Facetten enthält. Die Eltern könnten die Kinderbücher mit geschärftem Blick wahrnehmen und sie nicht nur affirmativ vorlesen, sondern als Gesprächsangebot nutzen, wobei sie auch fort- oder umerzählt werden könnten.

Bei einem entsprechenden Elternabend stünde nicht das Organisatorische, sondern das eigene innere Zugehen auf diesen Einschnitt und die entsprechende Begleitung der Kinder im Zentrum und zwar nicht in dem funktionalen Sinne, wie bereite ich die Kinder optimal vor, sondern, wie biete ich ihren Anliegen und Fragen einen angemessenen Raum und nehme sie im gemeinsamen Erzählen und Gespräch ernst.
Ein solcher Abend müsste mit einem Impuls beginnen, der den Eltern durch eröffnendes Material ermöglicht, ihre Hoffnungen und Sorgen bezüglich des bevorstehenden Schuleintritts ihrer Kinder zum Ausdruck zu bringen. Dies könnte z. B. eine *Fotopostkarte eines Schulanfängers von 1930* sein (M 1)[16], der im Matrosenanzug in der Fülle seiner Geschenke mit bangem, aber auch stolzem Blick steht. Die Geschenke repräsentieren die Fertigkeiten, die von dem Schulanfänger in Zukunft erwartet werden: Schiefertafel und mechanische Rechenhilfe, ein Heimatkundebuch, aber auch ein Bibelbilderbuch für Kinder. Die Fülle der Näschereien, Blumen und Glückwunschkarten weist auf den Stellenwert hin, den dieses Ereignis in der offenbar sehr wohlhabenden, bürgerlichen Umwelt dieses Kindes besitzt. Vor dieser in vielerlei Hinsicht sicher auch abstoßenden Folie lassen sich die Kontinuitäten und Unterschiede zum heutigen Schuleintritt und seinem gesellschaftlichen Hintergrund erheben.

M 1

Impulse

- *Welche charakteristischen Elemente des Schulanfangs leben in veränderter Form fort und wie werden sie heute vermittelt? Welche fehlen?*
- *Welche Haltung und Präsentation wünschen Sie sich vom eigenen Kind an diesem Tag? (Wie soll es dastehen?)*
- *Was geben Sie ihm ideell und materiell mit auf den Weg?*

- *Wie erleben Sie die gesellschaftlichen Rahmenbedingungen?*
- *Was ist Ihnen noch vom eigenen Schulanfang in Erinnerung und wie bestimmen Ihre eigenen Schulerfahrungen die Haltung gegenüber den Kindern mit?*

In der Hauptphase wäre dann zu fragen, wie heute vom Schulanfang erzählt wird. Dazu wären exemplarische Bilder- und Kinderbücher mitzubringen, die in Gruppen von den Eltern erschlossen und kritisch betrachtet werden.

Ein Beispiel sei kurz skizziert:

M 2

Bergström, Gunilla: Nur Mut, Willi Wiberg. Hamburg: Verlag Friedrich 1993.
Anders als von Renate Hinz moniert, wird hier nicht einfach abgebildet, wie sich der Schulanfang gestaltet, um positive Leitbilder zu präsentieren,[17] sondern der Schuleintritt wird deutlich als Umbruchgeschehen markiert und Willi Wiberg ist nicht einfach Repräsentant dessen, was gesellschaftlich von ihm erwartet wird, sondern ist eher indirekt ein Identifikationsangebot an die Kinder. Der bevorstehende Schuleintritt verändert Willi Wiberg. Der fröhliche, unzuverlässige Chaot wird plötzlich folgsam und das beunruhigt seinen Vater. Am Abend vor der Schule sitzt der Vater am Bett des Sohnes und erzählt von all den anderen Schulanfängern, die jetzt aufgeregt, neugierig und ein bisschen ängstlich im Bett liegen. Eine Doppelseite zeigt diese Kinder und lädt dazu ein, ihre unterschiedlichen Fragen und Erwartungen mit dem eigenen Kind auszuphantasieren. In der Schule geschieht eine neue Umwandlung mit Willi Wiberg. Die Lehrerin erzählt ein Geheimnis und auf dem Nach-

hauseweg ist Willi wieder wie immer. Die Lehrerin hat ihnen erzählt, dass sie selbst so aufgeregt war, dass sie nicht schlafen konnte, weil die Klasse ganz neu für sie ist. Dieser ungewohnte Perspektivenwechsel befreit Willi. Erwachsenwerden heißt nicht einfach, angepasst und perfekt zu sein: Jetzt »ist er wieder so wie sonst. Fröhlich und unordentlich. (Aber so ganz richtig wie sonst auch nicht, denn jetzt geht er ja zur Schule.)« Dass sich mit dem Schuleintritt Entscheidendes ändern muss und wird, wird nicht geleugnet, aber dass dies nicht mit der Preisgabe der gewachsenen Identität der Kinder einhergehen muss, wird hervorgehoben. Das Buch mit seinen durchaus subversiven Elementen lädt zur Diskussion ein.

Impulse

- *Welche Veränderungsprozesse haben Sie beim eigenen Kind wahrgenommen?*
- *Welche davon sind Ihnen »unheimlich«?*
- *Wie reagieren Sie auf die Veränderungen? Wie sähe in ihren Augen ein angemessener Übergang zum Erwachsenwerden aus?*
- *Welche Verhaltensweisen, die Willi Wiberg noch abgehen, müssten tatsächlich gelernt werden?*
- *Wie gehen Sie selbst mit den Leistungserwartungen um? Wie könnten Sie die Anregungen, die das Buch bietet, im Gespräch mit Ihren Kindern aufnehmen?*

Wenn verschiedene Bücher bzw. Erzählungen bearbeitet worden sind, wären am Ende die Stärken und Schwächen der jeweiligen Bücher zu erörtern und zu überlegen, welche man für die eigenen Kinder für besonders geeignet hält.

M 3

Der Fragebogen, der an zwanzig Freunde und Bekannte, die bereits Kinder eingeschult haben, verschickt wurde, könnte in abgewandelter Form auch Anregungen für einen Gesprächseinstieg bieten.

I. Vorbereitung der Einschulung

a) Welche Fragen, Erwartungen, Hoffnungen, Ängste beschäftigen Euch/Eure Kinder im Vorfeld der Einschulung am meisten?

b) Wie habt Ihr diesen Passageritus (gemeinsam mit den Kindern) vorbereitet (Vorlesen, Erzählen, Schulweg erproben …)?

c) Gab es Vorbereitungsveranstaltungen des Kindergartens/der Schule – und wenn ja, wie waren sie gestaltet und wie habt Ihr sie erlebt?

II. Festkultur der Einschulung

a) Gab es einen Einschulungsgottesdienst – und wenn ja, woran könnt Ihr Euch/können Eure Kinder sich von diesem noch erinnern? Welche Bedeutung hatte der Gottesdienst im Rahmen der Gesamtinszenierung »Einschulung«?

b) Wie war die Begrüßung in der Schule inszeniert und was war an ihr positiv, aber eventuell auch negativ besonders eindrücklich (Ansprache des Rektors, Vorführungen, »Passage« in den Klassenraum, Erzählungen der Kinder von der ersten Schulstunde …)?

c) Wie sah Eure private Feier aus (Wer war beteiligt? Gab es strukturierende Elemente wie Ansprachen der Eltern, Großeltern oder Paten? Wie geschah das Öffnen der Schultüte?)

III. Nachbereitung der Einschulung

a) Welche Bedeutung hatte die feierliche Begehung dieses Ereignisses im Rückblick für Euch/Eure Kinder?

b) Haben die Kinder Erlebnisse der ersten Schultage und -wochen noch einmal zur Einschulung in Beziehung gesetzt und wenn ja, wie?

c) Falls Ihr schon mehrere Kinder eingeschult habt: Sind Euch im Laufe der Jahre Veränderungen in der Feierkultur aufgefallen?

1 Vgl. zum Folgenden: Handschuh, Gerhard: Mit den langen Zuckertüten, schön und bunt gezackt, in: Schönere Heimat: Erbe und Auftrag. Bayrischer Verein für Heimatpflege, Bd. 3, 1991, S. 142–152. Schober, Manfred: Brauchtum um den Schuleintritt, in: Kultur und Lebensweise. Hrsg. von der Gesellschaft für Heimatgeschichte im Kulturbund der DDR, Zentraler Fachausschuss Kulturgeschichte/Volkskunde, Bd. 2, Berlin, 1981, S. 64–77. Löwe, Hans-Günther: Schulbeginn, in: Bettina Keß (Hrsg.): Geschenkt! Zur Kulturgeschichte des Schenkens. Heide: Boyens, 2001, S. 136–139.

2 Schober: Brauchtum, S. 68.

3 Löwe: Schulbeginn, S. 137.

4 Vgl. Handschuh: Zuckertüten, S. 143.

5 Zit. ebd., S. 147.

6 Vgl. Schneider, Ilona Katharina: Einschulungserlebnisse im 20. Jahrhundert: Studie im Rahmen pädagogischer Biographieforschung. Weinheim: Deutscher Studienverlag, 1996, S. 258 f.

7 Vgl. exemplarisch die Kategorien und Schulerfolgsdeterminanten bei Schindler, Eckard/Rausch, Adly: Einschulung: Grundlegende und praktische Hinweise für die Gestaltung eines Elternabends, in: Pädagogische Welt, Heft 9, 1990, S. 394–398.

8 Vgl. Obenauer, Andreas: »Du hast mich gesegnet!« Wie Kinder den Schulanfang erleben – und welche Rolle Gott dabei spielt, in: Jahrbuch für Kindertheologie, Bd. 3, Stuttgart: Calwer Verlag, 2004, S. 84.

9 Fechtner, Kristian: Kirche von Fall zu Fall. Kasualpraxis in der Gegenwart – eine Orientierung. Gütersloh: Kaiser, Gütersloher Verlagshaus, 2003, S. 23.

10 Vgl.: Kuhl, Lena / Küsell, Martin (Hrsg.): Der Einschulungsgottesdienst: Texte, Materialien, Ideen, Entwürfe. Eine Hilfe für die Arbeit in Schule und Gemeinde. Loccum: Religionspädagogisches Institut, 1997. Hanisch, Helmut / Müller, Werner: ABC: Heut geht's los. Materialien und Modelle für Schulanfänger-Gottesdienste. Stuttgart: Quell, 1994. Pohl, Gottfried: Der Schulanfängergottesdienst – Ein »Passage-Ritus«, in: Entwurf, Heft 3, 1980, S. 39–40.

11 Fechtner: Kirche, S. 52.

12 Obenauer: Gesegnet, S. 90.

13 Vgl. dazu Hanisch / Müller: ABC, S. 34–36 und Kuhl / Küsell: Einschulungsgottesdienst, S. 10–16.

14 Vgl. Krauß, Angelika / Radtke, Sybille: Unsere islamisch-christliche Einschulungsfeier, in: Die Grundschulzeitschrift, Heft 90, 1995, S. 16–17.

15 Hinz, Renate: Darstellung des Schulanfangs in der Kinderliteratur, in: Grundschule, Heft 7/8, 1997, S. 75.

16 Schulanfänger zwischen seinen Geschenken, Fotopostkarte um 1930. Sammlung Hans-Günther Löwe (Hamburg). Aus: Löwe: Schulbeginn, S. 139.

17 Vgl. dazu kontrastiv Frey, Jana / Gotzen-Beek, Betina: Jetzt bin ich groß – die Schule geht los. Bindlach: Loewe, 2004.

Silke Leonhard

Schützen- und andere Volksfeste. Prozession zum Festzelt

In der Nacht, da der Schützenausmarsch naht

In der ersten Samstagnacht im Juli, der Nacht vor dem Umzug des größten Schützenfestes der Welt in Hannover, treffen sich im Vereinsgasthaus die Schützen des Schützenvereins Badenstedt. Den Spielmannszug Oberricklingen mit Flöten, Fanfaren und Trommeln sowie das Blasorchester Wrisbergholzen im Gefolge, pilgern sie auf dem Weg zum Rathaus und Schützenplatz in einer Vor-Prozession durch die Straßen des Stadtteils, um die Meister und Könige auf dem Weg zum Hauptumzug jeweils von zu Haus abzuholen und dort durch das feierliche Aufhängen einer Schützenscheibe zu ehren. In der Dunkelheit erkennen die Vereinsmitglieder einander an der vertrauten Uniform. Sie formieren sich in Reih und Glied, der Zug setzt sich in Bewegung. Durch die musikalische Begleitung – Spielmannszug und Blasorchester wechseln sich jeweils mit Märschen ab – werden die Bewohner in den Straßen wach, blinzeln verschlafen aus den Fenstern und winken dem kleinen Umzug zu. Beim Schützenkönig angekommen, hält der Zug auf die Worte hin an: »Zum Aufhängen der Scheibe beim Schützenkönig reeechts – um!« Auf Anordnung des Zeremonienmeisters stimmt der Zug in einen responsorischen Ruf ein: »Wir begrüßen unseren Schützenkönig ... mit einem dreifachen Fein – Korn! Fein – Korn! Fein – Korn!« Drei Salutschüsse erklingen, ein jugendlicher Schütze klettert an der Hausfassade hoch und befestigt die kreisrunde, mit einem Wappen und einer Jahreszahl signierte Holzscheibe am Haus. Dazu spielt das Blasorchester wiederholt den Präsentiermarsch, bis die Schützenscheibe hängt. Der Zeremonienmeister gratuliert dem Schützenkönig. Dieser richtet in einer kurzen, hörbar eingeübten Rede das Wort an den Zug: »Liebe Schützenbrüder und Schützenschwestern, lieber Spielmannszug Oberricklingen, liebes Blasorchester Wrisbergholzen! Ich freue mich, dass ihr den Weg zu mir gefunden habt und mich zu Hause abholt. Zum Dank lade ich euch auf einen kleinen Imbiss ein!« Der Zeremonienmeister antwortet mit einem Schmunzeln und in hannöverscher Mundart: »Dieser Einladung kommen wir doch gerne nach. In diesem Sinne: Zum Imbiss wechgetreten!« Die Form des Zuges löst sich zügig auf, Männer und Frauen greifen zu Bechern, Schnapsgläsern und Tellern, um der Einladung zum leiblichen Mahl nachzukommen.

Am frühen Morgen verlassen die Vereine – nunmehr vollzählig – den Ort und setzen ihre Pilgertour per Bus zum Rathaus nach Hannover fort. In vier Teilzügen ziehen von dort aus über 80 Schützenvereine mit ihren Begleitern und verschiedenen Wagen in einer Ringprozession durch die Innenstadt, bestaunt und begrüßt von Zuschauern an der Straße. Die vier Züge ziehen nacheinander auf dem Schützenplatz am Stadion mit lauter Musik ein; jeder Schützenverein begibt sich mit seinen Begleitern in sein Stammzelt, wo der Durst mit Bier gelöscht wird und weiter Blasmusik erklingt. Nebenan tummeln sich Menschenmassen an den Fahrgeschäften und ziehen über den sternförmig angelegten Platz.

»Um Freude irgendworan zu haben, muss man *Alles* gutheißen«.[1] Auf Schützenfesten und anderen Volksfesten in Stadt und Dorf begegnet man dieser Haltung einer »demonstrierten Lebensbejahung«.[2]

Zur Wirkungs- und Inszenierungsgeschichte

Volksfeste und Regionalität

Seit dem 18. Jahrhundert werden örtliche oder regionale Volksfeste als ein deutlicher Einschnitt im Alltagsleben gefeiert, da die Arbeit ruht, Geselligkeit vorherrscht und religiöse, weltliche und auch abergläubische Bräuche zum Tragen kommen. Tradition, Gemeinschaft und Brauchtum waren und sind wichtige Elemente im Zusammenhang regionaler Festkultur.

In der Entstehung der Volksfeste verbinden sich kulturelle und religiöse Aspekte. Die Ursprünge des *Hamburger Doms* reichen bis ins 11. Jahrhundert zurück. Der Marien-Dom in Hamburg bot den Händlern, Handwerkern und Gauklern ein Dach über dem Kopf als Schutz vor Wind und Wetter. Als der Dom abgerissen wurde, zogen die Händler und Schausteller durch die Hamburger Stadtteile, bis sie 1893 das Heiligengeistfeld (!) als festen Ort der Wiederkehr und Aufführung zugeteilt bekamen. Viele Volksfeste verbanden sich als ursprünglich kirchliche Festivitäten im Mittelalter mit Jahrmärkten und wurden zu weltlichen Festen – so z. B. die vor allem im Rheinland gefeierte Kirmes (Kirchmesse, Kirchweihfest) als Fest der Erinnerung an die Einweihung der örtlichen Kirche bzw. das Fest des Kirchenpatrons, mit dessen Namenstag eine Kirchweihe terminlich verbunden sein konnte. Im Kölner Raum wurde bereits um 1200 aus der Kirchweih ein Volksfest. Das Paderborner

Liborifest wurde 1521 unter dem Namen *Magdalenenmarkt* gegründet. Nachdem Christian von Braunschweig 1621 die Gebeine des Heiligen Liborius aus dem Dom mitnahm und diese unter dem Einfluss des Paderborner Fürstbischofs 1627 wieder in den Dom zurückkamen, wurde angeordnet, fortan die Reliquienübertragung feierlich zu begehen. Im 19. Jahrhundert entwickelte sich das Volksfest zu einer Feier, bei der soziale Unterschiede in den Hintergrund traten. Das größte und wohl berühmteste Volksfest ist das *Münchner Oktoberfest*. Es besteht seit 1811 und hat den monarchischen Ursprung, dass der Major anlässlich der Vermählung Ludwig I. auf der Münchner Oktoberwiese ein Pferderennen anregte und das geschmückte Vieh der Bauern vorführen ließ. Im Gegenzug stiftete der König ein Volksfest. Im 20. Jahrhundert entstanden neue Volksfeste und Heimatfeste (z. B. Heideblütenfest, Weinfeste), die während des Nationalsozialismus zum Teil im Sinne der Ideologie umgewertet wurden.

Vor den Umbrüchen im 18. und 19. Jahrhundert waren im Fest weder kirchliche und weltliche Herrschaft noch religiöse und profane Elemente voneinander zu trennen; Andacht, Markt und Belustigung fielen nicht nur zusammen, sondern bildeten auch eine letztlich untrennbare Einheit. Die aufbrechenden Volksfeierlichkeiten, die im Zuge technischen Fortschritts und veränderter Massenkultur eine moderne Freizeitgestaltung darstellten, wurden von kirchlich-religiöser Seite argwöhnisch beäugt, lieferten sie doch ein Gegengewicht zu einem auf Tradition und Beharren aufbauenden religiösen Denken und lösten manches religiöse Fest ab, so dass Angst vor dem Verfall sittlicher Werte aufkam. Der Sonntag diente nicht mehr der Heiligung des christlichen Feiertages, sondern dem Ausleben von Freizeitkultur.

Im Rahmen gegenwärtiger Festvielfalt heben Feste nach wie vor ein Stück lokal und regional unverwechselbarer »Eigenzeit« (Gadamer[3]) hervor. Vielfach ist die Herkunft eines Brauches nur den volkskundlich Interessierten und nicht den Ausübenden geläufig. Das Volksfest lebt weniger vom Ursprung, sondern vielmehr vom Vollzug. Die nicht nur folkloristische, sondern zunehmend auch ökonomische Ausrichtung – Lust am technischen Fortschritt der neuesten Fahrgeschäfte und jährliche Steigerung des kulinarischen Geschäfts – kann nicht darüber hinwegtäuschen, dass auf der Theresienwiese wie dem Heiligengeistfeld auch ekstatische Momente des Rauschs spürbar werden. Rituale, Feiern und kollektive Spiele leben und verändern sich mit ihrer Geschichte; sie verweigern sich aber den Versuchen beliebigen Überstülpens neuer Bräuche.

Das Schützenfest von Schutz und Trutz zu Folklore und Frohsinn

An der Geschichte der *Schützenfeste* werden Verbindungslinien von religiöser und weltlicher Tradition, aber auch deren Bedeutungsverschiebungen deutlich.

Schützengesellschaften oder Schützengilden (*Schütze* leitet sich etymologisch eher von *schießen* denn von *Schutz* ab!) bildeten sich in den Städten als freiwillige Vereinigungen der Bürgerschaft, die sich durch Schießübungen im Umgang mit der Waffe schulten, um im Ernstfall die Bürgerwehr wahrnehmen zu können. Höhepunkt dieser Schießveranstaltungen war das Schützenfest und damit das Schießen um die Würde des Schützenkönigs. Der Ursprung des Schützenwesens liegt um 1300 in Frankreich, Belgien und den Niederlanden.Von dort aus verbreitete es sich in die Städte Westfalens und Niedersachsens. Im späten Mittelalter organisierten sich Schützen als Bruderschaften. Der Heilige Sebastian war dabei der Patron der Schützen.

Jedem religiösen Fest liegt eine Festlegende zugrunde; als ziviles Fest hat das Schützenfest keine eigene Heiligenerzählung, dennoch können Anleihen bei der Legende des Heiligen Sebastian gemacht werden.

Der Legende nach bekannte sich Sebastian, Hauptmann der kaiserlichen Garde unter Diokletian, öffentlich zum Christentum und versuchte mehr und mehr Römer zu bekehren. Der Kaiser verurteilte deshalb Sebastian zum Tode durch Bogenschützen. Sebastian jedoch starb nicht durch die Pfeile, sondern wurde von einer Witwe namens Irene, die erkannt hatte, dass er noch lebte, mit größter Sorgfalt wieder gesund gepflegt. Nach seiner Genesung trat er tapfer und unerschrocken vor den Kaiser und hielt ihm die Grausamkeit und Sinnlosigkeit seiner Verfolgungswut vor. Er versuchte den Kaiser umzustimmen und bekannte sich schließlich erneut zum Christentum. Diokletian zeigte sich jedoch unbeeindruckt und ließ Sebastian zu Tode peitschen. Den Leichnam warf man in die »cloaca maxima«, einen städtischen Abflussgraben in der Nähe des Tiber, woraus er von Christen geborgen wurde. Sie beerdigten ihn im heutigen San Sebastiano »ad catacumbas« (dt.: »in der Senke«). Seit dem 4. Jahrhundert ist der Heilige verehrt worden; so habe das Tragen seiner Reliquien durch die Straßen von Rom einer dortigen Pestepidemie ein Ende bereitet. »Sebastianspfeile« wurden daraufhin als Schutz gegen die Pest getragen.

Zu den Ritualen der Sebastiansbruderschaft gehörte der Schützentrunk (aus Trinkgeschirren in Gestalt des Pfeils vom Hl. Sebastian), der sich zu einem regelrecht sakralen Sebastiansminnetrunk aus seiner Kopfreliquie entwickelte. Wie die kirchlichen Bruderschaften und Bettelorden, mit denen sich die Schützengilden den Heiligen teilten, sorgten sich die Schützen im Zeitalter der Pestepidemien um den Totenkult und unterstützten die Hinterbliebenen der Pestkranken. Mit der Reformation setzte sich ein eher puritanischer Geist durch, Schützenfeste wurden eingeschränkt oder verboten – auch aus (pseudo-) theologischen Gründen: Der Vogel, den man zu Pfingsten abschießen würde, wäre die Taube als Symbol des Heiliges Geistes. Diesen könne und dürfe man nicht erlegen.

Die Schützenvereine bekamen im 18. und 19. Jahrhundert die Aufgabe, »das […] bestandene Schützenfest aufrecht zu erhalten, den Gemeinsinn zu beleben und die bürgerliche Eintracht zu fördern«.[4] Als Inbegriff bürgerlicher Geselligkeit »sollten sich alle Bürger eines Ortes zu einem harmonischen Ganzen zusammenfinden und zwanglos miteinander sprechen«.[5] In den Städten fielen mit der Industrialisierung und der Ökonomisierung der Zeit Sonntag und Alltag stärker auseinander; das Vereinswesen bildete den Gegenpol zum zweckrationalisierten Arbeiten, das Bedürfnis nach sozialem Kontakt und Miteinander. Die Schützenvereine entstanden als aufklärerischer Ausdruck dafür, dass das erwachende Bürgertum nach Einheit und Freiheit strebte. Aus der sozialkaritativen Betätigung und dem Bestattungskult wurde ein auf Gemeinschaftsleben ausgerichtetes und Tradition bewahrendes wie gestaltendes Handlungsfeld. Nach dem Verlust der ursprünglichen Funktionen des Schützenvereines, nämlich Schutz und Verteidigung, kam dem Schützenwesen im Wilhelminischen Zeitalter eine neue (Schein-)Aufgabe zu: die nationale Einigung. Die Feste ähnelten nun Sportfesten. Auf dem deutschen Schützenfest in Gotha 1861 wurde auf einer Kundgebung das Nationalgefühl bejubelt. Einheitsgedanke und ritualisierter Nationalismus (ohne Staatsauftrag) verbanden sich mit Wehrgedanken; die Vorbereitung vieler Schützenvereine auf ihre Feste bestand darin, das Exerzieren zu üben. Während im 16. Jahrhundert das Schießen mit dem Rohr Realität war, wurde es im 19. Jahrhundert zur Scheinaufgabe im Sinne organisierter Geselligkeit. Der preußisch-deutsche Militarismus war zivil, heroisierte aber das Militär – als »Geistesverfassung der Nichtmilitärs«.[6] Ging es letztlich um eine Übernahme äußerer Formen ohne inhaltliche Tradition? Die romantisierende Idee des ideologisierten und anerzogenen Militarismus hielt die Traditionen aufrecht, verknüpfte sie aber auch mit der Sehnsucht nach Volksbelustigung. So wurden die Schützenfeste im Laufe der Geschichte mehr zu Volksfesten; ihr zeremonieller Charakter trat damit zurück.

In den Dörfern kam es erst Mitte des 19. Jahrhunderts zu diesen Vereinsbildungen. In ländlichen Gebieten, in denen durch die Verkoppelung der Ländereien die Liberalisierung des Wirtschaftslebens und eine Individualisierung der Höfe eintrat, nahmen die Vereine und ihre Feste infolge des Auseinanderfallens der Gemeindestruktur eine wichtige soziale Funktion ein; sie trugen zum kulturellen Zusammenhalt des Dorfes bei. Das Aufkommen des Vereinswesens stellte die Bürgerschaftlichkeit zurück. Im südniedersächsischen Raum (Göttingen, Eichsfeld und Solling) bestanden nun Kirmes und Schützenfest nebeneinander; an anderen Orten hielt sich die Kirmes dort, wo es kein Schützenfest gab. Starke Zentren bildeten sich in Nordwestdeutschland, Braunschweig und Hildesheim aus.

Im Nationalsozialismus erneut entstandene katholische Bruderschaften standen im Dienst der kirchlichen und staatlich-ideologischen Zielsetzung. Sie sahen ihre Feierlichkeiten als eine Art katholisches Ordnungsprinzip an, das »Glaube, Sitte und Heimat« hochhielt und damit Hochamt und Frühschoppen ermöglichte, wenngleich zeitlich auseinander hielt.

Nach dem Krieg war das Nachholbedürfnis für Feste und ausgelassene Freude am Feiern groß. Am 18. 11. 1951 wurde in Anwesenheit von Bundespräsident Heuss der Deutsche Schützenbund ins Leben gerufen. Schützen sind heute in diesem Bund sowie in katholischen Schützenbruderschaften (Nachfolgeorganisationen der von Nazis verbotenen Sebastiansbruderschaften) organisiert. Rheinisch-westfälische Schützenbruderschaften stehen nach wie vor in enger Verbindung zur katholischen Kirche. Das niedersächsische Schützenfest wurde dagegen vor allem Volks- und Heimatfest. Das 21. deutsche Bundesschießen fand 1955 in Hannover statt. Auf dem Land wurde das Schützenfest zum feierlichen Akt der Repräsentation des Dorfes. Insbesondere in Norddeutschland galten Schützenfeste als regionale Feiern provinzieller Natur, während sich in Mittel- und Süddeutschland nach und nach die Verbindung von Volksfest und Jahrmarkt allgemein durchsetzte. Man könnte meinen, das heutige Schützenfest sei »arm und das Fest aus Mangel an innerem Gehalt veräußerlicht«.[7] Das Traditionsbewusstsein in den Städten und Dörfern ist sicher etwas verloren gegangen, bezeichnenderweise sind die Feste und ihre Handlungsabläufe (»Exerzierreglement«) aus Festfreude um der Ausgelassenheit willen trotzdem geblieben. Gegenwärtig haben Volksfeste keinerlei Nationalaufgaben mehr zu erfüllen. Sie stärken jedoch die Verbundenheit mit der Region und sind als kulturelle Chance begreifbar, dem Globalen auch das Regionale zuzuordnen.

Eine kleine Phänomenologie des Volks- und Schützenfestes

Ästhetik und Prozess

»Von Zeit zu Zeit ist ein Fest an der Zeit, das den Lauf der Zeit unterbricht.«[8] Jegliches Volks- und Schützenfest hat seine Zeit und seinen Raum. Einmal im Jahr wird die Festzeit des Oktoberfestes zur Auszeit, zum »Moratorium des Alltags«[9], in dem zwar nicht grundsätzlich, aber zumindest vor Ort »auf der Wies'n« die Regeln des Alltags außer Kraft gesetzt werden und die Spielregeln und (Ge-)Bräuche des Oktoberfestes gelten. Das Schützenfest in Hannover wählt dazu den Sommer als Mittelpunkt des Jahres: Es lädt ein, den Höhepunkt des Schützenjahres folkloristisch und vergnüglich, rituell und zugleich ausgelassen zu begehen. Der Jahrmarkt in der Mitte des Kalenderjahres reiht sich so – nach der Sommersonnenwende und inmitten der Trinitatiszeit – in den zyklisch wiederkehrenden Rhythmus des Natur- und Kirchenjahres ein und macht die Hoffnung auf Wiederkehr stabil. Zugleich begründet die lineare Zählung der Feste die Tradition aus sich selbst heraus und bindet sich implizit an die Ursprünge des Schützenfestes zurück.

Kreis und Weg werden zu räumlichen Symbolen volksfestlicher Aktivität. Der Ort, an den sich die Volksmenge locken lässt, ist für die meiste Zeit des Jahres ein freier Platz, im Zeitraum des Schützenfestes aber ein umfriedetes Gebiet, das durch geschmückte Tore hindurch begehbar ist. Es zeichnet in sich mögliche Straßen der Begehung vor, die den aktiven Schützen wie Besuchern den Einzug, das Verweilen an Orten, aber auch den Auszug ermöglichen. Seine Straßen sind dicht gefüllt von Imbissständen, Zeltbetrieben und Fahrgeschäften. Inmitten des bunten Treibens, aus dem sich nur die uniformierten Schützen einander zuordnen lassen, findet sich eine Unterbrechung: In der anderen Welt des straßenartig nachgestellten »Petit Paris« mit französischem Ambiente geht es ruhiger, fast besinnlich zu.

Die Atmosphäre ist sonst eher gedrängt und – u. a. abhängig von der Wirkung des Alkohols – heiter bis ausgelassen oder aggressiv bis depressiv. Heilende Erleichterung preisen Wahrsager an; der Jahrmarkt ist neben der Versuchung zur ausgelassenen

Freude zugleich auch Markt der Heilsanbieter, die auf einen kurzen Erlebnisbesuch einladen, aber kaum frequentiert werden. Möglicherweise unterscheidet sich ein eher apollinisches nordwestdeutsches Schützenwesengemüt von der eher dionysischen Ausgelassenheit Süddeutschlands. Diesem Gemüt wäre dann auch zuzurechnen, dass einige Festelemente in Niedersachsen verschwinden.

»Ein jegliches hat seine Zeit, und alles Vorhaben unter dem Himmel hat seine Stunde: [...] klagen hat seine Zeit, tanzen hat seine Zeit. [...] Man mühe sich ab, wie man will, so hat man keinen Gewinn davon« (Pred 3,1–9). Das Gelingen des Festes ist nicht programmierbar, aber in gewisser Weise an die Ausgewogenheit von Bestehendem und Veränderlichem gebunden. Beide auszubalancieren ist die Aufgabe der Festordnungen. In der Liturgie des Hannoverschen Schützenfestes kommen Elemente des Rituals und Spiels zusammen und eröffnen einen dynamischen, seltener dramatischen Prozess. Eröffnungsrituale ebnen den verschiedenen Beteiligten den Zugang zum Fest. Einen initiatorischen Charakter hat dabei die »Bruchmeisterverpflichtung«, die ähnlich einer Weihe vier Junggesellen als Wächter und Hüter über die Gemeinschaft einsetzt. In Hannover hatten die Bruchmeister (»broekemestere«) als unverheiratete Söhne ehrenhafter Bürger für die Einhaltung der Schützenordnung zu sorgen, indem sie die »Brüche« ahndeten. Seit 1958 führen sie mit den Fahnen der vier verschiedenen Stadtbezirke die vier Züge des Schützenausmarsches an. Sie werden zum Auftakt des jährlichen Schützenfestes durch den Oberbürgermeister der Stadt feierlich auf ihr Amt verpflichtet und übernehmen während des Festes repräsentative Aufgaben. Vor allem in Norddeutschland sind diese in gewisser Komik Recht und Ordnung sprechenden Figuren sehr beliebt.

Am Abend des ersten Tages signalisiert ein Feuerwerk die Vertreibung der Alltagszeit und schafft Luft für den »gestatteten, vielmehr gebotenen Exzess, den feierlichen Durchbruch eines Verbotes«.[10] Am zweiten Tag sammelt sich die Schützenfestgemeinde zum Ökumenischen Schützengottesdienst in der Marktkirche und unterstellt das profane Geschehen in der Stadt auf christliche Weise der göttlichen Macht. Vom Rathaus aus startet am dritten Tag, dem dramaturgischen Höhepunkt des zehntägigen Festes, mit dem Ruf »Im Dubliertritt, Marsch!« die Inszenierung einer 4 km langen Ringprozession: Etwa 13 000 Menschen marschieren beim Schützenausmarsch im Schweiße ihres Angesichts einmal rund um die Innenstadt, bestaunt von Abertausenden von Zuschauern, begleitet von Ankündigungen, Marsch, Polka, Hymnus und viel Beifall. Die große Begehung beginnt ihren Weg am zivilen Tempel des Rathauses und mündet in einer umkreisenden Begehung des Lebensraumes auf den sternförmig angelegten Platz im heiligen Festzelt. Dann ist das Ziel erreicht, das Leiden hat ein Ende, und es kann erlöst gefeiert werden.

Im Laufe der Woche geben einzelne Aktionen dem Festverlauf eine rhythmische Gestalt. Am Familientag gilt die Seligkeit den Armen und Familien, denn die Betreiber der Fahrgeschäfte halbieren ihre Preise. Das Fest schließt mit dem militärisch-religiösen Zapfenstreich. Für das aus Marschmusik, Serenade, musikalischem Gebet (üblicherweise: Ich bete an die Macht der Liebe) und schließlich der Nationalhymne bestehende musikalische Schlusssignal, auf welches hin in Soldatenlagern die Schankfässer geschlossen und die Nachtruhe verkündet wurden, ziehen die Schützen im Exodus des Fackelzuges wieder zum Rathaus zurück.

Rituale sind je nach Definition per se religiös oder zumindest religiös gefärbt. Sie machen den Übergang von Alltag zum Fest und vom Fest hinaus in den Alltag liminal begehbar und ermöglichen darin eine Erfahrung der Unbestimmtheit und Potentialität. Die Bräuche des Vogelschießens und der Maifeier weisen darauf hin, dass religiöses und weltliches Brauchtum zusammenfallen, ohne dass die Bräuche sich gegenseitig beeinflussen. Das zeitliche Aufeinandertreffen von Pfingst- und Schützenfest bzw. Maifest, Feste von Kirchenpatronen (z. B. Heiliger Laurentius) sowie Erntefesten ermöglichen die symbolische Kommunikation auch der religiösen und militärischen Elemente, die ursprünglich nicht zueinander gehörten. Manche Bräuche haben sich als Überbleibsel der kultischen Bewältigung des Todes durchgehalten: Dazu gehören z. B. Ausläufer von Wiedergeburtszeremonien wie das Verbrennen des »Kirmesmannes« am Ende der Feier (einer während der Kirmes als Festsymbol ausstaffierten Strohpuppe) oder der Harlekin als Mittler zwischen Liebe und Tod in Gestalt des »Pritschenmeisters«. Die Ordner und Ausrufer sorgten ursprünglich für Ordnung, halfen aber als Stegreifdichter und Polizeibeamte bei der Festgestaltung und straften gegebenenfalls mit der Narrenpritsche die Vergehen der Ordnungen mit Lederriemen.

Der Verhaltensforscher Pfeil sieht Schützenfeste in ihrer Ritualität als stammesgeschichtliche Vorprogrammierungen, die kulturell kontrolliert werden.[11] Bräuche behalten dann ihren Sinn, wenn sie nicht nur gelebt, sondern auch herausgefordert werden – wenn es einen Grund gibt, sie zu evozieren. Ob und wo Gründe in der Gegenwart für das Feiern von städtischen und dörflichen Festen zu finden sind, ist strittig. Fakt ist, dass sie gefeiert werden. Das Schützen- und Volksfest lebt in einer Erlebnisgesellschaft mehr denn je von seinem Vollzug. Elemente der Performance ordnen sich zu einer Festliturgie, die den Festen

Orientierung, Verlässlichkeit und rhythmische Wiederkehr gewährt und zugleich für das Unerwartete, Überraschende im Spiel Raum gewährt. Insofern hat das Volksfest so oder so Spielcharakter: Es bewegt sich zwischen Ausgelassenheit (griech.: *paidia*) und dem nach strengen Regeln verlaufenden Spiel (lat.: *ludus*). Im Fluss des Festes wird die Festzeit zur »zeitlosen Zeit«.[12] Ausgelassenheit und Ekstase beim Tanz im Festzelt und auf schneller Fahrt in der Achterbahn, verstärkt durch Alkoholkonsum, stellen die Elemente von *paidia* dar. Anders dagegen *ludus*, dessen Inszenierung vorbereitet wird: Im Dorf Förste am Rand des Harzes findet alljährlich der «Schütt'nhoff« statt. Er entspringt der spielerischen Revitalisierung mittelalterlicher Schützengilden, welche Hab und Gut der Bürger gegen äußere Gefahr und Partisanen schützten. Als ein quasimilitärisches Kampfspiel treten die Schützen als Barrikaden gegen feindliche Angreifer an; zuweilen findet ein regelrechtes Manöver statt.

»Die enge ›Realitätserfahrung‹ wird von einer umfassenden ›Wirklichkeitserfahrung‹ korrigiert und überholt. Aufsprengung, Erweiterung des Bewusstseins heißt also: ganzes Präsens, volle Gegenwart von Selbst und Welt, statt Flucht von sich selbst und der Welt fort; statt Zufriedenheit mit sich und der Welt: radikale Zuwendung zu seinen Erfahrungen und der Wirklichkeit, die hineinwill, draußen«[13]: Will das Fest die volle Aufsprengung des Alltags ermöglichen, so brauchen die Initiatoren wie die Feiernden eines Volksfestes kreative Gestaltungskraft, der Wirklichkeit imaginativ neue Perspektiven und Formen zuzumessen.

Gemeinschaft und Kommunikation

In einem zivilreligiös-festlichen Miteinander heben sich Präsentationszeichen wie Kleidung, Pokale oder Fahnen deutlich hervor. Die einstige Farbenpracht der Schützenkleidung ist längst der Uniformierung gewichen; die häufig grüne Uniform geht über die süddeutsche Tracht zurück auf den Stil von Militärkleidung. Auf den Königsketten, die den Bürgermeisterketten nachgebildet werden, sind die unterschiedlichsten Arten von Vögeln zu finden. Kleider machen Leute: Die Uniformierung signalisiert Zusammengehörigkeit und Gleichklang; sie schützt, indem sie maskiert, und gibt dem Agierenden Zusicherung im Raum der Gemeinschaft. In der Maske und unter der Maske lebt der Erwachsene die Kindlichkeit der Festfreude aus. Verschiedene Insignien an der Kleidung machen Stand und Würde des Trägers sichtbar.

Zum Erhalt der Gruppenbindung gehört die spezifische Organisationsform und Struktur. Die Fahnen der jeweiligen Vereine machen die Zugehörigkeit kenntlich. Das Schützenwesen hat in sich seine Ordnung, es ist bis heute ständisch organisiert. Denn das Schießen war ursprünglich Standessache, der nur verheiratete Männer, später Bürger nachgehen durften. Der beste Schütze schoss sich in einer Art Ablass frei von finanziellen Leistungen wie Gemeindesteuern. Die Beziehung zur Obrigkeit markierte die Abhängigkeit. Das Marschieren in Dörfern und Städten gewährte das öffentliche Auftreten der Bürger, die sich auf diese Weise militärisch darstellten. Tradition wird nicht ohne Veränderung und Reflexion erhalten, sondern sie muss gepflegt werden und erhält auch neue »Ausweise«. Innerhalb der Organisation werden, in zum Teil weiheähnlichen Handlungen, Ämter und Würden verliehen, so etwa das des Schützenkönigs. Das rituelle Überreichen der Insignien (Ketten und Kettensprüche, Aufhängen der Schützenscheiben) verleihen dem Schützenkönig eine Würde zwischen ernsthaften Aufgaben und eher spielerischer Macht. Ein Vogel an der Königskette zeigt die Ermittlung, wer ein guter Schütze ist. Die Verbindung von religiöser und

Fruchtbarkeitssymbolik wird nicht auf den ersten Blick sichtbar. Auch Pokale gehören zu den Trümpfen der Beute, die besondere Weihen und Kelche symbolisieren (zuweilen wird aus Pokalen getrunken).

»Wo die Liebe sich freut, da ist Fest«[14]: In der Stadt Hannover ist das Schützenfest für viele ein Schauspiel, dem man für eine Weile als Besucher oder auch nur Betrachter beiwohnen kann. Der Schmuck der Straßenbahnen, Plakate und Werbung werben für das Ereignis; zu einem zivilreligiös-festlichen Miteinander braucht es aber Gemeinschaft und Formen des Miteinanders. Dies ist in einem sozialen System von überschaubarer Größe in deutlicherer Nähe und Enge gegeben. Während das Leben in der Stadt auch im Verlauf des Volksfestes außerhalb des Zeltes relativ ungehindert weiter läuft, wird ein Dorf schon eher in einen regelrechten Ausnahmezustand versetzt. Dort ist es auch schwieriger, sich bei Bedarf dem Fest zu entziehen, da es den Zusammenhalt der ganzen Gemeinde symbolisiert und auch den Einzelnen sogartig in seine Mitte zieht. Wer nicht mitmacht, droht zum Außenseiter zu werden. Es gibt nur wenige, denen die Distanz zugesprochen bzw. von denen sie teilweise sogar erwartet wird.

Joachim Deutsch, der als Pfarrer beim Bürgerschießen in seiner Gemeinde Haßbergen (bei Nienburg) zum Schützenkönig gewählt wurde, notiert, dass die meisten Bewohner des Dorfes »das Mitmachen des Pastors begrüßen«. Seine Präsenz beim Schützenfest und Repräsentanz der Kirche sieht er demzufolge vor allem in der Gemeinschaft – das »Leben des Ortes zu teilen«. Nur wenige Bewohner kritisieren die weltliche Tätigkeit des Pastors. Für manche ist das Schießen schwerlich mit einer pastoralen Haltung der Friedfertigkeit vereinbar. Pastor Deutsch legt jedoch Wert darauf, dass nicht auf einen lebendigen Vogel gezielt wird, und verweist auf die sublimierende Funktion des Scheibenschießens: »Der Pappscheibe tut's nicht weh«.[15]

Schützenvereine haben – zum Teil in ihren Satzungen bekundet – nach wie vor Sport und Tradition, Kameradschaft und Brauchtum zum Zweck. Das Brauchtum bekundet den Zusammenhalt der Gruppen nach innen wie außen und transportiert ihre symbolische Kommunikation. Dass manche Formen der Gemeinschaft nur zu ertragen sind, wenn man selbst aktiv involviert ist, stärkt nicht nur die soziale Kraft, sondern trägt auch zur Identitätsbildung und -stärkung bei. Nach van der Leeuw formiert und bekräftigt sich die Gemeinschaft auch ohne die entsprechenden Emotionen. In der Tatsache, zueinander zu gehören – auch über Grenzen hinweg –, vereinen sich Brauchtum und Tradition. Auch Bauern, die sich raufen oder gegeneinander prozessieren, bleiben Nachbarn und Brüder.

Der gesellschaftliche Umgang im Verein zeugt von Idealismus, hat aber auch reale Konflikte, Rivalitäten und Intrigen zu bewältigen. Im Fest Realitätssinn zu bewahren und trotzdem die Utopie aufscheinen zu lassen, ist Teil einer Lebenskunst, die sich von Nächstenliebe leiten lässt. Bräuche können dabei Festkatalysatoren sein, welche die Gemeinschaft in Bezug auf den Brauch und diesen wiederum im Hinblick auf das Feiern begreifen lassen. Entscheidend wird Nächstenliebe im Konfliktfall – ob das Fest oder die Menschlichkeit höher bewertet wird (Mt 12,9–14). Was ist wichtiger – das Einhalten der Sabbatordnung oder das Heil der Bedürftigen?

Fest mit oder ohne Gott?

»Das Fest, und zwar das *religiöse* Fest, unterbricht die Routine der Alltagswelt durch den Einbruch einer ganz anderen Wahrheit.«[16] Von daher wird ein Schützenfest erst dann zu einem religiösen Fest, wenn es mehr bedeutet als die momentane Wahrheit des Erlebens, wenn es den Nachbarn darüber hinaus Erneuerung oder gar Verwandlung von Beziehung ermöglicht. »In der Inszenierung des religiös-sinnstiftenden Festes geht es um die Vergegenwärtigung des Lebensgrundes, geht es im Moment der Überschreitung des Alltäglichen um die kognitive und affektuelle Erneuerung des Lebens und seiner Ordnung.«[17]

»Das Fest ohne Götter ist Unbegriff.«[18] Wer aber sind die wahren Götter des Volksfestes, welche Götter will das Spektakel vitalisieren, in der Gegenwart welcher Götter finden Volks- und Schützenfeste statt? Da die Schützen nicht im Namen eines Gottes ausmarschieren, sei daran erinnert, dass es sich bei dieser Darstellung um eine perspektivisch religions- und gemeindepädagogische Wahrnehmung handelt. In dieser Perspektive ist wohlwollende Aufmerksamkeit auf die Bejahung des Lebens zu richten, die Befreiung von Leiden des Alltags, die im Fest außen vor bleiben. Die Freude über die bunten und reichhaltigen Gaben des Festes ermöglicht ästhetischen Genuss, welcher dem religiösen nicht fern ist, aber auch nicht in ihm aufgeht. Die Teilhabe am gemeinschaftlichen Leben, das über die Geselligkeit der Familie und des Vereins hinausreicht und das Leben der Bürgerinnen und Bürger eines Dorfes oder einer Stadt einzubinden sucht, ist sicherlich das größte Gut zivilreligiösen Festverhaltens. Auch dieses bleibt fragmentarisch, was aber nicht die Gutheißung der Welt schmälert. Dass für die einen Mammon eine größere Rolle spielt als ein auf das Mit-Teilen ausgerichteter Gott, muss die nicht stören, die sich dem verbunden wissen, der einen Feier-Tag in der Woche segnet und heiligt (1Mose 2,3), den Menschen die Ewigkeit ins Herz und die Fröhlichkeit ans Herz legt (Pred 3,11 f.) und selbst in Liebe die befreiende Wiederkehr der Verlorenen feiert (Lk 15,22–24).

Material

Impulse für die gemeinde- und religionspädagogische Arbeit

Die folgenden Anstöße sind sowohl für die gemeindepädagogische Beschäftigung mit Schützen- und Volksfesten als auch mit anderen Festen gedacht.

Wahrnehmungen

An den Erscheinungsformen wird deutlich, dass Schützen- und Volksfeste in ihrer Geschichte und Gegenwart religiöse Bezüge und immer wieder Anknüpfungspunkte an christliche und kirchliche Praxis haben. Dennoch ist entscheidend, dass eine ausschließlich christliche Sicht, die kulturgeschichtliche Wurzeln wie Bürgerwehr und militärische Affinitäten wie den Waffengebrauch außer Acht ließe, den Festen eine Religiosität überstülpen würde, die ihrem Kern nicht entsprechen würde. Daher halte ich es für wichtig, zunächst einmal der Phänomenologie der Volksfeste nachzugehen, um ihre Symbolik und ihr Brauchtum aufzuschließen. Biographische *Erinnerungen* und ästhetische *Vergegenwärtigungen* wie in der Einleitung dieses Bandes genannt, wären zu sammeln, unterschiedliche Eindrücke um der Atmosphären und Wahrnehmungen willen einander mitzuteilen. Urteile lassen sich so als momentane Standpunkte herausstellen, die es im Laufe der Auseinandersetzung zu bewegen, befragen und bewerten gilt.

Elemente der Festkultur

Kulturwissenschaftlich haben auch die verschiedensten Feste wiederkehrende Elemente. Das Gespräch darüber, was ein möglicher christlich-religiöser Blick auf das Volks- und Schützenfest wäre und/oder auch die Frage nach die Perspektive einer religiösen Akzentsetzung kann bei Bausteinen einer Festtheorie ansetzen, die es zu konkretisieren, überprüfen und ergänzen gilt. Welche Elemente des Festes (M 1) lassen sich anhand der Wahrnehmungen unter religiösen, biblischen, christlichen Gesichtspunkten dem Schützen- und Volksfest zuordnen?

M 1

Elemente der Festkultur

Befreiung	Kritik
Bejahung	Kult
Bewusstseinserweiterung	Messianischer Glaube
Emanzipation	Phantasie
Eigene Erfahrung	Prozession
Exzess	Realitätssinn
Freude	Ritus
Gabe	Sonntag/Sabbat
Feier	Spiel
Freiheit	Tradition
Gemeinschaft	Transzendenz
Gutheißen	Utopie
Harmonie	Ventil
Hoffnung	Vergangenheit/Gegenwart/Zukunft
Inszenierung	Verwandlung
Isolierung (Fest – Alltag)	Volksbelustigung
Widerspruch	Zwang

Ort und Zeit des Anderen

Ein entscheidender Schritt liegt meines Erachtens in der Wahrnehmung des Festes im Verhältnis zum städtischen bzw. ländlichen Alltag. Wenn »Unterbrechung«[19] die »kürzeste Definition für Religion« ist und Feste »Unterbrechungen des Lebens«[20] sind, so wird im Sinne eines *Kontrapunkt*es deutlich: Das Volks- und Schützenfest ist ein Teil der Lebenswelt eines Dorfes oder einer Stadt, und zugleich unterbricht es seinen Alltag. M 2 macht Elemente des Schützenfestes deutlich und zeigt ihre Nähe zu religiösen Festivitäten. In der *Be-Geisterung* des Festes »atmen« Menschen »einen anderen Geist« und sind von daher – für die Zeit des Festes – verwandelt. Pastor Joachim Deutsch macht darauf aufmerksam: »Die Nachbarn im Dorf, die sonst im Streit liegen, können zumindest für die Zeit des Schützenfestes an der Theke zusammen Bier trinken und feiern und ihre Zwistigkeiten beiseite legen.« Wie ließe sich ein eigener Artikel im Gemeindeblatt formulieren? Welche Impulse könnte ein Gottesdienst in einer Dorfgemeinde setzen? Welche Gestaltungsformen sind in der konkreten Umgebung passend, damit das Fest zum Teil des gemeinsamen Lebens beitragen kann?

M 2

Feste feiern
Ein literarisches »Wort zum Sonntag« im Gemeindeblatt

Frisch, bunt, laut und knallig geht es her. Nachbarn und Freunde, Alte und Junge sind auf der Straße. Große Kinderaugen und karamellklebrige Hände. Fahnen aus alter Zeit vor Spielleuten mit Trommeln und Pfeifen. Feste feiern bringt Freude. Sie verwandeln unsere

Straßen und uns. Schon in der Vorbereitung treffen sich die Nachbarn, feiern und schmücken ihre Straßen.
Dann ist der Tag gekommen. Aufregung, endlich kommt der Zug. Kinder springen durcheinander, hochachtungsvoll grüßen die Großen, wildes Winken von den Nachbarn. Der Zug zieht vorüber. Es bleiben frohe Mienen. Gesehen werden und sehen: wir leben und sind da, wenn es nötig ist, auch füreinander. Das zeigen wir uns allen.
Das tut gut. Bei Essen und Trinken im Festzelt, mit Musik und Tanz wird unser Alltag unterbrochen. Arbeiten und die Sorgen um Arbeit können wenigstens für kurze Zeit vergessen werden. Unser Leben, seine Aufgaben und Probleme sehen nicht anders aus, wenn sie in Fest und Feiern getaucht werden. Der Alltag wird nicht verdrängt. Er atmet aber in der Festzeit einen anderen Geist. Ich werde erfrischt, bekomme Mut, Leben wird wieder möglich. Auf Feste leben wir zu und von ihnen zehren wir, auch wenn die Girlanden über den Straßen schon lange abgenommen sind.
Ein Alltag ohne Feste ist wie eine Woche ohne Sonntag. Jede Woche beginnt mit einem Fest. Auch wenn unsere Sonntage oft nicht danach aussehen. Durch sie werden unsere Alltage Woche für Woche unterbrochen. Familien und Freunde treffen sich, Ausflüge werden organisiert. Der Sonntag lässt aufatmen, für manche sogar im Gottesdienst.
Ob der sonntägliche Gottesdienst, das Schützenfest oder Geburtstage: Feste feiern lohnt sich. Wir feiern die geschenkten Jahre unseres Lebens, wir feiern mit dem Dorf die Gemeinschaft, wir feiern im Gottesdienst den Ursprung allen Lebens.
Welche Feste auch gefeiert werden, sie gehören zu unserem Leben.[21]

Schützenfest zwischen Tradition und Zukunft
In den jährlich wiederkehrenden Ritualen und Prozessionen wird nicht immer deutlich, wofür Gemeinschaft und Ämter da waren und sind. Der Blick auf die Tradition macht die Notwendigkeit des Zusammenhalts deutlich, ruft aber auch die Frage nach der Gestaltung von Zukunft hervor. Für den Vollzug des Schützenfestes bedeutet die Predigt (M 3) ein Innehalten: Im Fluss und Exzess des Feierns wird die Einbindung des Tradierens zwischen Gewesenem und Kommendem kaum bewusst sein, vielleicht hie und dort kurz aufscheinen. Welche Impulse kann die Kirche geben? Zum einen ist das Leben in Dorf und Stadt geteiltes Leben und auch als solches zu gestalten. Als Orientierungspunkt im Prozess des Weitertragens kann zum anderen gerade der Gottesdienst die Balance zwischen Alltag und Fest erleichtern und den Schützen und Belustigten Anregungen zur anschaulichen und kritischen Gestaltung bieten.

M 3

Ökumenischer Schützengottesdienst
zur Eröffnung des 476. Schützenfestes am 2. Juli 2005
in der Marktkirche zu Hannover

– Predigt –

Gnade sei mit euch und Friede von Gott, unserem Vater, und dem Herrn Jesus Christus. Amen.
Liebe Schützenschwestern und Schützenbrüder, liebe Schützenfest-Gemeinde!
»So steht nun fest und haltet euch an die Lehre, in der ihr durch uns unterwiesen worden seid!« (2Thess 2,15). So – das hat Bruder Heitmüller eben aus dem 2. Thessalonicherbrief vorgelesen – werden

die Christen ermahnt. »Steht fest und haltet euch an die Lehre, in der ihr unterwiesen seid« – in nicht biblischer Sprache ausgedrückt, lautet diese Aufforderung: »Seid euch eurer Tradition bewusst.« – »Wisst Ihr, wo Ihr herkommt?«, denn nur wer weiß, woher er kommt, kann wissen, wohin er gehen soll.

Wer in den letzten Monaten aufmerksam Zeitung gelesen und Nachrichten verfolgt hat, konnte erfahren, dass die Schützen in Hannover unter zurückgehenden Mitgliederzahlen leiden und ein Nachwuchsproblem haben. Da geht es den Schützen nicht anders als allen großen Organisationen; da geht es euch Schützen nicht anders als den beiden großen Kirchen in unserer Stadt.

Gerade von daher ist es wichtig, sich bewusst zu machen, woher man kommt, welche Inhalte, Traditionen und Überzeugungen in der Vergangenheit bedeutsam waren, um dann zu fragen: Wohin wollen wir gehen, was wollen wir vom Alten mitnehmen in die Zukunft, was wollen wir neu betonen, was wollen wir neu in den Vordergrund stellen von dem, was schon vor Jahrhunderten wichtig war?

Wer die letzte Ausgabe der »Hannoverschen Schützenzeitung« gelesen hat, muss zugeben: Ihr Schützen seid euch dieses Zusammenhangs von Tradition und Zukunft sehr bewusst; auf sechs Seiten werden verschiedene Traditionen des hannoverschen Schützenfestes geschildert und erklärt. Besonders gelungen finde ich den Artikel über die Rolle des Bieres in der Geschichte des Schützenfestes unserer Stadt. Darin wird z. B. erwähnt, dass es ein Schießen vor der Marktkirche gegeben habe und dass der Turmknecht der Marktkirche für die Mithilfe bei den Vorbereitungen für dieses Schießen mit 12 Glas Bier bedacht worden sei. Könnte man diese Tradition nicht wieder aufleben lassen? Und da es das Amt des Turmknechts nicht mehr gibt, könnte ja der Küster oder besser noch der Schützenpastor die 12 Glas Bier erhalten; freuen würden sich beide. Aber im Ernst: Diese kurze Reminiszenz macht deutlich, dass es in der Bürgergesellschaft des Mittelalters eine enge Verbindung zwischen Schützenwesen und Kirche, ja zwischen Schützenwesen und christlichem Glauben gegeben hat. An diese Tradition möchte ich mit meiner Predigt erinnern. Dabei weiß ich sehr wohl, dass die Zeiten sich geändert haben, und diese damals selbstverständliche Verbindung heute längst nicht mehr selbstverständlich ist; aber erinnern will ich daran dennoch und dafür werben, diese alte Tradition zu bedenken.

Eine Tradition, auf die wir in Hannover besonders stolz sein können, ist das Bruchmeister-Amt. Es geht nachweislich bis auf das Jahr 1303 zurück; aus dem Jahr 1600 ist ein Amtseid der »Brokeheren« – wie sie damals hießen – überliefert. Dieser Eid endete selbstverständlich – damals selbstverständlich – mit der Formel »So als uns Gott helpe« – »so helfe uns Gott«. Das Gelingen des eigenen Tuns – das war damals durchgängiger Glaube – hängt an Gottes Segen: »An Gottes Segen ist alles gelegen!«

Die allerersten Ursprünge des Schützenwesens – auch daran, liebe Schwestern und Brüder, will ich euch erinnern – liegen in kirchlichen Ordensgemeinschaften. Es waren besonders die Franziskaner und Dominikaner, die weltliche Schützenbruderschaften bildeten. Diese hatten die Aufgabe, die städtische Bürgerschaft vor feindlichen Angriffen zu schützen, Haus und Hof und Menschenleben zu retten. Später bildeten sich daraus die religiös ausgerichteten Schützengilden, die sich wiederum einen Schutzheiligen erwählten. Meistens waren das der Heilige Sebastian oder der Heilige Hubertus. Noch heute trägt ein Hannoverscher Schützenverein den »Hubertus« in seinem Namen. In Gottes Namen Leben retten, Haus und Hof schützen und damit Gott dienen und dem Nächsten – das waren die Anfänge des Schützenwesens in unseren Städten. Das ist, liebe Schwestern und Brüder, eine, wie ich finde, wunderbare Tradition. Ließe sich davon nicht einiges mit hinein nehmen in Gegenwart und Zukunft? Könnten sich die Schützenvereine – sofern sie es nicht schon tun – wieder mehr verstehen als Gemeinschaften, in denen Bürgersinn, Bürgerbewusstsein und Bürgerpflichten gepflegt und hochgehalten werden? Der Schützenverein als eine Vereinigung von Frauen und Männern, in der neben dem Sport und der Geselligkeit das Wissen gepflegt wird, dass Achtung der Menschenwürde und Schutz des Menschenlebens Gottesdienst ist? Ja: Einsatz für Würde und Leben des Mitmenschen ist in der Bibel eine Form von »Gottesdienst«. Ich denke, im Anknüpfen an diese Tradition ließe sich Zukunft gestalten, damit würden auch in Zukunft vom Schützenwesen wichtige Impulse ausgehen für das Gelingen des Zusammenlebens in der Stadt.

Schwestern und Brüder, lasst euch erinnern an diese Traditionen! Zu denen gehört auch, dass die Schützen immer ein hohes Selbstbestimmungs- und Freiheitsbewusstsein gehabt haben; gegen alle Versuche der verschiedensten Obrigkeiten, das Schützenwesen zu verbieten, haben sie sich im Laufe der Jahrhunderte erfolgreich gewehrt. Das erinnert mich an einen Vers aus dem Galaterbrief, den Bruder Heitmüller vorhin auch gelesen hat: »Zur Freiheit hat uns Christus befreit. So steht nun fest und lasst euch nicht wieder das Joch der Knechtschaft auflegen« (Gal 5,1). Auch das ist eine wunderbare Tradition, Bürgerrechte zu leben und Bürgerfreiheiten zu schützen. Nehmt sie mit in die Zukunft!

Eine letzte Tradition noch möchte ich euch ans Herz legen; ich weiß, dass sie die umstrittenste ist, und dennoch halte ich sie für die schönste. Ich möchte sie umschreiben mit den Worten aus dem Kolosserbrief: »Bleibt nur im Glauben, gegründet und fest, und weicht nicht von der Hoffnung des Evangeliums, das ihr gehört habt und das gepredigt ist allen Geschöpfen unter dem Himmel« (Kol 1,23). Bleibt nur im Glauben und gebt die Hoffnung nicht auf, dass Gott für euch da ist – dann kann die Zukunft gesegnet sein. Amen.[22]

1 Nietzsche, Friedrich: Nachgelassene Fragmente 1882–1884. Hrsg. von Giorgio Colli. München: dtv, 2005.

2 Jetter, Werner: Symbol und Ritual. Anthropologische Elemente im Gottesdienst. Göttingen: Vanderhoeck & Ruprecht, 1986.

3 Gadamer, Hans Georg: Die Aktualität des Schönen. Kunst als Spiel, Symbol und Fest. Stuttgart: Reclam, 1993.

4 Pfeil, Sigurd Graf von: Schützenwesen und Schützenfeste in Niedersachsen. Göttingen: Schwartz, 1975, S. 83.

5 Stambolis, Barbara: Religiöse Festkultur. Tradition und Neuformierung katholischer Frömmigkeit im 19. und 20. Jahrhundert: Das Liborifest in Paderborn und das Kilianifest in Würzburg im Vergleich. Paderborn; München: Wien; Zürich: Schöningh, 2000, S. 71.

6 Pfeil: Schützenwesen, S. 37.

7 Ebd., S. 209.

8 Jüngel, Eberhard: Von Zeit zu Zeit: Betrachtungen zu den Festen im Kirchenjahr. Bovenden: Foedus, 1996, S. 5.

9 Marquard, Odo: Moratorium des Alltags – Eine kleine Philosophie des Festes, in: Walter Haug / Rainer Warning: Das Fest. Poetik und Hermeneutik XIV. München: Fink, 1989, S. 684–691.

10 Freud, Sigmund, Totem und Tabu Gesammelte Werke Bd. 14. Hrsg. von Anna Freud u. a., London 1940, S. 170.

11 Pfeil: Schützenwesen.

12 Ebd.

13 Martin, Gerhard Marcel: Fest und Alltag: Bausteine zu einer Theorie des Festes. Stuttgart; Berlin; Köln; Mainz: Kohlhammer, 1973, S. 25.

14 Chrysostomus.

15 Aus einem Telefoninterview vom 7. 10. 2005.

16 Assmann, Jan: Das Fest und das Heilige: Religiöse Kontrapunkte zur Alltagswelt. Gütersloh: Mohn, Gütersloher Verlagshaus, 1991, S. 9.

17 Walther-Sollich, Tilman: Festpraxis und Alltagserfahrung. Stuttgart; Berlin; Köln; Mainz: Kolhammer, 1997, S. 60.

18 Pieper, Josef: Über das Phänomen des Festes. Köln; Opladen: Westdeutscher Verlag, 1963, S. 14.

19 Metz, Johann Baptist: Glaube in Geschichte und Gesellschaft. Mainz: Matthias-Grünewald-Verlag, 1977.

20 Schleiermacher, Friedrich: Die praktische Theologie nach den Grundsätzen der evangelischen Kirche. Berlin; New York: de Gruyter, 1983.

21 Pastor Hans-Martin Kätsch, Schwiegershausen/Niedersachsen, 1999.

22 Pastor Reinhard Fiola, Leiter der Ev. Stadtmission Hannover und Schützenpastor in Hannover.

Literatur

Belliger, Andrea / Krieger, David J. (Hrsg.): Ritualtheorien. Opladen; Wiesbaden: Westdeutscher Verlag, 1998.

Cornehl, Peter u. a.: In der Schar derer, die da feiern. Feste als Gegenstand praktisch-theologischer Reflexion. Göttingen: Vandenhoeck und Ruprecht, 1993.

Haug, Walter / Warning, Rainer: Das Fest: Poetik und Hermeneutik XIV. München: Fink, 1989.

Hugger, Paul zus. m. Walter Burkert u. E. Lichtenhahn: Stadt und Fest: Zur Geschichte und Gegenwart europäischer Festkultur. Stuttgart: Metzler, 1987.

Leeuw, Gerardus van der: Phänomenologie der Religion. Tübingen: Mohr (Siebeck), 1956.

Simm, Hans-Joachim (Hrsg.): Das Fest: Ein Lesebuch vom Feiern. München; Wien: Hanser, 1981.

Klaus Hock

Halloween.
Die Provokation einer Erfolgsgeschichte

Horror, Spaß und Kürbislichter:
Halloween – das schrille Fest

Ich mag keine Horrorfilme. Deswegen habe ich mir – bei aller Begeisterung für das Œuvre des Meisterregisseurs John Carpenter – von seinen Werken neben »Dark Star« bislang nur »Christine« und »Assault – Anschlag bei Nacht« angesehen. »Halloween – die Nacht des Grauens«, jenen Film, dem Carpenter seinen großen Karrieresprung verdankt, kenne ich noch nicht. Eigentlich eine Bildungslücke, denn diese Produktion hat Filmgeschichte geschrieben und das Genre des gehobenen Gruselkinos maßgeblich beeinflusst – so ist die erfolgreiche Horror-Trilogie »Scream« von Wes Craven ohne den Einfluss von Carpenters »Halloween« nicht denkbar. Die Handlung des Films ist schnell erzählt: In einer Halloween-Nacht ermordet der sechsjährige Michael Myers seine Schwester und wird daraufhin in eine psychiatrische Anstalt eingewiesen. 15 Jahre später kann Myers entfliehen. Er kehrt in seine Heimatstadt zurück, um ein Blutbad anzurichten. Der *Showdown* ist wiederum auf die Halloween-Nacht gelegt: Nachdem Myers mehrere Freunde der Babysitterin Laurie ermordet hat, wird diese in letzter Minute von dem Psychiater Dr. Loomis gerettet, der um die Gefährlichkeit des Mörders weiß und ihn erschießt. Myers stürzt aus einem Fenster in den vermeintlich sicheren Tod; seine Leiche bleibt aber verschwunden. – Der Film verdankt seinen Erfolg vielleicht nicht so sehr der Handlung als vielmehr seiner Machart. Da er zum Kassenschlager wurde und der *Plot* durch den verschwundenen Myers wieder offen war, machten sich immer wieder andere Regisseure an die Produktion weiterer Folgen, die jedoch nach Meinung der meisten Filmkritiker an Carpenters Klassiker nicht heranreichen konnten. Manche waren kommerziell noch erfolgreicher, so etwa »H 20«, der als 7. Film in der Reihe 1998 zum zwanzigjährigen Jubiläum des Originals in die Kinos kam, andere Filme erwiesen sich aber als Flop. Noch für 2005 war Nr. 9 der Halloween-Reihe angekündigt. Bis auf den bereits 1983 indizierten und seit 1990 in seiner Originalversion bundesweit beschlagnahmten »Halloween 2 – das Grauen kehrt zurück« enden alle Filme in der Halloween-Nacht.

Schnitt. Ende der 1990er Jahre. Fröhliches Stimmengewirr und Getrampel von Kinderfüßen im Treppenhaus, Klingeln an der Wohnungstür. »Huuh-huuh! Süßes oder Saures!« Ein kleiner Trupp von Nachbarskindern steht verkleidet vor der Tür, gut gelaunt hält die Anführerin mir eine Schachtel unter die Nase. »Süßes oder Saures«, wiederholt sie mit verstellter Stimme durch ihre Hexen-Maske, und ihre kleinen Begleiter treten unruhig von einem Fuß auf den anderen. Nun, wir waren vorbereitet. Meine Frau, die zu ihrer Schulzeit ein Jahr als Austauschschülerin in den USA verbracht hatte, wusste Bescheid, als vor einiger Zeit der »Spuk« auch an der Ostseeküste ankam. Seither hielten wir für diesen Tag immer einen kleinen Vorrat von Süßigkeiten auf Lager. Das Nachbarsmädchen war gar nicht weiter bemüht, seine Identität zu verheimlichen. »Wollen Eure

Kinder nicht auch mit herumziehen?«, fragte sie, als wir der Gruppe unsere Gaben überreicht hatten. Natürlich wollten sie, auch wenn sie keine Verkleidung vorbereitet hatten und sich dem Trupp nur mit improvisierter Maskerade anschließen konnten. Eine knappe Stunde später kehrten sie mit ihren erbettelten Reichtümern zurück. »Na, wie war's?« – »Ganz okay«. Die meisten der Nachbarn hatten amüsiert reagiert und sich »Süßes« abpressen lassen. »Saures« erhielt, wer unfreundlich und gereizt oder gar wütend die Kinderschar abwies – und wurde dafür mit Sturmklingeln und lautem Krach bestraft. Bei den humorlosen Zeitgenossen handelte es sich durchweg um jene, die ohnehin stets mürrisch auf ihre Umwelt reagierten, Halloween hin, Halloween her.

Szenenwechsel. Ländliches Oberfranken in den frühen 1960er Jahren. Nicht nur für die Bauern, sondern auch für uns Dorfkinder brachte das Ende der Erntesaison und der Beginn der dunklen Jahreszeit einen gewissen Leerlauf im betriebsamen Jahreszyklus mit sich. Die Feldfrüchte waren alle eingebracht, und neben Kartoffeln, Rüben und anderem Gemüse lagen auch große Kürbisse in den Felsenkellern. Die hatten es uns angetan – ließen sich die ausgehöhlten Früchte, stellte man eine Kerze ins Innere, doch gut als Laternen benutzen, mit denen wir abends durch die Gegend zogen. Die Bauern waren davon nicht so begeistert. Wenn schon, dann sollten wir zu diesem Zweck Rüben nehmen, und nicht die edleren Kürbisse! Nun erfüllten zwar auch die Rüben ihren Zweck, aber wir bevorzugten doch die Kürbisse – sie waren größer, ließen sich leichter bearbeiten und gaben als Laternen auch einen viel helleren Schein ab. Übrigens: dass es so etwas wie Halloween gibt – davon hatte damals keiner von uns die geringste Ahnung, weder von den Kindern, noch von den Erwachsenen.

Horror, Spaß und Kürbislichter – drei Elemente neben vielen anderen, die sich in der einen oder anderen Form bei Halloween finden lassen, jenem neuesten Produkt auf dem Markt der deutschen Festkultur, das als Spaß- und Gruselfeier in der Nacht vom 31. Oktober auf den 1. November begangen wird. Seit zehn, fünfzehn Jahren und mit zunehmendem Erfolg hat sich Halloween einen festen Platz im bundesdeutschen Festkalender erobert, und nicht nur dort: Das schrille Event erfreut sich auch in den meisten anderen Ländern Europas wachsender Popularität. Volkskundler sind begeistert; endlich ergibt sich ihnen die Möglichkeit, das Entstehen eines Brauchs zu studieren, der als Importerzeugnis mit rasender Geschwindigkeit rezipiert, umgedeutet und weiterentwickelt wird. Aber Halloween provoziert auch kritische Reaktionen: Manche konservativen Christenmenschen warnen vor heidnischen, okkulten oder gar satanischen Inhalten und Mächten, die ihrer Meinung nach durch Halloween freigesetzt und verbreitet werden. Andere kritisieren die Kommerzialisierung des Ereignisses und prangern den in ihren Augen davon ausgehenden Konsumterror an. Wieder andere verurteilen Jux und Tollerei, begrüßen es aber, dass durch die Beliebtheit des Festes das Interesse an archaischen keltischen Traditionen und Ritualen geweckt wird, die im Halloween-Brauch bewahrt worden sind, wie sie glauben. Angeblich soll Halloween auch von Satanisten zum Anlass genommen werden, den Tag als Fest des Bösen zu begehen. Für die meisten ist Halloween jedoch in erster Linie *Fun* – ein freudig begrüßter, besonders greller Farbklecks im Kaleidoskop der bunten Spaßkultur.

Der rasante Aufstieg von Halloween sucht in der Tat seinesgleichen. Auch wenn es bei einer Umfrage zum Bekanntheitsgrad des Brauchs noch vor fünf Jahren schon einmal passieren konnte, dass von den Befragten Halloween mit Hillary, der Gattin des damaligen US-Präsidenten Clinton, verwechselt wurde, dürfte es heute kaum noch völlig »Uninformierte« geben. Allerdings divergieren die Meinungen ganz erheblich bei der Beantwortung der Frage, was denn Halloween nun genau sei: eher Party-Spaß oder Gruselfest, Schabernack oder »uralter« Brauch? Die Bewertungen liegen noch weiter auseinander, und das Spektrum der Akteure reicht hier von eingefleischten Halloween-Begeisterten und mitfeiernden Party-Freaks über Distanziert-Desinteressierte bis hin zu überzeugten Halloween-Gegnern. Bemerkenswert ist zudem, dass die Debatte über Halloween zum Teil hoch emotionalisierte Kontroversen auslöst. Symptomatisch dafür ist etwa die in einem Diskussionsforum des Magazins *chrismon* geführte Debatte im Anschluss an einen im Journal veröffentlichten Artikel zum Thema Halloween. Hier findet sich fast die gesamte Palette möglicher Positionen, die zum Teil recht polemisch vertreten werden. Für manche der Teilnehmenden scheint viel auf dem Spiel zu stehen: der angeblich durch das »heidnische« Halloween bedrohte christliche Glaube etwa, auf der einen Seite, oder ein vermeintlich durch kirchliche Ignoranz und Intoleranz verdrängtes und nun aufs Neue gefährdetes »ursprüngliches« keltisches Ritual, auf der anderen. Interessanterweise ähneln sich die Protagonisten der widerstreitenden Auffassungen nicht nur in ihrem apologetischen Eifer, sondern sie stützen ihre Urteile auch auf dieselbe Prämisse: dass es sich bei Halloween um einen vorchristlich-heidnischen – und dann, je nach Perspektive: entweder antichristlichen oder vom Christentum verdrängten – Brauch handle.

Der Erfolg eines Reimports

In den letzten zwei bis drei Jahrzehnten hat sich Halloween in West-, Mittel- und Nordeuropa rasant ausgebreitet. Dabei handelt es sich um einen kulturellen Reimport. Halloween stammt nämlich von den britischen Inseln und wurde von irischen Auswanderern im 19. Jahrhundert an die nordamerikanische Ostküste gebracht. Dort entwickelte sich der Brauch weiter und erfuhr vielfache Umdeutungen und Veränderungen, bevor er als eine Art »amerikanisches Faschingsfest« in die Alte Welt zurückkehrte.

Der Begriff Halloween leitet sich ab von »All Hallows' Eve« (bzw. »Evening«), also »Abend vor Allerheiligen«. Damit besteht ein terminlicher und terminologischer Bezug zum christlichen Kalender. In der Tat ist es eine alte kirchliche Tradition, an bestimmten Tagen der verstorbenen Vorbilder im Glauben zu gedenken. Bereits seit dem 2. Jahrhundert wurden zur Erinnerung an die Märtyrer Festtage begangen. Dabei gab es zunächst keinen einheitlichen Termin. In Syrien lag der Gedenktag in der Zeit nach Ostern, aus Rom ist ein Allerheiligentag überliefert, der zunächst im Mai, später im Februar, aber auch zur Osterzeit gefeiert wurde. Papst Gregor IV. (828–844) legte Allerheiligen als Fest für die Gesamtkirche dann auf den 1. November. Jahrhunderte später lagerte sich dem Termin am 2. November eine weitere Gedächtnisfeier an, mit der die katholischen Gläubigen ihrer Toten gedenken. Es geht auf den Abt Odilo von Cluny zurück, der 998 für diesen Tag eine Gedächtnisfeier für die Verstorbenen der ihm untergebenen Klöster anordnete. Der Allerseelentag verbreitete sich rasch über das ganze Abendland, so dass das Doppelfest Allerheiligen/Allerseelen bald große

Bedeutung erlangte, wenngleich Allerseelen erst zu Beginn des 20. Jahrhunderts unter Papst Benedikt XV. offiziell auf die Gesamtkirche ausgedehnt wurde.

Nun trifft es sich, dass Allerheiligen auf denselben Termin fällt wie das keltische Samhain, und vielleicht stammt die Idee, Allerheiligen am 1. November zu feiern, sogar aus Irland. Neben Imbolc (1. Februar), Beltane (1. Mai) und Lugnasad (1. August) markierte Samhain den Wechsel der Jahreszeit zum 1. November. Gleichermaßen Neujahrstag wie Ernteschluss, bezeichnete der Tag den Beginn des Winters – *samhain* aus *sam-fuin* = Sommer-Ende. Darüber hinausgehende Deutungen wie etwa die, Samhain sei ein keltisches Totenfest gewesen, oder gar die Annahme, an diesem Datum sei einem Totengott namens Samhain gehuldigt worden, sind reine Spekulation und entbehren jeglicher Grundlage.

Mit Halloween verbundene Bräuche und Erzählungen wurden in den 30er und 40er Jahren des 19. Jahrhunderts von irischen Einwanderern in die USA gebracht. Hierzu gehört etwa die ebenfalls aus dieser Zeit stammende britische Volkssage von Jack O'Lantern, der den Teufel austrickste und dadurch der Hölle entkam, dem aufgrund seiner Trunksucht und seines streitsüchtigen, betrügerischen Wesens aber auch der Himmel verschlossen blieb. So muss er für alle Zeiten im Dunkel zwischen Himmel und Erde umherwandern, wobei ihm eine ausgehöhlte Rübe mit einem Stück glühender Kohle als Leuchte dient. Der Brauch, zu Allerheiligen aus Rüben Laternen zu schnitzen, passte gut zu dieser Geschichte. In Amerika wurden die Rüben dann durch die größeren Kürbisse ersetzt, in die man, der gruseligen Erzählung angemessen, schauerliche Fratzen schnitt.

An der Ostküste der Vereinigten Staaten konnte sich Halloween in der zweiten Hälfte des 19. Jahrhundert von einem irischkatholischen Brauch zu einem volkstümlichen Fest weiterentwickeln, das zunehmend auch von den anderen Einwanderergruppen mitgefeiert wurde. Dadurch entwickelte Halloween auch neue Formen: Es gab Familienfeiern und Parties, auf denen man Kürbiskuchen und andere Kürbisspeisen reichte, insbesondere unter Kindern und Jugendlichen wurde es populär, sich an diesem Tag zu verkleiden, und das einst ruhige Fest wurde immer ausgelassener. Im Laufe des 20. Jahrhundert kam dann der Brauch auf, dass Kinder verkleidet von Haus zu Haus ziehen und um Gaben bitten. Dazu gehört der bekannte Spruch »Trick or Treat« (»Süßes oder Saures«, wörtlich: »Streich oder Gabe«), der gelegentlich zu einem kleinen Vers ausgebaut wird: »Trick or treat – smell our feet – we want something – good to eat«. Den Kindern werden dann in der Regel ein paar Süßigkeiten zugesteckt – und wenn nicht, wird den Verweigerern ein Streich gespielt. In den letzten Jahrzehnten hat sich Halloween aber von der Kindermaskerade immer mehr zu einem Lifestyle-Event für Jugendliche und Erwachsene gewandelt und ist aus der populären Kultur kaum noch wegzudenken. Die Häuser werden dekoriert – mit beleuchteten Kürbissen, aber auch mit Hexenfiguren oder Papierskeletten –, und auf den Halloween-Parties gewinnen neben der Maskerade diverse Scherzartikel an Bedeutung. Dabei ist eine »Horrorisierung« der derben Späße zu beobachten, so etwa, wenn an Horrorfilmen wie der eingangs erwähnten Halloween-Filmreihe orientierte Gruselszenen drapiert werden. Zum Teil haben sich die Aktivitäten auch ins Freie verlagert, und es gibt karnevaleske Halloween-Umzüge, an denen bisweilen Tausende von Menschen teilnehmen.

Ende des 20. Jahrhunderts ist Halloween nun auch nach Europa (zurück)gekommen und hat – durch Medien und Vermarktungsstrategien flankiert – einen atemberaubenden Siegeszug durchlaufen. Die Party- und Eventkultur um Halloween boomt, und das Ereignis hat sich inzwischen im Festkalender zwischen Erntedank und dem katholischen Doppelfest Allerheiligen/Allerseelen einen festen Platz erobern können – am 31. Oktober, der im europäischen Protestantismus als Reformationstag begangen wird.

Halloween oder: Die Erfindung einer Tradition

Halloween – ein großer Spaß. Aber ist Halloween *nur* Spaß? Und welchen Anteil hat bei Halloween als ausgesprochenem *Grusel*spaß der Grusel, das Grauen? Zudem dürfte Halloween inzwischen mehr als bloßer Spaß sein, da es inzwischen doch ein Stück weit vom Szenetrend zum Brauch geworden ist – als nordamerikanischer (Re-)Import mit irischer Vorgeschichte in unseren Breiten zwar nicht im Sinne einer gewachsenen Tradition, aber doch als Ereignis mit erkennbarer Kontur allgemein akzeptierter und weithin praktizierter Brauchtumselemente. Als Teil einer Festkultur, die auf katholisch-irische Einwanderer zurückgeht und eine Nähe zu religiösen Feiertagen hat, stellt sich natürlich auch die Frage nach dem potentiellen oder tatsächlichen *religiösen* Gehalt Halloweens. Oder ist der ganze Event am Ende doch bloß genauso hohl wie ein Halloween-Kürbis?

Einige Elemente sind in Europa unverändert vom US-amerikanischen Vorbild übernommen worden und haben sich weitgehend parallel mit den Veränderungen, die sich in der Performance der Halloween-Feiern während der letzten Jahren dort ergeben haben, weiterentwickelt. Dazu gehören etwa die Ausschmückung von Vorgarten, Haus und Partykellern und selbst Büroräumen mit den entsprechenden Insignien – allen voran der Kürbis, aber auch Scherenschnitte von Papierfledermäusen an den Fenstern, Vampirgestalten über der Haustür etc.

Die Verbindung von Kürbis und der Erzählung über Jack O'Lantern spielt in Europa eine recht geringe Rolle; hier ist der Kürbis eher spaßiges als gespenstisches Erkennungsmerkmal für Halloween. Wo sich das Interesse jedoch auf die Geschichte selbst richtet, werden abenteuerliche Interpretationen kolportiert: Jack O'Lantern repräsentiere als urtümliche Symbolgestalt die verdammten Seelen, die keine Ruhe finden und als Untote in der Welt umherirren; der Kürbis habe zu den magischen Paraphernalien keltischer Druiden gehört und als Wohnort eines ihm zugehörigen dämonischen Geistes gedient; an Wohnhäusern angebrachte Kürbisse hätten die Bereitschaft der Bewohner markiert, den Druiden (menschliche) Opfer anzubieten ... Der Gedanke, dass der ausgehöhlte Kürbis tatsächlich eine brauchbare Lampe abgeben könnte, wo es an Metall fehlt, muss angesichts dieser einfallsreichen Spekulationen selbstverständlich verblassen.

In den letzten Jahren hat sich auch eine Art Hitparade der beliebtesten Maskeraden herausgebildet, bei der Vampire, Gespenster und düstere Schminkmasken an der Spitze stehen, umgeben von einem ganzen Kosmos weiterer, zumeist finsterer Gestalten: Zombie, Frankenstein, Waldgeist und – Edvard Munchs »Schrei« nachempfundener und durch die gleichnamige Horrorfilm-Trilogie bekannt gewordener – *Scream*-Maske, dann auch Jack the Ripper, Mörderpuppe und Skelett, Dämon, Kobold, Zwerg und Gnom, Spiderman/Spiderwoman, Spinne, Pirat usw. Hier ist in der Ästhetik Halloweens tatsächlich seit einiger Zeit die bereits erwähnte »Horrorisierung« festzustellen. Woher kommt sie? Spiegeln sich darin nicht doch uralte Vorstellungen vielleicht gar vorchristlicher Provenienz, die in der

Rückkehr der Toten und der Präsenz des Bösen ihren gemeinsamen Nenner finden?

Ein weit verbreiteter Topos, der sich u. a. in fast allen jährlich wiederkehrenden Zeitungsartikeln zum Thema »Halloween« findet, ist die durchlässige Trennwand zwischen Diesseits und Jenseits. Nach einer gängigen Variante habe der Glauben, an Halloween erleichtere die dünne Trennwand zwischen der Welt der Toten und der Lebenden den Kontakt zu den Verstorbenen, dazu geführt, dass die Kelten versucht hätten, die Toten mit Leckereien und Süßigkeiten dazu zu bewegen, für kurze Zeit auf die Erde zurückzukehren. Auf diese Weise habe man den Kontakt zu den verstorbenen Verwandten pflegen wollen und dieses Ereignis wurde mit einem großen Fest begangen. Später hätten die Iren diesen Brauch dann verändert und sich darauf verlegt, durch schaurige Maskeraden und gruselige Verkleidungen die Toten wie auch die bösen Geister abzuschrecken.

Doch diese Geschichte der Halloween-Maskerade hält der Prüfung nicht stand. Es gibt keinen einzigen Hinweis darauf, dass Halloween in vorchristlicher Zeit als Totenfest begangen wurde, und bis weit ins 19. Jahrhundert hinein war Halloween auf den britischen Inseln nichts weiter als: der Vorabend von Allerheiligen! Erst im 19. und verstärkt seit dem 20. Jahrhundert finden wir Indizien dafür, dass Halloween sich nach und nach das Image einer besonderen Nacht erwarb, in der Geister, Untote, Hexen, Dämonen und alle erdenklichen Gestalten besonders aktiv waren und ihr Unwesen trieben. Wir haben es also nicht mit einem uralten keltischen Brauch zu tun, sondern mit der Erfindung einer Tradition.

Die jüngst zu beobachtende »Horrorisierung« der Halloween-Maskeraden selbst ist verschiedentlich so interpretiert worden, dass die Kostümierung an der archaischen Vorstellung anknüpfe, bösartige Wesen aus dem Jenseits durch Angst einflößende Verkleidung zu vergraulen. Doch auch hier liegt eine banalere Erklärung nahe. Der ästhetische Wandel lässt sich nämlich vornehmlich seit dem Ende der 1970er Jahre ausmachen. Nicht der Schauder vor den umherschweifenden Untoten wird im inszenierten Grausen repräsentiert, sondern der Grusel im Geiste von Horrorfilmen à la »Scream« und der »Halloween«-Reihe.

Ein weiteres zentrales Element von Halloween in den USA wie auch hier in Europa sind die Umzüge maskierter Kinder, die von Haus zu Haus gehen und – *trick or treat* / Süßes oder Saures – Süßigkeiten fordern. Das Phänomen des »Gabeheischens« oder der »Heischebrauch« ist nicht neu und findet sich in verschiedenen kulturellen Kontexten. So wundert nicht, dass auch diese Praxis immer wieder von »uralten heidnischen Gebräuchen« abgeleitet wird. Nach manchen Interpretationen wurzelt der Halloween-Heischebrauch in vorchristlichen Totengeister-Kulten und lässt sich auf die Vorstellung zurückführen, die Lebenden müssten die umherirrenden Geistwesen versorgen und für sie Gaben bereitstellen. Noch abenteuerlicher ist die Herleitung aus »uralten druidischen Praktiken«: Die Druiden seien von Haus zu Haus gezogen und hätten um einen Spende für ihre Zeremonien gebeten. Wer sich verweigerte, habe mit dem tödlichen Fluch der Druiden rechnen müssen, der in der Formel *trick or treat* impliziert gewesen sei – dem »Streich« (*trick*) des Todes. Trotz aller komplexen Spekulationen und erfindungsreichen Mutmaßungen lässt sich auch in dieser Frage kein einziger gesicherter Beleg für die Herleitung des Halloween-Heischebrauchs aus vorchristlichen Traditionen vorfinden. Wenn schon, dann ist das Gabenheischen ein Brauchtum, das in den Kontext christlicher Feste gehört: das Dreikönigsfest mit seinen Sternsingern oder das St. Martinsfest, aber auch Fasnacht oder gar Ostern. Dabei können die Heischebräuche unterschiedliche Bedeutungen haben und beispielsweise karitativen Zwecken dienen, als Bettelgänge inszeniert sein oder das Einfordern von Entgelt für bestimmte Leistungen bezwecken. Auch im Zusammenhang mit Allerheiligen sind aus verschiedenen Regionen Europas wie z. B. Tirol, der Eifel oder England Heischegänge bekannt. Dabei ging es oftmals darum, durch die Gaben ein Werk der christlichen Nächstenliebe zu erbringen, dessen Verdienst auf die eine oder andere Art in der Fürbitte den toten Angehörigen übereignet werden konnte, was sich beispielsweise in der osttiroler Heischeformel »Vergelt's Gott für die armen Seelen« widerspiegelt. Für die Ableitung von heidnischen Totenkulten, wie sie in der älteren Volkskunde versucht wurde, finden sich jedenfalls keine belastbaren Indizien.

Was die heutigen Halloween-Heischebräuche anbelangt, so legt sich eine recht profane Herleitung aus der sozialgeschichtlichen Entwicklung des Brauchs nahe: Um die Wende vom 19. zum 20. Jahrhundert fungierte Halloween, das gerade bei marginalisierten Einwandererschichten weit verbreitet war, zunehmend als Ventil sozialer Spannungen. Mehr und mehr wurde das Ereignis zum Anlass genommen, um den angestauten Aggressionen freien Lauf zu lassen. Die Situation eskalierte in den 1920er Jahren, in einer Zeit des wirtschaftlichen Verfalls, zusammen mit dem sprunghaften Anwachsen der organisierten Kriminalität in den großen Städten, dem Aufstieg des rassistischen Ku-Klux-Clan-Terrorismus und einer allgemeinen Zunahme von Gewalttaten. Der Halloween-Vandalismus überschritt alle akzeptablen Grenzen, und es kam schließlich gar zu massiven Übergriffen auf Leib und Wohl von Bürgerinnen und Bürgern. In dieser Situation warben Bürgerkomitees, lokale Zusammenschlüsse und Gruppen wie die Pfadfinder in groß angelegten Kampagnen dafür, das Fest in friedlichen Formen zu begehen. Kinder und Jugendliche wurden ermutigt, in kleinen Trupps von Haus zu Haus zu gehen und die Bewohner um kleine Gaben zu bitten und mit diesen »geordneten« Halloween-Umzügen gewaltbereite Akteure zu isolieren. Schon in den 1930er Jahren erfreute sich die »Nacht der Bettler« ebenso großer Popularität wie die Heischeformel, mit der die Grüppchen umherzogen: *trick or treat*.

So erfolgreich diese Domestizierung des Halloween-Vandalismus auch war, kam und kommt es in den USA immer wieder zu vereinzelten Exzessen. So wird davon berichtet, dass gelegentlich Autos oder gar Häuser in Brand gesetzt werden, aber auch, dass die verteilten Süßigkeiten vergiftet sind oder Äpfel mit Rasierklingen präpariert sind – die Grenzen des »derben Scherzes« sind hier schon lange überschritten. Aus Deutschland sind solche Exzesse nicht bekannt. Aber auch hier kann es zu gehörigem Ärger kommen: So soll der Oberbürgermeister von Dessau am Halloweenfest 2002 ein Mädchen verprügelt haben, das – *trick* – zuvor sein Haus mit Eiern beworfen hatte.

Immer wieder tauchen vereinzelt Berichte auf, dass Satanisten versuchen, sich Halloween anzueignen. Der Tag gilt als wichtiger Termin, an dem ihre Rituale angeblich besonders wirkungsvoll sind. Doch was sie tun, ist nicht bekannt, und überhaupt sind die entsprechenden Hinweise und Belege zu dünn, als dass sich gesicherte Aussagen machen ließen.

Schon seit geraumer Zeit ist in den USA der Party-Charakter Halloweens schrittweise in den Vordergrund gerückt. Auch für Europa steht dieser Aspekt im Design des Festes an besonders prominenter Stelle. Ausgehen, tanzen, Spaß haben – die Party ist zum wichtigsten Programmpunkt in der Halloween-Agenda avanciert. Allerdings bedarf es noch spezifischer Faktoren, damit die Party zur Halloween-Party wird. Dazu gehört die Verkleidung der Gäste und die atmosphärische Inszenierung, die Erzeugung einer Halloween-Stimmung durch weitere Elemente wie Raumausstattung, gegebenenfalls ein »Halloween-Menü«, Gruselinstallationen etc. Dabei bleibt das Grauen jedoch durchweg komödiantisch gebrochen, der Schauder bewegt sich auf der Ebene einer virtuellen Szenerie. Künstliche Spinnennetze und Fledermäuse aus Weichplastik an der Decke des Partyraums sind spaßig; echte Spinnweben und Fledermäuse fände wohl niemand so witzig. Doch es bleibt nicht bei privaten oder kleineren öffentlichen Halloween-Parties. Die Dimensionen haben sich verändert, und Halloween hat in den letzten Jahren eine Reihe von Mega-Events hervorgebracht. In New York ist die Greenwich Halloween Parade, eine erstmals in den 1970er Jahren veranstaltete Kostümparade, zum karnevalesken Großereignis geworden; an dem nächtlichen Ereignis nehmen Zehn-, ja Hunderttausende von Menschen teil. Ein in seinen quantitativen Dimensionen ähnliches Großereignis gibt es auch in Deutschland: Seit 1976 treffen sich Halloween-Begeisterte auf der Bergruine Frankenstein bei Darmstadt. Zwar gibt es zwischen der Ruine, Halloween und der Gestalt des Viktor Frankenstein, dem Titelheld des gleichnamigen Gruselromans, nicht die geringste Beziehung. Doch die Idee, an diesem Ort eine Halloween-Party zu organisieren, war ein voller Erfolg. Schon zur ersten Veranstaltung wurde mit 5000 Gästen die erwartete Teilnehmerzahl um das Zehnfache übertroffen, und inzwischen reisen Zehntausende von Halloween-Begeisterten aus ganz Europa an, um an den Veranstaltungen teilzunehmen, die sich über mehrere Tage hinziehen. Aber auch in ländliche und abgelegene Regionen ist Halloween vorgedrungen, wo sich das »Halloween-Party-Management« gelegentlich an überkommenen Festformen orientiert und etwa Laternenumzüge organisiert, analog den Feiern am St. Martinstag.

Halloween ist aber auch eines: ein profitables Geschäft! In den USA übertreffen die Umsätze an diesem Tag bei weitem die zu Ostern, Muttertag und sogar Weihnachten. Kostüme, Halloween-Schmuck, vor allem aber Süßigkeiten bringen Milliarden ein; um den 31. Oktober herum verkauft die Süßwarenindustrie ein Viertel ihrer Jahresproduktion. In Europa ergibt sich ein ähnliches Bild: Von den Einzelhändlern über die Konsumwarenindustrie bis hin zu Catering-Firmen und Event-Veranstaltern wird der Termin zu groß angelegten Marketing-Kampagnen genutzt, in den Karnevalshochburgen am Rhein ist Halloween zum zweiten Markt geworden, und Guinness, die Brauerei aus der »Urheimat« Halloweens, startet deutschlandweite Halloween-Werbung, um ihr Produkt unter die Leute zu bringen. Da fällt selbst für die Agrarindustrie noch ein dicker Brocken ab – wenn die üblichen, hochsubventionierten landwirtschaftlichen Erzeugnisse nicht mehr so viel einbringen, dann werden eben Kürbisse vermarktet. In Südwestdeutschland und der Schweiz findet sich bereits eine entsprechende Event-Struktur, die dem Produktmarketing zugute kommt: von der »Europameisterschaft im Kürbiswägen« über Kürbisausstellungen bis hin zum Züricher »European Halloween Festival«.

Nicht nur der Markt, sondern vor allem die Medien haben Halloween bei uns groß gemacht. Die Rolle des Kinos wurde im Blick auf die Horrorfilm-Produktion bereits erwähnt, inzwischen gibt es Hunderte von CDs mit Halloween-Songs bzw. Musik mit Halloween-Bezug, Halloween-Computerspiele und selbstverständlich eine inzwischen fast schon unüberschaubare Zahl von »Sachbüchern« – Party-, Bastel- und Kochtipps zum

Event. Noch vor wenigen Jahrzehnten wusste man in Deutschland allerdings so gut wie nichts über Halloween. Mitte der 1960er Jahre berichtete ein erstaunter Auslandskorrespondent recht befremdet über das Treiben anlässlich des exotischen Brauchs der »amerikanischen Walpurgisnacht«. Lange Zeit zog sich in den deutschen Medien der Vergleich mit dem Hexentanz auf dem Brocken durch die Berichterstattung, bevor die Walpurgisnacht vom Kürbis und vom Horror als Hauptassoziationen zu Halloween abgelöst wurde.

Feiern wir also Halloween, weil Markt und Medien es so wollen? Nach 1991, so wird berichtet, als wegen des Golfkrieges der Kölner Karneval abgesagt wurde und der Spaßindustrie ein Viertel ihres Jahresumsatzes verloren ging, hätte die deutsche Faschingsbranche auf der Suche nach einem krisenunabhängigen Event-Markt beschlossen, Halloween nach Deutschland zu holen. Dieser Plan sei dann in den nächsten Jahren erfolgreich umgesetzt worden, und der Halloween-Boom habe durch die aggressive Übernahme- und Marketing-Strategie eines US-amerikanischen Konzerns Ende der 1990er Jahre einen weiteren Aufschwung verzeichnen können. Aber weder Markt noch Medien allein können den Siegeszug Halloweens erklären. Die Menschen feiern nicht nur, weil sie sollen, sondern weil sie wollen.

Halloween for Holiday – Unbestimmtheit als Programm

Vor einigen Jahren strebte die Hamburger Initiative »Halloween for Holiday« ein Volksbegehren an, in dem sie sich dafür einsetzen wollte, den 31. Oktober für Halloween als zusätzlichen Feiertag einzuführen. Dazu wird es sicherlich nicht kommen.

Der Termin ist nur in den ostdeutschen Flächenländern offizieller Feiertag – als Reformationstag. Konkurriert Halloween also mit dem Reformationsfest, wie bisweilen zu lesen ist? Jedenfalls fordern protestantische Halloween-Kritiker immer wieder, sich auf das Reformationsfest zu besinnen, anstatt der Ausbreitung des bunten Treibens durch falsche Toleranz weiter Vorschub zu leisten. Halloween-kritische Katholiken wiederum prangern die Konkurrenz zu Allerheiligen/Allerseelen an. In ökumenischer Eintracht wird von manchen Kirchenvertretern wie auch religiös-konservativen Kreisen und Einzelpersonen Halloween als heidnischer und anti-christlicher Kult bekämpft, der das Böse verherrliche und eine Gefahr für Leib und Leben der Menschen darstelle. Ein französischer Autor sieht in Halloween ein Produkt der Moderne, ein Resultat der Säkularisierung, das sich an der Aushöhlung der christlichen Festkultur beteilige und mit dem der staatliche Laizismus in seine letzte Entwicklungsphase eintauche; diese ende damit, dass ein unbestimmtes »Heiliges« an die Stelle des Christentums trete.

Ablauf und Ästhetik Halloweens sind äußerst vielfältig. Dabei gibt es vor allem Ähnlichkeiten mit Karneval oder, in einzelnen Elementen wie dem Gabeheischen, mit St. Martins-Umzügen oder mit den Rundgängen der Sternsinger am Dreikönigstag. Karneval-Begeisterte brauchen allerdings keine Konkurrenz zu fürchten; Halloween wird als Ergänzung, nicht als Alternative betrachtet und gefeiert. Sein Siegeszug ist eingebettet in dic Expansion einer Eventkultur, in der ähnliche Feste mit karnevalesken Zügen an Bedeutung gewinnen: der Karneval der Kulturen, die Christopher-Street-Day-Paraden, das Coburger Samba-Festival usw. Mehr und mehr gewinnt jedoch ein anderer Aspekt an Bedeutung: Wenngleich sich religionsgeschichtlich kein unmittelbarer Bezug zu – sei's christlichen, sei's

»heidnischen« – Totenkulten herstellen lässt, wird diese Beziehung von Gegnern, aber auch Befürwortern von Halloween immer wieder beschworen. Auf längere Sicht hin könnte sich durch diese (Neu-)Erfindung der Charakter des Festes tatsächlich wandeln. Momentan macht jedoch gerade die inhaltliche Unbestimmtheit die eigentliche Attraktivität Halloweens aus. Hätte Halloween eine klare Botschaft, wäre es nicht so erfolgreich. Diese »Offenheit« kommt den Erwartungen einer Multioptionsgesellschaft entgegen: Ich kann auswählen, was meinen Bedürfnissen entgegenkommt (Party, Gruseleffekte, Verkleiden …) und muss mich nicht verbindlich festlegen. Zudem gibt es keine Ausgrenzung – Jede und Jeder kann nach ihrer und seiner Façon glücklich werden, ist aber nicht dazu gezwungen, sich starr geregelten Festabläufen zu unterwerfen. Bei gewachsenen, lokal verankerten Bräuchen ist oftmals sehr wohl klar, wer dazugehört und wo sein bzw. ihr Platz ist, und im Karneval folgt die Liturgie der guten Laune strengsten Regeln; werden sie durchbrochen, ist Schluss mit lustig. Im Vergleich dazu erfüllt Halloween integrierende Funktionen über alle sozialen, kulturellen oder ethnischen Grenzen hinweg. Das machte auch einen Großteil seines Erfolges in den USA aus.

Wie aber ist dann Halloween überhaupt zu greifen? Zunächst muss wohl nüchtern festgestellt werden, dass Halloween im Festkalender Einzug halten konnte, weil an dieser Stelle ein Vakuum entstanden war. Allerheiligen/Allerseelen hat an Bedeutung verloren, nachdem Termin und Festanlass auseinandergedriftet sind. Das Totengedenken findet heute eher am Nachmittag von Heiligabend statt. Dann nutzen viele die kurze Zeit zwischen Einkaufsstress und Feiertagshektik zum Gräberbesuch im privaten Kreis. Das bedeutet nun jedoch nicht, dass Halloween auch die Inhalte von Allerheiligen/Allerseelen absorbieren würde; noch einmal: religionsgeschichtlich hat Halloween weder zu heidnischen noch zu christlichen Totenfesten einen inhaltlichen Bezug! Falls es jedoch zutrifft, dass in Halloween – und sei es nur unbewusst – die Frage nach dem Jenseits thematisiert wird, und falls etwas dran ist an der Vermutung, in den bizarren Grusel-Inszenierungen zeige sich ein unbewusstes Bedürfnis nach ritueller Thematisierung des Todes in veränderten Formen – dann stellt sich in der Tat den Kirchen eine ganz neue Herausforderung. Es kann nicht mehr bloß darum gehen, dogmatisch korrekt die rechte Glaubensgewissheit zu verkündigen. Vielmehr wird geboten sein, in behutsamer Weise auf die Symbolik von Halloween Bezug zu nehmen und zu fragen, welche unausgesprochenen Anliegen darin zum Ausdruck kommen.

Material

M 1

Artikel »Reformationstag statt Halloween«

Evangelischer Medienaufruf: Reformationstag statt Halloween
Der neuheidnische Brauch des Halloween verdrängt den evangelischen Reformationstag und das katholische Allerheiligen. Der Geschäftsführer des Christlichen Medienverbundes KEP (Konferenz Evangelikaler Publizisten), Wolfgang Baake (Wetzlar), hat angesichts dieser Entwicklung die Medien aufgefordert, die beiden christlichen Feiertage wieder mehr ins Bewusstsein zu rücken. Der Reformationstag, der am 31. Oktober gefeiert wird und in mehreren Bundesländern ein gesetzlicher Feiertag ist, erinnert an den Thesenanschlag Martin Luthers und damit an den Beginn der Reforma-

tion. Katholiken begehen am 1. November Allerheiligen. Halloween (Nacht der Hexen) hat jedoch immer mehr die Bedeutung dieses Tages in der Wahrnehmung der Öffentlichkeit. »An dieser Entwicklung sind die Medien leider nicht ganz unbeteiligt«, so Baake in einem Brief an Medienvertreter. Bereits im Vorjahr sei auffällig gewesen, wie intensiv sich fast jede Sendung und fast jede Zeitung mit Halloween beschäftigte. Weder der Reformationstag noch Allerheiligen spielten dabei eine Rolle, so der KEP-Geschäftsführer. Wenn die Medien die christlichen Feste stärker berücksichtigten, könnten sie damit der Säkularisierung gegensteuern.

Halloween hat einen okkulten Hintergrund

In einem Informationsblatt erläutert Baake den okkulten Hintergrund von Halloween. Keltische Druiden in Irland feierten in dieser Nacht ursprünglich Neujahr. Die Grenze zwischen der sichtbaren Welt und dem Totenreich soll in dieser Zeit besonders dünn gewesen sein. Um sich vor dem Todesfürsten Samhain zu schützen, brachten die Kelten Opfer – auch Menschen. Als Gegenleistung hinterließen die Druiden Rüben, in die eine Fratze eingeritzt war. Aus denen wurden die heute üblichen Kürbisköpfe. Bis heute hat sich der okkulte Charakter erhalten: Statt eines harmlosen Gruselspaßes zelebrieren Satanisten ein Fest des Totengottes. Baake: »Doch wir Christen wissen: ›Gott ist Licht, und in ihm ist keine Finsternis‹ (1. Johannesbrief, Kap. 1, Vers 5), und Jesus Christus hat den Tod besiegt.«[1]

- *Analysieren sie die Argumentation des abgedruckten Artikels. Wie wird darin Halloween gesehen? Welche Darstellungen und Bewertungen sind problematisch, welche bedenkenswert?*

M 2

Die Welt der Hexen

Samhain – Totenfest
Nacht zum 1. November
Fest der Toten und der Anderwelt.
Symbole: Kürbis, Mais, Schädel

Das vielleicht unheimlichste Fest, aber auch ein sehr interessanter Tag: Am November-Vorabend ist der Schleier, der unsere Welt von der Anderwelt trennt am dünnsten (besonders im Nebel). Die Bewohner der Anderwelt, Feen und Elfen, kamen manchmal zu uns, und nahmen Menschenkinder, die sie für würdig befanden, mit in ihre Welt. Die Eltern hatten Angst und höhlten Kürbisse aus und schnitzten erschreckende Gesichter hinein (höchstes druidisches Symbol für Schutz). Dann wurde der Kürbis mit einer Kerze ans Fenster gestellt, um die Feen und Elfen abzuschrecken. Zu Samhain steht die Anderwelt offen, Vergangenheit und Gegenwart verbinden sich, die Geister der Ahnen werden wach. Durch das rituelle Gedenken leben sie in unserem Geist weiter. Wir werden uns bewusst, dass sie ein Teil von uns und wir ein Teil von ihnen sind – und dass der Tod ein Teil des Lebens und das Totenreich (Annwn, Hel) ein Teil der Welt ist, ohne den es kein Leben gibt. Dieser Brauch wird heute noch gefeiert und ist unter dem Namen »Halloween« bekannt, das von den Kirchen als Allerheiligen bzw. Allerseelen vereinnahmt wurde, Samhain ist das Ende des alten Jahres und der Beginn des neuen. Es ist ein Fest des Abschieds, bei dem die Verstorbenen geehrt werden. Anders als die Christen glauben die meisten Heiden an die Reinkarnation, so dass der Tod eine Notwendigkeit für neues Leben darstellt. Samhain ist ein Fest des Todes und der Hoffnung auf neues Leben. Auch markiert Samhain den Beginn des »Dunklen Jahres«, den introspektiven Teil des Jahresrades, in dem man auf und vor allem in sich selbst schaut. Früher war die Zeit nach Samhain diejenige, in der die Leute vorwiegend im Haus blieben. Es ist eine stille, tote Zeit. Die Natur bereitet sich darauf vor, bis Imbolc zu ruhen, die Zugvögel sind im warmen Süden und das Land ist kalt und grau. Wenn sich nun die Naturenergien zur Ruhe begeben und die Dunkelheit des Winters regiert, ist es Zeit, sich selbst zu beobachten, auszuruhen und sich auf das kommende Jahr vorzubereiten. Es ist Zeit für einen Rückblick auf das, was im gerade vergangenen Jahr getan wurde und was das Jahr und die eigenen Taten gebracht haben. Es ist eine Gelegenheit, sich selbst kennen zu lernen. Samhain ist das Fest, an dem Mutter Erde sich zur Ruhe begibt.[2]

- *Wie wird in diesem »neuheidnischen« Text Samhain und der Zusammenhang mit Halloween gesehen? Worin könnte die Faszination bestehen, die eine solche Sicht auslöst?*

M 3

Frage: »Was fällt Ihnen spontan zu Halloween ein?«

Umfrage 2001 (360 Datensätze)

	(Nennungen)
1. Kürbisse/Kürbisköpfe	121
2. Amerika/USA	81
3. Geister/Gespenster	49
4. Grusel	25
5. Party/Geisterparty	21

6.	Verkleidung / Kostüme	19
7.	Horror	10
8.	Hexen	9
9.	Masken	8
10.	Schwachsinn	8
11.	Spaß	6
12.	Horrorfilme	5
13.	Trick or Treat	5
14.	Feiern	4
15.	Kommerz	4
16.	Vampire	4
17.	Erntedank	3
18.	Gruselgeschichten	3
19.	Herbst	3
20.	Karneval	3
21.	Kulturimport	3
22.	Mode	3
23.	Blut	2
24.	Erschrecken	2
25.	Keltischer Brauch	2
26.	Phantasie	2
27.	Reformationstag	2
28.	Spannung	2
29.	Spuk	2
30.	St. Martin	2
31.	Süßigkeiten	2

Umfrage 2002 (473 Datensätze)

	(Nennungen)
1. Kürbisse/Kürbisköpfe	183
2. Amerika/USA	73
3. Party/Geisterparty	61
4. Grusel	55
5. Geister/Gespenster	47
6. Verkleidung/Kostüme	43
7. Kommerz	20
8. Horror	17
9. Hexen	16
10. Süßes und Saures	12
11. 31. Oktober	11
12. Amerikanischer Zirkus	11
13. Freude/Spaß	11
14. Masken	11
15. Trick or Treat	8
16. Keltischer Brauch	11
17. Lichter	7
18. Irischer Brauch	5
19. Kinder	5
20. Michael Meyers	5
21. Saufen	5
22. Spuken	5
23. Schrecken	5
24. Fledermäuse	4
25. Herbst	4
26. Quatsch	4
27. Vertreibung der Geister	4
28. Dekorationen	3

29. Neues Fest	3
30. trendy	3
31. Geisterstunde	2[3]

- *1. Welches Profil ergibt sich für Halloween, wenn sie diese Umfrageergebnisse auswerten?*
- *2. Welche Veränderungen und Trends lassen sich beobachten?*

Einordnung in den Brauchtumskalender

Einige der Befragten ordnen das Halloween-Fest bereits spontan in den etablierten Brauchtumskalender ein, was als Indiz für eine langsame Etablierung herangezogen werden kann.

- *Was lässt sich auf der Grundlage dieser Befragung für die Beziehung zwischen Halloween und Karneval aussagen? Welche Einordnung Halloweens in den Festtagskalender halten Sie für angemessen?*[4]

M 4

Gottesdienstlicher Versuch zu Halloween

Die katholische Akademie der Erzdiözese Freiburg hat im Rahmen eines Seminars zu »Halloween« im Oktober 2003 versucht, sich der Thematik auch im Rahmen eines »Gottesdienstlichen Versuchs« anzunähern.

- *Welche Symbole, Elemente und Inhalte des Halloween-Brauchtums könnten in Liturgie oder vorliturgische Andachtsformen Aufnahme finden – und welche sind mit dem christlichen Glauben absolut nicht kompatibel?*
- *Wie könnte ein entsprechender »gottesdienstlicher Versuch« im protestantischen Kontext aussehen?*[5]

1 Idea. Erschienen am: 25. 10. 2004.

2 http://www.hexenwelt.de/hexen/wicca8.htm.

3 Daniel Lois, Halloween im Rheinland – Statistik 2003. Zahlen und Fakten zur regionalen Bedeutung von Halloween. Amt für rheinische Landeskunde, Bonn 2003. http://www.halloween-im-rheinland.de/pdf/Halloween-Statistik_2003.pdf.

4 Daniel Lois, Halloween in Zahlen: Ein Newcomer fasst Fuß. Landesverband Rheinland, Amt für rheinische Landeskunde, Bonn 2001. http://www.halloween-im-rheinland.de/pdf/statistik.pdf.

5 Norbert Schwab (Hrsg.): Halloween oder: Des Kürbis' Kern. Freiburg i. Br.: Katholische Akademie der Erzdiözese Freiburg, 2004. http://akademie.erzbistum-freiburg.de/fileadmin/gemeinsam/Halloween.pdf.

Literatur

Bethancourt, W. J.: III, Myths, Monsters and Devils, 2000: http://www.malaspina.com/burning/halloween/hallows.htm.

Dewald, Markus: Kelten – Kürbis – Kulte: Kleine Kulturgeschichte von Halloween. Stuttgart: Thorbecke, 2001.

Hartinger, Walter: Religion und Brauch. Darmstadt: Wissenschaftliche Buchgesellschaft, 1992.

Le Guay, Damien: La face cachée d'Halloween. Paris: cerf, 2002.

Maier, Bernhard: Die Religion der Kelten: Götter, Mythen, Weltbild. München: Beck, 2001.

Nüchtern, Michael: Charme und Schatten von Halloween, in: Materialdienst der EZW 10 (2003), S. 374–379.

http://www.halloween-im-rheinland.de

Martin Kumlehn

Weihnachtsmärkte. Ewigkeitsglanz in grauer Zeit als Inszenierung der Sehnsucht

Seelenfutter

In der Hauptstadt ist es winterlich kalt aber noch heller Nachmittag, als acht Studierende mit ihrem Dozenten das Theologische Seminar verlassen, um ihre Übung zum Weihnachtsfest mit einer Exkursion auf den Weihnachtsmarkt am Kronprinzenpalais fortzusetzen. Dort ist noch nicht viel los. Zwar verbreitet sich schon der weihnachtsmarkttypische Duftmix aus gebrannten Mandeln, Rostbratwurst, Glühwein und Pilzpfanne, aber im Schein der prallen Sonne mag eine weihnachtliche Stimmung nicht so recht aufkommen. Damit sich die gemütlich-anheimelnde Atmosphäre eines Weihnachtsmarktes aufbauen kann, so merken wir, sind offenbar ganz andere Lichtverhältnisse vonnöten. Es muss richtig dunkel sein, wenn die unzähligen Lampen und Lämpchen, der Glitzerkram und Lampionschmuck die kleine Budenstadt in eine Welt eigener Art und Bedeutung verzaubern sollen. Jedenfalls spielt – das ist der Gruppe schnell klar – das Wechselspiel von Licht und Finsternis für die Ästhetik des Weihnachtsmarktes eine, wenn nicht gar *die* entscheidende Rolle. Denn es versetzt die Besucher und Besucherinnen in einen Zustand, in dem die Präsenz der Wirklichkeit gewissermaßen sinnlich gedämpft erscheint, in eine Art perzeptiv-emotiven Schwebezustand mithin, in dem sich die Quellen der Sehnsucht nach dem Glück, nach dem Ganzen und Heilen leichter, selbstverständlicher aufsuchen lassen, da die harten Kontraste des Alltagslebens weicher gezeichnet und sich schließlich ganz aufzulösen scheinen. Von dieser zauberischen Weihnachtsmarktatmosphäre also, die sich ganz wesentlich der Lichtinszenierung verdankt, welche das Hässliche barmherzig im Schatten lässt und dem Unscheinbaren zu mehr Glanz verhilft – von diesem Zauber keine Spur. Sonnendurchflutet, in einer ziemlich unweihnachtlichen Nüchternheit präsentiert sich uns der Markt mit seinen Ständen. Einige Studierende steuern eine Bude an, wo Engel aus Draht und Metall in allen möglichen Farben und Formen zum Verkauf angeboten werden. Eine andere Gruppe zwängt sich in das Häuschen, in dem erzgebirgisches Weihnachtshandwerk ausgestellt ist. Und eine weitere Gruppe nimmt die Karussell- und Riesenradangebote für die Kleinen näher in Augenschein.

Als wir uns bei der Waffelbäckerei treffen, um unsere Eindrücke auszutauschen, fällt uns plötzlich genau gegenüber eine Bude auf, die schon auf den ersten Blick irgendwie nicht recht zum sonstigen weihnachtlichen Ensemble zu passen scheint: Da werden auf Kunststoffgras Dosen und Flaschen zum Verkauf angeboten, auf deren Etiketten Worte wie »Freundschaft«, »Glück«, »Gesundheit« oder »Liebe« prangen. Die Innenwände der Bude sind ganz und gar mit Goldfolie ausgeschlagen, und golden glänzt uns auch das Label entgegen: »Seelenfutter – gifts for life«. Es sind, wie sich auf unser Nachfragen herausstellt, Aprikosen- und Mandarinendosen, Wein- und Likörflaschen, die solcherart beklebt sind. Und die Verkäuferin reicht uns einen Prospekt, dem wir die »Philosofie« dieser Geschäftsidee entnehmen können: »Seelenfutter entstand aus der Idee, das Unbezahlbare, also das nicht Messbare, das Unfassbare und Verzaubernde, die Symbolik, die uns durch das ganze Leben begleitet, in einem Lifestyle festzuhalten.« Einigermaßen frappiert fragt ein Student, ob das nicht ein etwas allzu dreister Versuch sei, die Leute für dumm zu verkaufen und ihnen das Geld aus der Tasche zu ziehen. Doch seine Freundin glaubt, dass dieser ironisch berechnete Selbstwiderspruch, mit dem Unbezahlbaren selbst wiederum Geld zu machen, total trendy sei. Damit aber sind wir der tiefgreifenden Ambivalenz des Weihnachtsmarktes bereits auf der Spur ...

Vom Spielzeugmarkt zum Genuss- und Gefühlsevent

Kulturgeschichtlich betrachtet hat der Weihnachtsmarkt mit dem Christfest zunächst nicht allzu viel zu tun. Seine Wurzeln liegen vielmehr in dem seit dem Mittelalter bezeugten Brauch, die Kinder am Tag ihres Schutzpatrons, des Heiligen Nikolaus (6. Dezember), zu beschenken. Vorzugsweise auf den zentralen Plätzen größerer Städte, meist in der Nähe der Hauptkirche, entstehen binnen kurzem Nikolausmärkte, auf denen Süßigkeiten und Spielzeug verkauft werden. Bald wird es dann in den protestantischen Regionen üblich, die Kinder nicht am Nikolaus- sondern am Weihnachtstag zu bescheren, und die Märkte werden hier dementsprechend etwas später, in der Regel in der Woche vor Weihnachten, abgehalten. Auf den Nikolaus- wie auf den Weihnachtsmärkten werden freilich von Anfang an nicht nur Spielwaren und Naschereien feilgeboten – auch wenn zum Beispiel die Erfolgsgeschichte des wohl bekanntesten deutschen Weihnachtsmarktes, des Nürnberger Christkindlesmarktes, mit einer »Spielzeugmesse« (1628) beginnt. Neben Bewährtem und Neuheiten auf dem Markt der Kinderträume und -wünsche stehen nämlich gemeinhin auch landwirtschaftliche und handwerkliche Erzeugnisse zum Verkauf. Denn für die Bauern des Umlandes wie für manchen Handwerker bietet der Weihnachtsmarkt eine gute Gelegenheit, ihre Waren nicht auf dem Umweg über die Läden und Geschäfte, sondern direkt zu vermarkten. Außerdem sitzt der Geldbeutel in diesen Tagen bei allen ein wenig lockerer als sonst. Die Hausangestellten und Dienstmädchen haben etwas Geld in der Tasche, da sie zum Christfest einen Extralohn erhalten[1] und ihre Herrschaft ist stets auf der Suche nach kleineren oder auch größeren Präsenten, mit denen sie sich gegenseitig und ihren Kindern eine weihnachtliche Freude machen können. Außerdem bietet der Markt den Armen die Möglichkeit, sich durch den Verkauf von kleinen Köstlichkeiten oder gebasteltem Weihnachtsschmuck ein paar Groschen zu verdienen.

Ähnliches sieht man, wenngleich in abgewandelter Form, auch heute. Da singen Kinder Weihnachtslieder, spielen Indios ihre zu Herzen gehenden Weisen, backen Pfadfinder Waffeln und verkaufen freundliche Damen Unicef-Karten. Die für das Weihnachtsfest so charakteristische Verbindung von Kommerz und Melancholie erzeugt eine Atmosphäre, in der sich nicht wenige dazu veranlasst sehen, zu tun, was ihnen sonst vielleicht eher fern liegt: Almosen geben und etwas für einen guten Zweck kaufen. Vor allem aber will man sich selbst etwas Gutes tun: Das Glas Glühwein mit Schuss wärmt von innen, die Thüringer Rostbratwurst befriedigt den Appetit auf Pikantes ebenso wie die Crêpes mit Nutella das Verlangen nach Süßem. Und das Glänzen der Kinderaugen, die einem aus dem Feuerwehrauto des Karussells entgegenstrahlen, weckt Gefühle und Erinnerungen, die eine Saite in uns zum Klingen bringen, welche sonst im Lebensalltag kaum hörbar wird.

Den sozialgeschichtlichen Hintergrund dieser sinnkonstruktiven Verbindung von käuflichem Genuss bzw. Gefühl einerseits und unerschwinglicher Erfüllung bzw. Sehnsucht andererseits bildet das seit dem frühen 19. Jahrhundert wirkmächtig werdende Lebensideal der bürgerlichen Familie mit seiner bedeutsamen Aufwertung des Kindes und der Kindheit. Spätestens seit dieser Zeit gilt Weihnachten als das Fest der Kinder. Sie sind das irdische, wenn auch nicht (!) käufliche Glück ihrer Eltern. Die

Ludwig Richter (1803–1884), Christmarkt[2]

Freude und Dankbarkeit der Eltern, die Liebe zu ihren Kindern, drängt in die Darstellung und manifestiert sich auf dem Gabentisch. Gefühle werden auf diese Weise mitteilbar, das emotionale Innen als Handlung äußerlich sichtbar – ohne dass die Geschenke den Dank und die Freude jemals wirklich adäquat zum Ausdruck bringen könnten. Darin liegt die Ambivalenz des Schenkens – eine Ambivalenz, die es im übrigen mit dem Glauben teilt. Denn auch im Glauben, in der religiösen Deutung des Lebens, bleibt die Darstellung des Glaubens zwangsläufig stets hinter der lebensbestimmenden Macht und Bedeutsamkeit des Glaubens zurück.[3] Der eigentliche Ursprung des Weihnachtsmarktes, wie wir ihn heute kennen, liegt mithin in eben dieser ambivalenten Verbindung von Darstellung und Empfindung, von Gabe und Gefühl, von Ökonomie und Emotionalität, wie sie sich im Zuge der Herausbildung der modernen Familienreligiosität unweigerlich entwickelt. Mit der Entdeckung des Eigenwertes des Kindes und seiner Welt sowie unter ständiger Bezugnahme auf – zum Teil bloß angesonnene – Bedürfnisse und Phänomene der Kindheit entstehen die charakteristischen Weihnachtsbräuche und die signifikanten Symbole des Festes: Tannenbaum und Engelshaar, Christkind und Weihnachtsmann, Lebkuchenherzen und Holzspielzeug.

Lichterglanz und Budenzauber – eine kleine Phänomenologie der Weihnachtssehnsucht

Wer mit wachem Blick über den Weihnachtsmarkt schlendert, der entdeckt eine ganze Fülle von Zeichen und Inszenierungen, die die Weihnachtssehnsucht zu vergegenwärtigen und begehbar zu machen suchen. Neben dem bereits erwähnten Wechselspiel von Licht und Dunkelheit ist es für die Atmosphäre eines Weihnachtsmarktes sehr wichtig, ob die typische Mixtur von kulinarischen Genüssen und sinnlich-symbolischen Bedeutungsstiftungen gelingt. Wo sich nur Fressbude an Fressbude reiht oder wenn der Weihnachtsmarkt bloß eine Kirmes im Winter ist, stellt sich schwerlich eine weihnachtliche Stimmung ein. Dazu braucht die jahrmarktmäßig verdichtete Genuss- und Spaßkultur vielmehr eine Ergänzung aus der Sphäre des individuell Bedeutsamen. Die Attraktivität der Weihnachtsmärkte dürfte jedenfalls nicht zuletzt damit zusammenhängen, dass sie emotionale Resonanzen vermitteln, die sich gleichermaßen aus dem Erlebnischarakter des Events *und* aus der zeichenhaften Vergegenwärtigung bzw. symbolischen Deutung biographisch unverzichtbarer Erfahrungszusammenhänge speisen. Denn eben durch diese Mischung werden Gefühle und Stimmungen sowohl erzeugt als auch erfahrbar gemacht, die der Annäherung an das Weihnachtsfest dienen, aber auch der Einstimmung auf die dort konzentrierte, und deswegen für viele so schwer erträgliche Artikulation letzter Bedeutsamkeiten – Liebe und Glück. Der Besuch des Weihnachtsmarktes bereitet auf die unvermeidliche Konfrontation mit der symbolischen Verdichtung des Göttlichen im Menschlichen am Heiligen Abend vor. Dem entspricht die fiktionale Darstellung des Heilen und Ganzen im Modus der Inszenierung eines harmonischen Familienlebens.[4] Dass der Weihnachtsmarkt somit eine im Grunde zutiefst *adventliche* kulturelle Praxis darstellt, ist den Veranstaltern übrigens durchaus bewusst. Eingangs der webseite *www.weihnachtsmarkt-deutschland.de*, der umfangreichsten Auflistung deutscher Weihnachtsmärkte, wird diese Einstimmungsfunktion des Weihnachtsmarktes wie folgt beschrieben: »Für viele von uns beginnt die schönste Zeit des Jahres im November, dann ist wieder Weihnachtsmarkt in Deutschland. Es ist die besinnlichste Zeit des Jahres, geprägt von Kerzenlicht und Plätzchenduft, Eisblumen am Fenster, geheimnisvollen Weihnachtsgeschichten, klirrender Kälte und romantischen Nächten am lodernden Kaminfeuer. Lebkuchen, Printen, Stollen, Spekulatius, Zimtsterne, Glühwein und heißer Apfelsaft gehören dazu, und die gibt es auf dem Weihnachtsmarkt in großer Auswahl und bester Qualität. Die meisten Besucher gehen mit Familie, Freunden oder Arbeitskollegen auf den Weihnachtsmarkt. Singles finden hier vielleicht den lieben Menschen, mit dem sie die Feiertage verbringen möchten. Und manch einer lässt bei einem guten Glas Glühwein die schönen Momente des Jahres Revue passieren und freut sich auf die verdiente Weihnachtspause. Weihnachtsmarkt ist wirklich eine schöne Einstimmung auf die Festtage.«

Was mit dem Weihnachtsmarkt beginnt, das ist die Vorbereitung auf den festlichen Höhe- und Schlusspunkt des Jahres, der einen nicht bloß in finanzieller, sondern insbesondere auch in emotionaler Hinsicht einiges kostet und auf den man sich darum mit Hilfe einer ganzen Reihe von Schwellen- und Übergangsritualen einstimmen lässt. Einerseits ist die »Welt des Weihnachtsmarktes« zwar in der Tat »ein festliches Kaufhaus der Sinne, in dem sich Schlemmen lässt, in dem man sich gesellig zeigt und flanieren kann«, wie Matthias Morgenroth in seiner Studie zum modernen Weihnachtschristentum notiert.[5] Andererseits aber dient das Bummeln, Stöbern, Pausieren und Sichverzaubernlassen nicht nur als Selbstzweck, sondern hat, im Blick auf die bevorstehenden Festtage, eine äußerst wichtige Funktion. Denn der »Weihnachtsmarkt ist ein Fest-Platz an der Grenze.«[6] Er markiert den Übergang zum eigentlichen Fest, dem Fest der Liebe als Ursprung und Urgrund des Lebens –

auch und vor allem des eigenen. Es sind der zitierten Internetseite zufolge zunächst einmal die *sinnlichen* Erkennungszeichen, die auf diesen Übergang einstimmen sollen: Kerzenlicht und Plätzchenduft. Danach erst, aber offenbar nicht weniger bedeutsam, rücken die *sinndeutenden* und *sozialen* Dimensionen der Vorbereitung auf das Weihnachtsfest in den Blick: Geheimnisvolle Weihnachtsgeschichten und romantische Nächte am lodernden Kamin.

Doch gerade hier zeigt sich: Die für viele Menschen schönste, weil besinnlichste Zeit des Jahres ist auch eine äußerst gefährliche Zeit. Was, wenn man ungewollt allein ist und bleibt, also auch auf dem Weihnachtsmarkt nicht »den lieben Menschen findet, mit dem man die Feiertage verbringen« – sprich: überleben – kann? Was, wenn einen auch das beste Glas Glühwein nicht darüber hinwegtrösten kann, dass die schönen Momente des Jahres von Krankheit oder Arbeitslosigkeit oder Abschied und Verlust überschattet werden? In der besinnlichsten Zeit des Jahres, wo zurückgeblickt wird und bilanziert, wird eben nicht nur das Beglückende, sondern auch das Bedrückende besonders intensiv spürbar. Dies führt unter Umständen dazu, dass man sich der um sich greifenden Weihnachtssehnsucht mit allen verfügbaren Mitteln gerade entziehen möchte. Diesem Sachverhalt entspricht es, dass es innerhalb der Zeichen- und Bedeutungswelt des Weihnachtsmarktes auch Elemente ironischer Brechung der Christfestsemantik gibt, die dem Einzelnen eine gewisse Distanz gegenüber der weihnachtlichen Stimmung ermöglichen (z. B. trashiger Weihnachtsschmuck, blinkende Weihnachtsmannmützen oder Lebkuchenherzen mit antiweihnachtlichen Sprüchen). Doch auch wer sich auf den vorweihnachtlichen Zauber gerne einlassen möchte, kann dies aufgrund der angedeuteten ambivalenten Stimmungslage eigentlich nur, wenn ihm die mit diesem Zauber verbundenen Gefühle und Erfahrungen nicht allzu unmittelbar und direkt – gleichsam nackt – gegenübertreten, sondern in symbolische Chiffrierungen gewandet, die die Weihnachtssehnsucht zu kommunizieren erlauben, ohne dass man sich dessen stets bewusst sein müsste. Wie nämlich das ewig Gut sich in unser Fleisch und Blut verkleidet,[7] damit wir seine Nähe uns zugut überhaupt erfahren können, so muss sich auch unsere Sehnsucht nach dem Heilen und Ganzen in Handlungen und Vorstellungen kleiden, die das Eigentliche zwar ahnen lassen, aber nicht einfach unvermittelt in den Raum stellen. Die Sehnsucht nach dem Einfachen, Ursprünglichen beispielsweise findet sich dort abgebildet, wo man Baumschmuck aus Glas nicht nur kaufen, sondern auch bei seiner Herstellung zusehen kann, wo also Produktion und Vermarktung wie in alten Zeiten noch in einer Hand sind.

Überhaupt hat die besondere Kaufatmosphäre des Weihnachtsmarktes ihren »Grund nicht in einer größeren oder hochwertigeren Auswahl«, sondern rührt in erster Linie daher, »dass dieselben Waren, die im Kaufhaus unscheinbar alltäglich angeboten sind, hier vom Budenzauber wie verwandelt erscheinen«.[8] Das nostalgische Flair, das vom angebotenen Holz- und Blechspielzeug, von Bienenwachskerzen und Kräutertees, von den Pyramiden aus dem Erzgebirge und den thüringischen Räuchermännchen ausgeht, versetzt in eine Stimmung, die dem Bedürfnis nach Regression entgegenkommt. Ähnliches gilt, jedenfalls bei kleinstädtischen Veranstaltungsorten, im Blick auf den häufig ausgesprochen provinziellen Charakter von Weihnachtsmärkten. Wo der eine Nachbar mit dem Sportverein Würstchen grillt und der andere Holzspielzeug verkauft, wird der Weihnachtsmarkt zum Dorfgemeinschaftstummelplatz, der den Wunsch nach Beheimatung, die Sehnsucht nach sozialer Identität befriedigt: Provinzialität als Programm, in dem die konkrete, sozial überschaubare Öffentlichkeit des Marktes als wohltuendes Gegenstück zum medial-virtuellen *global village* fungiert. Auch der Auftritt der Märchentante auf der Bühne hat viel mit Nostalgie zu tun, entführt er doch in eine Zeit, in der die Macht der fiktionalen Realitätskonstruktionen noch ungebrochen herrschte, in der man sich und seine Welt noch mühelos neu erfinden konnte. Und schließlich hat auch der Veranstaltungsort selbst eine bestimmte zeichenhafte Bedeutung: Der Weihnachtsmarkt mit seinen Lichterketten und Holzhütten ist eine Chance für die *Innenstädte*, sich gegenüber der Konkurrenz der Shopping Malls am Rande der Stadt zu behaupten. Der Rathausmarkt oder der Kirchplatz als historisches Zentrum symbolisieren gleichsam die Sehnsucht danach, sich der eigenen Herkunft und Tradition zu vergewissern und stehen für das weihnachtliche Bedürfnis, seine *innere Mitte* aufzusuchen und zu kultivieren. Genau dazu aber braucht es den wohl dosierten und poetisch abgefederten Rückgang auf die je individuellen Ursprünge. Die reale, stärker noch aber die emotionale und symbolische Welt der Kindheit grundiert nicht nur das Weihnachtsfest, sondern auch seinen Auftakt, den Weihnachtsmarkt. Der Bezug auf diese Welt ist von Beginn an so etwas wie sein geheimes Motiv. Denn die lustvolle Befriedigung der oralen Sehnsüchte und die kindliche Freude am absichtslosen, aber bedeutungsvollen Vergnügen sind mehr als bloße Reminiszenzen an eine Zeit, »wo das Wünschen noch geholfen hat«. Genuss und Sentiment sind sowohl Ausdruck als auch Vergegenwärtigung eines Sinnverlangens, das mit der Erinnerung an die – eigene – Kindheit eng verknüpft ist, ohne doch dieser selbst zu entstammen. Es verdankt sich vielmehr einer konstruktiven Leistung des religiösen Symbolisierens, dem die Utopie der Kindheit zugleich zum Paradigma eines erfüllten Lebens wird. Denn die Welt des Kindes mit seinen Träumen und Phantasien ist, wie Ernst Bloch es einmal sehr präzise formuliert hat, »das Land, das allen in die Kindheit scheint und worin noch niemand war«,[9] nach dem sich gleichwohl alle sehnen.

Das Licht und die Lichter – oder: Von der Heilkraft der Sehnsucht

Von nichts anderem handelt denn auch die Weihnachtsbotschaft (Jes 9,1–6 und Lk 2,10–14), der es in einer kaum zu überbietenden Weise gelingt, die regressiven und progressiven Momente der Weihnachtssehnsucht mit Hilfe der Licht-Finsternis-Metaphorik und des religiösen Deutungssymbols des göttlichen Kindes so miteinander zu verknüpfen, dass tatsächlich die Sorge der Freude weicht, die Angst in Jubel verwandelt wird. Wer Heilig Abend in die Kirche geht, der will vor allem *diese Texte* hören! Denn sie rühren am Innersten und Wertvollsten und Heiligsten, was wir haben und was zugleich unser Menschsein ausmacht: Dass wir die Sehnsucht nach dem Vollkommenen behutsam in uns bergen, den Traum eines erlösten und versöhnten Miteinanders nicht aufgeben. Dabei hilft das für die weihnachtliche Atmosphäre so charakteristische »regressive Moment der Einkehr in den Anfang«.[10] Das heilige Kind und der Glanz des Weihnachtslichts – sie führen an den Ursprung unserer Existenz und erzeugen zugleich Resonanzen, die unser gegenwärtiges Leben noch einmal anders und neu – wie verwandelt – wahrzunehmen erlauben.[11] In der Hütte Gottes bei den Menschen wird *im Diesseits* unseres Erfahrungshorizonts eine neue Perspektive, ein neuer Anfang offenbar (Offb 21,3–5), weil nämlich, wie

Schleiermacher es so treffend formuliert hat, »jeder von uns in der Geburt Christi seine eigne höhere Geburt anschaut«.[12] Es ist genau diese Anschauung, die die Regression in einen neuen Aufbruch münden lässt. Dass Weihnachten beides zusammenhält, dass man hier in seinen Ursprung einkehrt *und* voller Zuversicht auf das Morgen hin lebt, »das kann man nur staunend feiern«.[13]

Die religiösen Zeichen und Handlungen des Weihnachtsfestes kultivieren diese Sehnsucht nach dem Heilen und Ganzen. Sie werden *kirchlicherseits* freilich stets auf eine Weise kommuniziert, dass deutlich ist: Die Erfüllung dieser Sehnsucht kann man letzten Endes nicht haben oder irgendwo kaufen, sondern sich nur schenken lassen. So gesehen haben *gerade die Kirchen* auch an Weihnachten keine Früchte, sondern bloß den Samen im Angebot. Sie artikulieren die Suche nach dem Glück und weisen den Weg nach Bethlehem – aber so, dass das Aufsuchen und Finden der Quelle, aus der sich die Sehnsucht wie ihre Befriedigung speist, als ein Geschehen erkennbar bleibt, das sich den unvertretbar eigenen Erfahrungen und Deutungsakten des Individuums verdankt.

Für die Arbeit in den Gemeinden oder Schulen, in der Jugendgruppe oder im Kirchgemeinderat bietet es sich daher vielleicht an, diesen Aspekt etwas genauer zu beleuchten. Wie hängen Weihnachtssehnsucht und Weihnachtsfreude eigentlich zusammen? Wie gehe ich damit um, dass man diese Freude nicht machen kann? Was bewegt mich gleichwohl, anderen zu diesem Fest eine Freude zu machen?

Material

M 1

1. Dazu mag es hilfreich sein, das im Internet präsente Angebot der Firma Seelenfutter samt ihrer »Unternehmensphilosofie« mit der bekannten Erzählung vom »Engelsfutter« zu kontrastieren:

> Seelenfutter ist ein junges trendiges Label, das sich zur Aufgabe gemacht hat, kleine emotionale und persönliche Geschenke herzustellen. In der heutigen Zeit von Schnelllebigkeit und Vergänglichkeit gewinnt die zwischenmenschliche Beziehung immer mehr an Bedeutung. Da man jedoch ehrliche Gefühle und schöne Worte nicht einpacken und schenken kann, bleibt uns die Symbolik des Schenkens – Seelenfutter. Die ganz speziell gestalteten Etiketten auf das Thema bezogen, verleihen unseren Produkten einen ganz besonderen Touch. Die Übergabe von Seelenfutter, aus tiefstem Herzen aufrichtig gemeint, wird auch für den Schenkenden zu einem besonderen und herzlichen Erlebnis.[14]

> Ein junger Mann betrat im Traum einen Laden. Hinter der Theke stand ein Engel. Hastig fragte er ihn: »Was verkaufen Sie, mein Herr?« Der Engel antwortete freundlich: »Alles, was Sie wollen.« Der junge Mann begann aufzuzählen: »Dann hätte ich gern das Ende aller Kriege in der Welt, bessere Bedingungen für die Randgruppen der Gesellschaft, Beseitigung der Elendsviertel in Lateinamerika, Arbeit für die Arbeitslosen, mehr Gemeinschaft und Liebe in der Kirche und ... und ...« Da fiel ihm der Engel ins Wort: »Entschuldigung, junger Mann, Sie haben mich falsch verstanden. Wir verkaufen keine Früchte, wir verkaufen nur den Samen.«[15]

M 2

2. Wie gezeigt wurde, hängt die weihnachtliche Heilkraft der Sehnsucht eng mit einer *Vergegenwärtigung der eigenen Lebensgeschichte* im Modus der Erinnerung zusammen. Dabei spielt freilich das fiktionale Element eine zentrale Rolle. Für die religions- und gemeindepädagogische Bearbeitung dieser Thematik bietet sich nach meinem Eindruck der Kinofilm »Smoke«[16] von Wayne Wang und hier vor allem die letzte Sequenz, die Weihnachtsgeschichte (18 min.), ganz besonders an.

> In ihr geht es darum, wie der Tabakladenbesitzer Auggie Wren seinem Freund Paul Benjamin, einem mehr oder minder erfolgreichen Schriftsteller, zu einer Weihnachtsgeschichte verhilft. Auggie erzählt davon, wie er einmal einen Jungen beim Stehlen ertappt hat, bei seiner Verfolgung aber nichts weiter als dessen Geldbörse zu fassen bekommt. Sie enthält einen Führerschein und einige Familienphotos, die ihn anrühren und seinen Ärger vertreiben. Als er am Heiligen Abend kurzfristig von seiner Freundin versetzt wird, erinnert er sich an das Portmonee und beschließt, es seinem Besitzer zurückzubringen. Er macht sich auf den Weg. Die auf dem Führerschein angegebene Adresse führt ihn in einen heruntergekommenen New Yorker Stadtteil. Auf sein Klingeln öffnet eine alte Frau. Sie ist blind und etwas Unglaubliches geschieht …

Die Weihnachtsgeschichte von Auggie Wren lässt die Kraft der Fiktion anschaulich werden, von der auch die Weihnachtssehnsucht ganz wesentlich lebt. Auf diese Weise wird nachvollziehbar, dass und wie der Glaube aus dem Hören der Botschaft kommt (Röm 10,17), insofern die – gute (!) – Erzählung einen Verstehens- und Deutungsraum eröffnet, in dem die Poesie des

Vernommenen die Frage nach dem Realitätsgehalt der Geschichte obsolet werden lässt und gerade dadurch über das Diesseits aller Erfahrungen hinausweist. So wie auch die Inszenierung des Weihnachtsmarktes eine sinnlich-symbolische Verzauberung intendiert, die aus dem Wirklichen in das Reich des Möglichen, des Traums, des Glücks entführen soll.

1 Weber-Kellermann, Ingeborg: Das Weihnachtsfest: Eine Kultur- und Sozialgeschichte der Weihnachtszeit. München; Luzern: Bucher, 1987, S. 70.

2 Ludwig Richter, Holzschnitt [102 × 127], in: Beschauliches und Erbauliches. Leipzig: Georg Wigand, 1853.

3 Evangelisches Gesangbuch: Lied 37, Vers 4.

4 Koschorke, Albrecht: Die Heilige Familie und ihre Folgen. Frankfurt a. M.: Fischer TB, 2000, S. 20.

5 Morgenroth, Matthias: Weihnachts-Christentum: Moderner Religiosität auf der Spur. Gütersloh: Kaiser, Gütersloher Verlagshaus, 2002, S. 209.

6 Ebd., S. 211.

7 Evangelisches Gesangbuch: Lied 23, Vers 2.

8 Morgenroth: Weihnachts-Christentum, S. 209.

9 Bloch, Ernst: Das Prinzip Hoffnung. Frankfurt a. M.: Suhrkamp, 1967, S. 1628.

10 Korsch, Dietrich: Weihnachten – Menschwerdung Gottes und Fest der Familie. Systematisch-theologische Gedanken zu gelebter Religion, in: IJPT 2 (1998), S. 226.

11 Evangelisches Gesangbuch: Lied 56, Vers 3.

12 Schleiermacher, Friedrich: Die Weihnachtsfeier: Ein Gespräch (1806), in: Ders.: Kritische Gesamtausgabe Bd. I/5, hrsg. von Hermann Patsch, Berlin; New York: de Gruyter, 1995, S. 96.

13 Korsch: Weihnachten, S. 227.
14 www.seelenfutter-schweiz.ch.
15 Zit. nach Hoffsümmer, Willi: Kurzgeschichten, Bd. 1, Mainz: Matthias-Grünewald-Verlag, 2002, S. 153.
16 Wayne Wang: Smoke – Raucher unter sich, USA, 1995, 105 min.

Kristian Fechtner

Silvester.
The same procedure as every year

»... as every year!«

»The same procedure as last year? – The same procedure as *every* year!« Mittlerweile ist der Dialog zwischen einer alten Lady und ihrem in die Jahre gekommenen Butler nicht nur ein geflügeltes Wort, es ist ein Zeitzeichen: Wenn die englische Comedy »Dinner for One« als x-te Wiederholung über den Bildschirm geht, weiß man hierzulande, dass das alte Jahr in seine letzten Stunden und Minuten geht. Die Sendung ist Kult. Zu jedem Jahreswechsel aufs Neue feiern, nun schon seit einigen Jahrzehnten, Miss Sophie und ihr Butler James immer wieder den 90. Geburtstag der hochbetagten Dame. Immer wieder der gleiche Gang der Dinge, die gleiche Speisenfolge. Immer wieder übernimmt der Butler den Part der vier längst verstorbenen Freunde: »Please, James!«, immer wieder die gleichen Trinksprüche, die fortschreitende Trunkenheit des Butlers, der eben alle Gläser leeren muss, immer wieder zuerst das Stolpern, dann der Sprung über den Tigerkopf. Mit den beiden feiert eine in den letzten Jahren wachsende Schar von Fernsehzuschauerinnen und -zuschauern (mittlerweile über 15 Millionen hierzulande). Die beiden feiern Geburtstag, alle anderen Silvester.

Die Fernsehinszenierung zeigt, wie die spätmoderne Medienkultur ritualproduktiv ist. Der letzte Abend des alten Jahres wird interpunktiert durch das immer gleiche Ritual, in dem spürbar wird, dass wieder ein Jahr vergangen ist. »Dinner for One« wird zwischen 19:00 Uhr und Mitternacht in ARD, Dritten Programmen und nun auch im Kinderkanal (das Ritual zeugt sich in die nächste und übernächste Generation fort) zelebriert. Was gibt es zu verstehen? Verschiedene Aspekte lassen sich ausmachen:

- Zeit kommt zu Bewusstsein, wenn sie im Zyklus des Jahres im wiederkehrenden Fest erlebbar wird. In den ersten Jahren wurde die Comedy noch dann und wann ausgestrahlt, wenn sich eine Programmlücke ergab. Jetzt ist sie längst mit dem Jahreswechsel verschmolzen. Alles hat seine bestimmte Zeit. Gegen die Nivellierung des Zeitempfindens – Erdbeeren im Dezember und Anfang Januar Sommerurlaub in warmen Gefilden, im Grunde: alles zu jeder Zeit – steht das Bedürfnis, dem Jahr durch feste Zeiten einen Rhythmus zu geben. Wir leben in einer ambivalenten Situation: Auf der einen Seite verschleifen sich die traditionellen Jahresrhythmen, vervielfältigen und überlagern sich. Zeitmuster individualisieren sich. Auf der anderen Seite wächst die Einsicht, dass gelebte Zeit angewiesen ist auf kollektive fest- und alltagszeitliche Rhythmen, die einen gemeinsamen Zeithorizont prägen. Der Jahreswechsel trägt wesentlich dazu bei, er ist ein fixes Datum des gesellschaftlichen Kalenders. Das bürgerliche Jahr ist fest umrissen, es hat Ende und Anfang.
- Gelebte Zeit strukturiert und qualifiziert sich in ihren Übergängen. Schwellen wollen begangen werden; es reicht nicht, dass sie im Kalender verzeichnet sind. Wer von einer Zeit in eine neue, vom alten ins neue Jahr gelangen will, muss über

eine Schwelle treten. Schwellen sind unsichere Orte, sie erzeugen Schwellenangst (nicht zufällig fehlt umgangssprachlich ein komplementärer Ausdruck: Schwellenlust?). Sie aktivieren das Bedürfnis, auf Vertrautes zurückzugreifen: »the same procedure as last year« und das meint: »as every year«. Der Rückgriff ist mehr als Routine. Er verbürgt, dass in der rituellen Wiederholung sich ein Vertraut-Sein einstellt: keine überraschende Wendung, sondern der immer gleiche Ablauf und die Lust, vorbereitet zu sein. Rituale machen die Schwelle trittfest und den Übergang trittsicher. Jenseits des Jahreswechsels liegt ungewisses Gelände, diesseits hat sich vieles ereignet, was unerwartet, ungewollt oder unverhofft gewesen ist – dazwischen aber liegt für eine gute Viertelstunde das, was immer schon und immer wieder derselben Dramaturgie folgt. Das Fernsehstück steht für ein rituelles Bedürfnis, das sich zum Jahreswechsel in vielfältigen Formen niederschlägt.

- Den Blick genauer eingestellt: »Dinner for one« begeht und interpretiert die Jahreswende als einen Geburtstag. So wie sich individuell der Geburtstag jährt, so kollektiv der Jahreswechsel. Die Analogie gibt zu erkennen, dass Silvester wie Geburtstag moderne Feste darstellen. Dies gilt unbeschadet dessen, dass beide Festereignisse eine sehr viel ältere Tradition bilden und in sich tragen. Heute Geburtstag zu feiern bedeutet nicht mehr, sich zyklisch der Geburt zu erinnern, sondern ein neues Lebensjahr zu beginnen. Es wird der 31. oder 45. (oder eben der 90.) Geburtstag begangen. Geburtstag ist in der Moderne zu einem biographischen Datum geworden und gewinnt Bedeutung in der Chronologie fortschreitender Lebensgeschichte. Nicht anders ist es mit Silvester. Die je besondere Jahreszahl, 2005 und 2006, macht den in jedem Turnus wiederkehrenden Jahreswechsel zu einem kalendarischen Ereignis und zu einem unwiederbringlichen Moment des Zeitlaufs. Mit diesem Moment spielt die Comedy und die Fernsehzuschauerinnen und -zuschauer spielen mit. Es wird wiederholt, was unwiederholbar ist. Das Ritual von Miss Sophie und Butler James wird zum Element der Ritualisierung, mit dem der Jahreswechsel inszeniert wird: So wie jedes Jahr wird dieses Jahr Silvester gefeiert.

- Zugleich verrät die Dramaturgie, wogegen die Protagonisten antreten: dass Leben vergänglich ist. Das Stück führt vor Augen, dass festgehalten wird, was passé ist. Die Freunde sind längst tot, doch sie treten, durch den Butler verkörpert, immer wieder neu auf. Die Komik des »the same procedure as every year« hat einen melancholischen Unterton. Und Trotz schwingt mit, Abschied wird verweigert. Miss Sophie fügt sich nicht ins Unvermeidliche, sondern agiert und lässt agieren, als ob sie alle noch gegenwärtig wären. Dieses »als ob« ist mehr als bloße Erinnerung, es ist Vergegenwärtigung dessen, was gewesen ist. Indem die Differenz zwischen vormals und jetzt übersprungen wird, wird sie sinnenfällig (es ist eben Dinner for One und nicht mehr Dinner for five). Daraus entsteht die Situationskomik der Szene, sie ist zum Lachen. Abschied ist aber – neben den Aspekten, die bereits angeführt worden sind – das Motiv, das diesen 90. Geburtstag mit Silvester verknüpft. Am letzten Abend des vergehenden Jahres wird bewusst, dass etwas vorbei ist. Der Jahreswechsel ist unabweisbar eine Abschiedssituation – wie immer man sich dazu stellt und verhält. Die Comedy charakterisiert auf ihre Weise das Jahresende: Der ins Komische gewendete Widerstand gegen den auferlegten Abschied, der dem Lachen Sympathie beimischt für das, was die beiden da aufführen, ist selbst abschiedlicher Natur. Der 90. Geburtstag soll gefeiert werden wie jedes Jahr – er könnte ja der letzte sein. Wer weiß das schon? »Dinner for One« als wäre es das letzte Ma(h)l.

Man kann und muss das kleine Stück Fernsehunterhaltung weniger ernst nehmen als seine Über-Interpretation. Gleichwohl: Es trägt doch auf seine Weise zur Textur des Jahreswechsels bei. Und es wird sich zeigen, dass vieles von dem, was heute Silvester ausmacht zwischen Amüsement und Bedeutsamkeit changiert.

Zur Geschichte des Neujahrsfestes

Neujahrsfeste gibt es von alters her in vielen Kulturen und Religionen. Religionsgeschichtlich wurzeln sie in den Mythen vom Anfang der Welt und der Zeit. Neujahr ist in diesem Rahmen das Fest, das die (sakrale) Ordnung der Welt erneuert, indem die mythischen Chaosgewalten rituell gebannt und, in manchen Traditionen, die Gottheit neu geboren werden. Ein solches Neujahrsfest führt immer wieder an den Ursprung zurück und »erschafft« im Kultus den Kreislauf von Vergehen und Werden. Zeit entsteht, die sich dann in festen, vornehmlich agrarischen Rhythmen entfaltet. Agrarische Ereignisse und/oder astrologische Gegebenheiten des Sonnen- und Mondjahres begründen und datieren die periodische Wiederkehr des Neujahrstages. Insofern ist das Neujahrsfest eng verwoben mit der (religions-)kulturellen Praxis, Zeit zu strukturieren und zu ordnen, später dann kalendarisch zu erfassen und zu berechnen.

Den 1. Januar als Neujahrstag zu begehen ist römisches Erbe: Dieser Tag wurde im Julianischen Kalender (46 v. Chr.) als Beginn des bürgerlichen Jahres festgelegt. Bereits zuvor hat sich das Datum gegenüber der altrömischen Praxis durchgesetzt, in welcher der März staatlich und kultisch als erster Monat des Jahres gegolten hat. Der 1. Januar als Jahresanfang verbindet zwei Traditionslinien: Zum einen ist es der Tag, an dem die politischen Ämter feierlich wechseln und somit ein neues Amtsjahr beginnt. Zum anderen zieht der Termin weitere Festakte und Rituale des Jahreswechsels an sich und verbindet sich insbesondere mit den Ende Dezember stattfindenden Saturnalien. Aus den »saturnalischen« Festivitäten stammen Elemente, die – später verbunden mit Traditionen anderer Herkunft – den Jahreswechsel in der Volkskultur und Volksfrömmigkeit verankern. Dazu gehört insbesondere die Praxis von Glückwünschen und damit verbundenen Geschenken. Ihnen wohnt der Sinn und die Vorstellung inne, dass jeder Anfang Zeichen der Zukunft enthält, im guten Anfang mithin das ganze neue Jahr positiv vorbestimmt wird. Dies korrespondiert mit Orakeln und Horoskopen, in denen Zeichen gelesen werden, um zu ergründen, was das neue Jahr bringen wird. Es gehört zu den ersten Pflichten des Konsuls, nach seinem Amtsantritt zum Jahresanfang die Auspizien einzuholen, das heißt Weissagungen auf Grund des Vogelfluges. Der römische Gott des Anfangs und Übergangs, Janus, ist doppelgesichtig, er schaut nach vorne und blickt zugleich zurück. Der Jahreswechsel trägt beide Perspektiven in sich, er ist der Ort zwischen dem, was gewesen ist, und dem, was kommen wird.

Mantische Praktiken (Wahrsagen), Glückwünsche, symbolische oder verschwenderische Gaben, Umzüge und exzessive Festivitäten durchziehen dann über Jahrhunderte hinweg das Neujahrsbrauchtum der Volksreligiosität in Europa. Im christlichen Horizont wird die Volksreligiosität teilweise adaptiert, so etwa Glück- als Segenswünsche oder Weissagungen fürs neue Jahr, die aus der Bibel entnommen werden. Zugleich verschmelzen sie mit Weihnachtsbräuchen, man denke etwa an die frühneuzeitlich sich herausbildende Praxis der Weihnachtsgeschenke für Kinder. Die karnevalesken Momente kommen in den mittelalterlichen, sich durchaus im kirchlichen Kontext bewegenden Esels- und Narrenfesten unter, aus denen eine eigene Festzeit herauswächst, die als Karneval vom Jahreswechsel wegrückt und im Jahresrhythmus eher spätwinterliche Züge annimmt. Die Neujahrsbräuche selbst dehnen die Zeit vor und um den Jahreswechsel zu einer Zwischen- und Übergangszeit eigener Art. Viele unterschiedliche Kalenderkulturen kennen einen Zeitraum, der bis in den heutigen Sprachgebrauch »zwischen den Jahren« genannt wird. Was nach gegenwärtigem Verständnis auf die Tage zwischen Weihnachten und Silvester begrenzt ist, wurzelt in der kalender-, kultur- und religionsgeschichtlich althergebrachten Tradition der »Zwölften«. Ihr liegt die Praxis zugrunde, zwölf Tage (und Nächte) um den datierten Jahreswechsel als ausgesonderte Zeit jenseits des alltäglichen Lebens und dessen sozialer Ordnung zu betrachten und zu begehen. Innerhalb der griechischen und der lateinischen Kirche ist im 4. Jahrhundert eine zwölftägige Festzeit bekannt, die ausdrücklich mit einem Fastenverbot belegt ist. Es sind dann aber insbesondere Einflüsse der germanischen Religion, die den »Zwölften« einen volksreligiös eigenen Charakter geben. Als »Rauhe Nächte« (oder »Rauchnächte«) erscheinen sie als besondere Toten- und Geisterzeit, der in Schutzriten zu begegnen ist, Ereignisse der Natur fungieren in dieser Zeit als Heil oder Unheil kündende Vorzeichen. Das Neujahrsbrauchtum und die Rituale des Jahreswechsels bilden eine Gemengelage unterschiedlicher mythologischer und religiöser Traditionen, ein Amalgam von so genannten heidnischen und christlichen Elementen. Der Synkretismus ist kein sekundäres oder gar modernes Phänomen, sondern gehört konstitutiv zur Geschichte des Festes.

Die Kirche hat den Neujahrstag und die Art und Weise, wie der Jahreswechsel begangen wird, von jeher als Herausforderung wahrgenommen. Besondere Gottesdienste am 1. Januar gehören von Beginn an zum festen Bestand der liturgischen Praxis des Christentums. Zugleich sind Kirche und Theologie bestrebt, sich vom populären Neujahrsfest abzugrenzen. Für Augustin markiert, wie für andere Kirchenväter auch, die Beteiligung an den Jahreswechselfestivitäten geradezu die Differenz zwischen Christen- und Heidentum: »Jene eilen ins Theater, wir in die Kirche« – »Wenn jene sich freuen, so lasst uns für sie seufzen und durch ihre jauchzende Lust uns mahnen, wie beklagenswert sie sind.«[1] Gegen das Festtreiben erklärt die alte Kirche den 1. Januar zum Bußtag. In der Folge bemüht sich die Kirche, den Tag als Christus-Fest (Beschneidung Jesu) oder Marienfest liturgisch umzuwidmen, beides wird bis heute in den liturgischen Büchern tradiert, ohne dass es den Charakter des Tages nachhaltig prägt. Im 14. und 15. Jahrhundert werden dann der Neujahrsgedanke als christlich-religiöse Besinnung auf den Wechsel der Zeit Thema der kirchlichen Neujahrspredigt und der Gottesdienst am 1. Januar als Neujahrsgottesdienst gefeiert. Doch das Differenzbewusstsein und die Abgrenzungsbemühung bleiben als kirchlicher Vorbehalt gegenüber dem eben nicht genuin christlichen Fest erhalten. Die Wendung, dass »draußen« lautstark gelärmt und geböllert wird, während wir hier »drinnen« zur Ruhe kommen und uns besinnen, gehört noch heute zum festen Bestand gottesdienstlicher Begrüßungen im Jahreswechselgottesdienst. Martin Luther hat seinerzeit scharf pointiert: »Man heißt diesen heutigen Tag [den 1. Januar] den neuen Jahrstag nach der Römer Weise. Denselben neuen Jahrstag und anders, so wir von den Römern haben, lassen wir itzt fahren. Wir Christen fangen unsern neuen Jahrstag an am heiligen Christtage«.[2] Die Auseinandersetzungen um das, was als Neujahrstag gelten soll, wie er zu begehen ist und was er zu bedeuten hat, spiegeln sich darin wider, dass bis ins ausgehende 18. Jahrhundert unterschiedliche Kalender in Gebrauch sind, die jeweils den Jahresanfang anders datieren. Neben dem 1. Januar können auch, wie bei Luther, der 1. Weihnachtstag, Ostern oder der 1. September als kalendarischer Jahresbeginn gezählt werden. Dass heute das Kirchenjahr mit dem 1. Advent beginnt, ist ein liturgiegeschichtlicher Spätling und eine kirchliche Sondertradition, die nicht dazu geführt hat, einen spezifisch »kirchlichen Neujahrstag« zu begründen. Kalender sind, das wird deutlich, weit mehr als Berechnungssysteme. Sie sind zugleich symbolische Ordnungen, in denen Zeit interpretiert und das, was gemeinschaftlich gelten soll und woraus sich Sinn speist, erinnert, inszeniert und gefeiert wird. In der protestantischen Kirche haben sich Neujahrsgottesdienste eingebürgert. Erst später, im Laufe des 19. Jahrhunderts und mit kirchlichen Auseinandersetzungen verbunden hat sich auch der Silvestergottesdienst durchgesetzt. Dass beide Formen heute einen festen Platz im kirchlichen Gottesdienstkalender haben, zeigt sich nicht zuletzt daran, dass das evangelische Gesangbuch eine eigene Rubrik mit Liedern zum Jahreswechsel verzeichnet, die je auf ihre Weise das Motiv der Jahreswende geistlich aufnehmen.

Vom Jahresrückblick bis zum Silvesterfeuerwerk

Auch wenn heute der 1. Januar als Neujahrstag der gesetzliche Feiertag ist, bildet die Mitte des Festgeschehens doch der letzte Abend des alten Jahres. Die Dramaturgie des Jahreswechsels konzentriert das Ereignis auf den mitternächtlichen Augenblick und auf die Schwellenzeit zuvor. Dazu gehören auch all diejenigen Akte, die als äußere und innere Vorbereitung die Zeit auf das Jahresende hin gestalten. Neujahr ist demgegenüber schon der Tag »danach«. Wird auch der 31. Dezember weithin nach dem Tagesheiligen benannt (Papst Silvester I), so ist er von Hause aus ein säkularer Tag ohne eigene kirchliche Bedeutung. Die abendliche und nächtliche Silvesterfeier ist Teil der insbesondere urbanen Fest- und Feierkultur in der Moderne. Der Jahreswechsel ist ein öffentliches Festgeschehen der populären Kultur ohne eine kollektiv verbindliche »offizielle« Feier. Eine zivilreligiöse Komponente kann man in der obligatorischen Neujahrsansprache des Bundeskanzlers sehen, die, bezeichnenderweise ausschließlich medial, den Silvesterabend eröffnet. Am Festgeschehen kann man individuell partizipieren, es wird privat, in der Regel aber nicht alleine, begangen. Bedeutung gewinnt der Übergang, der ein kollektives Ereignis darstellt, vornehmlich in lebensgeschichtlicher Perspektive. Der Jahreswechsel wird als biographischer Moment erlebt und gefeiert – das macht, unbeschadet der langen Traditionsgeschichte, den spezifisch modernen Charakter des Festes aus. Dieser biographische Zug ist dem Jahreswechsel als gegenwärtiger kultureller Institution eingeschrieben, d. h. den symbolischen Formen, in denen das Ereignis gestaltet wird, und der Textur als deren Bedeutungsgewebe.

Der Jahreswechsel bildet heute kein festes, geschlossenes Ritual, das vollzogen wird. Er wird vielmehr mittels unterschiedlicher Elemente rituell inszeniert. Die Dramaturgie entspricht der Logik von klassischen Übergangsriten (van Gennep), allerdings ohne strenge Abfolge der verschiedenen Phasen. Es geht darum, sich aus den Erfahrungen des alten Jahres herauszulösen (Trennung), sich ins neue Jahr als neu begonnener Zeit hineinzubegeben (Aufnahme) und in einem Raum »dazwischen« den Übergang zu begehen (Schwelle). Diese drei Momente – Trennung, Aufnahme und Schwelle – sollen im Folgenden genauer betrachtet werden.

Jahresrückblicke: Abschied nehmen

Zum Jahresende gehört, das alte Jahr »abzuschließen«. Die Ökonomie schreibt Jahresbilanzen, das zu Ende gehende Jahr wird zum Geschäfts- und Rechnungsjahr. Geschäfte machen Inventur. Bilanzieren und Rechenschaft ablegen werden zu Leitmotiven in den letzten Wochen und Tagen des Jahres, auch jenseits der Wirtschaftssphäre. In den Medien haben Jahresrückblicke Konjunktur. Sie rufen öffentliche Ereignisse auf und stellen sie noch einmal mit den dazugehörigen Bildern vor Augen. Eine Chronik miterlebter Zeitgeschichte entsteht, durchaus vielfältig und mit widerstreitenden Empfindungen verbunden: Katastrophen und herausragende Sportereignisse, politische Geschehnisse und kulturelle Events. Die Chronologie der Begebenheiten schafft einen Jahresbogen, der von Anfang bis Ende erinnernd abgeschritten werden kann. Das Jahr wird zu einem, in sich höchst disparaten, Jahresrund. Die ritualisierte Rückschau der Medien ist zugleich der Hintergrund, vor dem persönliche, individuelle und familiäre Jahresrückblicke stattfinden. Menschen vergegenwärtigen sich, was im letzten Jahr gewesen ist, sie ziehen lebensgeschichtlich Bilanz. Zugleich wird Distanz geschaffen: »Das *war* 2005«. Der Jahresrückblick schließt das Jahr ab und verwandelt es in etwas, an das man sich erinnern kann. Eine Zeitschrift kann ihren Rückblick überschreiben mit dem Titel »Etwas geht zu Ende«. In diesem Sinne erscheint der Jahresrückblick als Trennungs- und Abschiedsritual. In ihm steckt die Hoffnung, dass das Jahr zu einem guten Abschluss gebracht wird und zugleich die Erfahrung, dass eben keineswegs alles gut gewesen ist. Vergangene Zeit kann eben auch verlorene Zeit sein, in ihr steckt ungelebtes Leben. Der Jahreswechsel ist eine ausgeprägt abschiedliche Situation.

Glückwünsche, Jahreshoroskope und gute Vorsätze: auf Zukunft hin leben

Der Jahreswechsel ist von alters her – davon war bereits die Rede – Zeit und besonderer Anlass für Glückwünsche. Die Neujahrsglückwünsche sind auf die individuelle Lebensgeschichte und auf das zukünftige Geschick derjenigen bezogen, denen sie persönlich gelten. Man wünscht einander, mündlich oder schriftlich, ein glückliches oder gutes neues Jahr. Entsprechende Bildpostkarten haben lange Tradition. Sie rühren aus Kalenderblättern, die bereits im Mittelalter ein »glückseliges« neues Jahr gewünscht haben. Traditionsgeschichtlich sind sie säkularisierte Segensworte. Glückwünsche bewegen sich im Spannungsfeld von unvorhersehbarer Zukunft und bestimmter Erwartung/Befürchtung. Dies verbindet sie mit weiteren Akten, die der Zukunft gelten. Der Jahreswechsel bringt gute Vorsätze hervor und er ist die Zeit wechselseitiger Versprechen. In beiden werden Wünsche und Erwartungen individuell (sich selbst gegenüber oder gegenüber einer Person) verbindlich gemacht und der Beginn des neuen Jahres zur lebensgeschichtlichen Zäsur: bislang – jetzt aber. Glückwünsche, Vorsätze und Versprechen enthalten und entfalten in dieser Zwischenzeit des Übergangs eine besondere Kraft, sie gelten als wirksame Worte. Sie lassen den Jahresbeginn als Neuanfang empfinden und präparieren Zukunft. In ihrer heutigen Praxis changieren sie zwischen sozialer Konvention und Herzenswunsch, zwischen Spiel und Lebensbewältigung. Auch wenn sich die Vorsätze des Vorjahres im

Laufe der Zeit verloren haben, werden die neuen Vorsätze in der Hoffnung gefasst, sie mögen dieses Mal Bestand haben.

Ähnlich verhält es sich mit den Jahreshoroskopen, die heute zur Beilage vieler Frauen- und Familienzeitschriften gehören. Auch diese sind kaum noch auf die Vorhersage politischer oder meteorologischer Ereignisse eingestellt, sondern auf die des persönlichen Schicksals. Im Grunde funktionieren sie unabhängig davon, ob ihre sternenkundlichen Prämissen geteilt oder bezweifelt werden. Sie kommunizieren vielmehr eine bestimmte Lebensauffassung auf Zukunft hin: dass sich die eigene Lebensgeschichte immer wieder in anderen Lebenskonstellationen wieder findet, die sie zu bewältigen hat und die sie auch künftig zu bewältigen vermag.

Silvesterfeuerwerk: Übergang zelebrieren

Zwischen Abschied vom alten Jahr und dem ersten Tag des neuen Jahres liegt eine Passage: Schlag Mitternacht läuten hierzulande nach altem Brauch die Kirchenglocken und das Silvesterfeuerwerk wird entzündet. Das neue Jahr wird eingeläutet und pyrotechnisch inszeniert. Feuerwerke sind eine eigene Kunstform und populäres Vergnügen. Ihre Ästhetik ist gleichermaßen flüchtig wie faszinierend: Im Augenblick erleuchten sie den ganzen Himmel, um sofort zu vergehen. Dabei ist das moderne Silvesterfeuerwerk nicht einfach ein Schauspiel, das vor Publikum aufgeführt wird. Es ist zugleich das Werk derjenigen, die sich als Einzelne kollektiv beteiligen. Als symbolische Handlung ist es mehr als Knall und Rauch. Zum einen: Kulturgeschichtlich ist es eine jüngere Spielart des Freudenfeuers. Freudenfeuer sind von alters her – sei es in der kultischen Praxis (Sonnenwendfeier, Johannisfest), sei es als Kulminationspunkt historischer Ereignisse (Siegesfeier, Revolutionsfest) – Ausdruck eines kontrollierten »Exzesses«, in dem die Schranken des Alltags aufgehoben werden. Es kehrt die gewöhnliche Ordnung von Tag und Nacht, Helligkeit und Dunkelheit um: mitternächtliche Helle. Die ursprünglich unzugängliche Nachtseite des Tages wird zum erleuchteten Festraum der Ausgelassenheit. Zum Zweiten: Die Praxis des Silvesterfeuerwerks gehört zu den unproduktiven Ausgaben, die ihren Zweck in sich selbst haben. Sie zelebrieren eine Kunst der Verschwendung und folgen einer Logik der »Verausgabung« (Georges Bataille). Sie beruhen auf der Gabe der Beteiligten – entsprechen, wenn man so will, einer klassischen Opfergabe (Marcel Mauss) –, die gemeinschaftlich verausgabt und damit, im Lichtfunkenmeer, vernichtet wird. Das Feuerwerk ist ein Ritual überschießender Fülle und extrovertierter Lust; die überschüssigen Mittel, gleichsam die Überschussenergien des vergangenen Jahres werden aufgebraucht. Zum Dritten: Im Schatten der Leuchtraketen krachen zu Silvester die Böller und Knaller. Lärm zu veranstalten ist von alters her nicht nur ein Ausdruck für Überschwang und Ausgelassenheit, sondern ist ehedem auch ein Medium gewesen, um dämonische Wesen und Geister fernzuhalten und abzuwehren, die an der (Jahres-)Schwelle als bevorzugtem Ort lauern. Als ursprüngliches Ritual verkörpert es Aggression und Gegen-Aggression; noch heute erzeugt der unvermittelte Knall und das Stakkato der Schläge jähes Erschrecken und dramatisiert den Übergang als gefahrvolle Zeit. Viertens schließlich: Das Silvesterfeuerwerk verweist auf sein ganz und gar nicht friedliches Pendant, die militärische Auseinandersetzung. Als Kunstform zitiert es den Krieg und konterkariert ihn zugleich. Es ist immer auch ironisches Spiel mit dem Feuer. Das »Lustfeuerwerk« pazifiziert das »Kriegsfeuerwerk« und erklärt das neue Jahr zur Friedenszeit. Das ist seine Verheißung.

Der Jahreswechsel gehört nicht in den Reigen der genuin christlichen Feste. Er enthält aber Sinngehalte und Bedeutungslinien, die religiöse Dimensionen eröffnen, welche durch den christlichen Glaubens erschlossen und gestaltet werden können. Als Einschnitt in der Zeit repräsentiert der Jahreswechsel symbolisch auch die Grenze der Zeit. Nicht von ungefähr begehen christliche Gemeinden den Abschluss des Jahres im häufig gut besuchten Gottesdienst am Silvesterabend, steht dem neuen Jahr als Losung ein biblisches Wort voran und lassen die Glocken um Mitternacht eine transzendente Wirklichkeit anklingen, in der die kulturelle Welt und ihre soziale Zeit umgriffen und durchdrungen wird.

»Der du die Zeit in Händen hast ...«: Theologische und gemeindepädagogische Zugänge zum Jahreswechsel

Wenn es auf den Jahreswechsel zugeht, ist Weihnachten vorbei. Die Jahreswende mit den Tagen zuvor hat ein eigenes »Festivitätsgefühl« (Karl Kérenyi). Die ausgeprägte Familienreligiosität, die das Weihnachtsfest lebensweltlich prägt, ist verklungen – nicht selten verbunden mit durchaus ambivalenten Empfindungen. Der Sinn wird weiter und geht wieder übers Familiäre hinaus, aber er wird zugleich auch individueller: »*Meine* Zeit steht in deinen Händen« (Ps 31,16). Weihnachten und Silvester bilden im Blick darauf, wie sie gestaltet und erlebt werden, ein Kontrastprogramm. Für eine Theologie des Jahreswechsels jedoch bleibt die Weihnachtsbotschaft der heilsgeschichtliche Horizont dessen, was an der Wende des kalendarischen Jahres christlicher Glaube artikuliert: dass alles Leben in der Zeit – vergangenes, gegenwärtiges und künftiges – als Gottes Zeit durch das Kind in der Krippe in einem »neuen Schein« erleuchtet wird und sich dessen freut »der Engel Schar und singet uns solch neues Jahr«.[3] Nicht zufällig umgreift der Weihnachtsfestkreis im agendarischen Kirchenjahr auch die Jahreswende. Weihnachten und Silvester fallen aber als Feste nicht zusammen. Praktisch-theologisch erschließen sich Sinn und Bedeutung des Jahreswechsel eben nicht dadurch, dass die Weihnachtsgeschichte weitererzählt wird, sondern nur wenn es gelingt, die Situation des Jahreswechsels geistlich zu durchdringen: im Übergang der bewahrenden und verwandelnden Kraft Gottes teilhaftig zu werden. Die gottesdienstliche Praxis spannt insbesondere in den Jahreswechselliedern einen Bogen von einem Jahr zum anderen: »Der du die Zeit in Händen hast, Herr, nimm auch dieses Jahres Last und wandle sie in Segen ... bleib du uns gnädig zugewandt und führe uns an deiner Hand, damit wir sicher schreiten.«[4] Der Jahreswechselgottesdienst (heute vornehmlich am Silvesterabend) ist die Mitte kirchlicher Praxis an der Schwelle des Jahres.

Gemeinde- und religionspädagogisch lassen sich Grunddimensionen dieses Übergangs in sehr unterschiedlicher Weise erfahrbar machen. Drei Hinweise:

Zurückschauen: Was gewesen ist, in die Hände Gottes legen

Ein »Jahresrückblick mit Symbolen«, konzipiert als Silvestergottesdienst, enthält Elemente und bietet die Dramaturgie einer meditativ-rituellen Rückschau auf das vergangene Jahr.[5] Anhand eines Apfels, eines Steins und einer Rose wird das zu Ende gehende Jahr als nunmehr vergangene Lebenszeit in Erinnerung gerufen, wobei jedes Symbol für einen Aspekt des Lebens steht: »Der Apfel ist ein Symbol für all das, was wir zum Leben brauchen. [...] Der Stein ist ein Symbol für alles Schwere, was im vergangenen Jahr gewesen ist. [...] Die Rose ist ein Symbol für alles, was uns in diesem Jahr geschenkt wurde.«[6] Die Meditation ist zunächst als lebensgeschichtlicher Rückblick des Einzelnen angelegt. Dieser lässt sich aber auch in konzentrischen Kreisen erweitern: individuelles Leben – direktes Lebensumfeld (Familie, Freundeskreis, Nachbarschaft) – gesellschaftliche/politische Umwelt. Die Symbole sind elementarer Natur. Im Rahmen religiöser Rituale können Symbole nicht originell sondern müssen evident sein. Der Rückblick auf das vergangene Jahr bleibt ein persönlicher, er ist – jedenfalls innerhalb des Rituals – nicht auf Mitteilung oder wechselseitigen Austausch angelegt. Die individuellen Erinnerungen an das letzte Jahr, die sich in den drei Dingen »vergegenständlichen«, werden (im gottesdienstlichen Geschehen) auf den Altar gelegt und verbleiben dort: »Gott hat uns dieses Jahr gegeben als eine Zeit unseres Lebens. Und in Gottes Hände wollen wir diese Zeit und alles, was wir in ihr erlebt haben, zurücklegen – dankend, bittend, aber auch klagend.«[7] Zum Abschluss wird eine Kerze entzündet (als Lichtzeichen), die für den Ausblick ins neue Jahr steht.

Das Ritual kann die Mitte des Gottesdienstes bilden. Es kann aber auch in einer Gruppe praktiziert werden, um den Jahreswechsel als »theologisch-biographisches Lernfeld« zu eröffnen. Es ist – wie jeder Jahresrückblick – ein Akt des Abschiednehmens, zielt jedoch außerdem auf die Frage, wie Menschen in, mit und auch gegen lebensgeschichtliche Erfahrung leben (können). Was bedeutet es, wenn gelebtes (und ungelebtes) Leben einen Ort bekommt, an dem ihm tatsächlich der *Abschied gegeben* wird? Der liturgische Entwurf führt thematisch über sich selbst hinaus, weil er nicht nur danach fragen lässt, wo Freude und Leid des vergangenen Jahres bleiben, sondern auch, wie ein heilsamer Umgang mit der Schuld dieser Zeit aussehen kann. Auf das Jahresende hin geht es um eine Theologie des Abschieds.

2. Vorbereiten: Mit Gott erwarten, was kommen mag

Der Jahresübergang ist kein Zeitpunkt, sondern ein Zeitraum. In einer persönlichen Übung sollen dieser Raum und die Kräfte, die in ihm auf mich wirken, sichtbar und spürbar werden. Die Übung hat ihren Ort in (Gemeinde-)Gruppen, die sich auf das neue Jahr vorbereiten. Das Arrangement ist schlicht: Ein unbestuhlter Raum, in dem sich Einzelne (in einer Gruppe) »frei« bewegen können. An je gegenüberliegenden Wänden hängen Plakate mit einem Motiv und einem biblischen Wort. Der Mittelpunkt des Raumes ist so gestaltet, dass man ihn nicht betreten kann – so ausgeglichen sind die vier Dimensionen im gelebten Leben nicht. Inspiriert ist die Übung durch Fritz Riemanns klassische Arbeit, in der er vier Persönlichkeitsstrukturen mit ihren jeweiligen Ambivalenzen herausgearbeitet hat,[8] sie kann aber auch ohne deren tiefenpsychologischen Hintergrund aufgenommen werden.

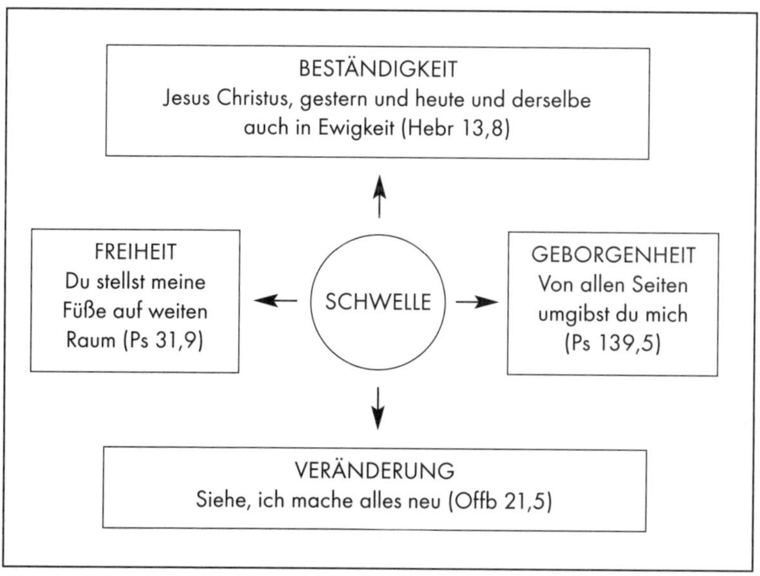

Zwischen den vier biblischen Zitaten eröffnet sich ein Raum, in dem sich jede/jeder Einzelne selbst verorten kann. Die Leitfrage ist: Mit welchem »Gott« überschreite ich die Schwelle ins neue Jahr? In einem ersten Gang erkunden die Beteiligten den ganzen Raum: Welcher Spruch zieht mich an, welches hält mich auf Distanz? In einem zweiten Schritt gilt es, sich selbst zwischen den Zitaten zu lokalisieren: Wo stehe ich, wo stehe ich gut und sicher? An welchem Punkt erlebe ich eine mir (im Moment) entsprechende Nähe und Distanz zu den vier Sprüchen und Motiven? Der dritte Akt gilt der Körperstellung: Worauf richte ich mich aus (Blickrichtung), was liegt im Rücken? Der vierte Gang schließlich bringt wieder in Bewegung: Wo zieht es mich hin, wo möchte ich hin?

Mit dem, was jede und jeder in der Raumübung erlebt hat (Vergewisserung, Irritation) kann und soll gearbeitet werden. Was verbindet sich lebensgeschichtlich mit den vier Grundmotiven und den Polaritäten von Beständigkeit und Veränderung, Freiheit und Geborgenheit im Blick auf das kommende Jahr? Die Übung lässt im Lernfeld Jahreswechsel nach einer Theologie der Erwartung fragen. Sie lässt sich didaktisch mit dem Thema der »guten Vorsätze« verbinden, die hier noch einmal eine ganz andere Form und damit einen anderen Horizont gewinnen. Sie kann weiterführend verknüpft werden mit der Praxis der »Jahreslosungen«, die liturgisch und gemeindepädagogisch am Beginn des neuen Jahres sich weithin eingebürgert hat.

»Brot und Böller«: Zur gemeindepädagogischen Revision einer Kampagne

Die dritte Anregung führt in andere Gefilde. Der Jahreswechsel ist Anlass für eine Aktion, zu der »Brot für die Welt« gemeinsam mit anderen Einrichtungen seit vielen Jahren aufruft: »Brot statt

Böller«. Die Kampagne ist im öffentlichen Bewusstsein fest verankert; sie repräsentiert evangelisch-diakonisches Gewissen. Angesichts des unerträglichen Zustandes der Welt, in der Menschen hungern und im Elend leben, geht es um Hilfen und Spenden. Zugleich geht es aber auch um mehr. Die Kontrastsemantik (»statt«) gibt im Subtext zu verstehen, dass sie nicht nur »der konkreten Hilfe für die Dritte Welt (dient), sondern der Kritik einer populären Verhaltensform«.[9] Nicht zufällig richtet sie sich gegen das Silvesterfeuerwerk als Inbegriff nutzloser Vergeudung. In ihrem Subtext hat sie Anteil an den kirchlichen Vorbehalten gegenüber den Jahreswechselfestivitäten. Sie variiert und erneuert, darauf hat Andreas Mertin zu Recht hingewiesen, protestantische Traditionen einer Genuss- und Verschwendungskritik. Die Lust am Feuerwerk erscheint als obszön. Dann gelte es aber zu begreifen, warum die Aktion – wer wollte dagegen sprechen? – vergleichsweise wenig Resonanz findet und auf einen eigentümlichen Widerwillen stößt. Dies gilt es gemeindekulturpädagogisch und diakonisch auszuloten. Damit wird der Jahreswechsel noch einmal in einem anderen Sinne zum kirchlichen Lernfeld.

Der (theologische) Haken der Kampagne besteht darin, dass sie im Grunde Ethik und Ästhetik, rechtes Leben und schönes Leben gegeneinander stellt. Damit aber werden beide Aspekte geschwächt. Überfluss und zweckfreie Verausgabung, die zu jedem Fest gehören, werden als überflüssig erklärt und moralisch abgewertet. Zugleich wird damit aber auch die ethische Praxis indirekt vergesetzlicht: Der Appell an das Gewissen zielt durch die Entgegensetzung nolens volens aufs schlechte Gewissen. »Wenn überhaupt«, so schließt Andreas Mertin seine Überlegungen, »so müsste die Parole lauten ›Brot und Böller!‹«.[10] Ich plädiere entschieden dafür, diesen Gedanken gemeindepädagogisch zu entfalten. Statt das Verhältnis beider Aspekte im Unvereinbarkeitsbeschluss zu fixieren, wäre es komplementär zu gestalten: Für jede Rakete denselben Obolus für Hilfsmittel. Das wäre auch eine Kampagne, die im kirchlichen Kontext verantwortet werden könnte. Der Zusammenhang von Feuerwerk und Brot für die Welt ist nicht zwingend. Wo er aber hergestellt wird, könnte er dafür stehen, dass Verausgabung und Gabe nicht nur ihr je eigenes Recht haben, sondern auch aufeinander verweisen können. Wo dies deutlich wird, da ist Silvester tatsächlich ein Lernfeld der christlichen Gemeinde: Auch im säkularen Fest wird zeichenhaft etwas von der Fülle des Lebens sichtbar, die über das, was ist, hinausreicht.

1 Zit. nach Fechtner, Kristian: Schwellenzeit: Erkundungen zur kulturellen und gottesdienstlichen Praxis des Jahreswechsels. Gütersloh: Kaiser, Gütersloher Verlagshaus, 2001, S. 122–125.

2 Ebd., S. 126.

3 Martin Luther, Evangelisches Gesangbuch: Lieder 23 und 24.

4 Jochen Klepper, Evangelisches Gesangbuch: Lied 64.

5 Bäuerle, Sabine: Jahresrückblick mit Symbolen: Anregungen für einen Gottesdienst an Silvester, in: Gottesdienstpraxis A. Arbeitshilfen für die Gestaltung der Gottesdienste im Kirchenjahr I/1. Gütersloh: Gütersloher Verlagshaus, 1996, S. 103–106.

6 Ebd., S. 103 ff.

7 Ebd., S. 105.

8 Riemann, Fritz: Grundformen der Angst. München; Basel: E. Reinhardt, 1999.

9 Mertin, Andreas: Brot statt Böller? Überlegungen zum Sinngehalt einer evangelischen Zeichenhandlung, in: PrTh 34 (1999), S. 105.

10 Ebd., S. 112.

Literatur

Bünger, Fritz: Geschichte der Neujahrsfeier in der Kirche. Göttingen: Vandenhoeck & Ruprecht, 1911.

Fechtner, Kristian: »Sie hören noch von uns …«. Glockenläuten als öffentliche Liturgie christlicher Religion. In: PTh 85 (1996), S. 324–333.

Fechtner: Kristian: »Der du die Zeit in Händen hast …«. Zur Liturgie des Jahreswechsels, in: Arbeitsstelle Gottesdienst 17 (2003), H. 3, S. 56–62.

Stichwortverzeichnis

Autorinnen und Autoren

Bernhard Dressler, Jg. 1947, Dr. phil., Professor für Praktische Theologie/Religionspädagogik am Fachbereich Ev. Theologie der Philipps-Universität Marburg

Thomas Erne, Jg. 1956, Dr. theol., Pfarrer und Privatdozent für Praktische Theologie an der Kirchlichen Hochschule Bethel

Kristian Fechtner, Jg. 1961, Dr. theol., Professor für Praktische Theologie an der Evangelisch-Theologischen Fakultät der Johannes Gutenberg-Universität Mainz

Klaus Hock, Jg. 1955, Dr. theol., Professor für Religionsgeschichte – Religion und Gesellschaft an der Theologischen Fakultät der Universität Rostock

Thomas Klie, Jg. 1956, Dr. theol., Professor für Praktische Theologie an der Theologischen Fakultät Rostock

Martin Kumlehn, Jg. 1965, Dr. theol., Hausmann, Religionslehrer und Lehrbeauftragter in der Praktischen Theologie der Humboldt-Universität zu Berlin

Martina Kumlehn, Jg. 1966, Dr. theol., z. Zt. Vertretungsprofessorin für Religionspädagogik an der Theologischen Fakultät Rostock

Silke Leonhard, Jg. 1965, Dr. phil., Wissenschaftliche Mitarbeiterin am Institut für Theologie der Philosophischen Fakultät der Universität Hannover und Studienrätin an einem dortigen Gymnasium

Inken Mädler, Jg. 1963, Dr. theol., Stiftspfarrerin im Augustinum München-Nord und Privatdozentin für Praktische Theologie an der Universität Frankfurt a. M.

Detlev Prößdorf, Jg. 1969, Dr. theol., Pfarrer der Evangelischen Kirchengemeinde Leverkusen-Wiesdorf

Harald Schroeter-Wittke, Jg. 1961, Dr. theol., Professor für Didaktik der Evangelischen Religionslehre mit Kirchengeschichte am Institut für Evangelische Theologie der Fakultät für Kulturwissenschaften der Universität Paderborn